邓凡 著

校园欺凌治理

理论与实践

THE GOVERNANCE OF
SCHOOL BULLYING
Theories and Practices

社会科学文献出版社
SOCIAL SCIENCES ACADEMIC PRESS (CHINA)

目　录
CONTENTS

引　言 / 001

第一章　校园欺凌概念辨析及研究的理论基础 / 005
　　一　我国校园欺凌研究的由来 / 005
　　二　校园欺凌相关概念辨析及其界定 / 009
　　三　研究的理论基础 / 017

第二章　校园欺凌的研究现状 / 021
　　一　国外研究现状 / 021
　　二　国内研究现状 / 025
　　三　对我国校园欺凌研究现状的反思 / 042

第三章　校园欺凌的识别 / 043
　　一　校园欺凌的类型及特征 / 044
　　二　校园欺凌的成因 / 052

第四章　校园欺凌中的角色：欺凌者、被欺凌者与旁观者 / 058
　　一　欺凌者的心理特征与问题行为 / 059
　　二　被欺凌者的隐忍 / 063
　　三　校园欺凌中的旁观者效应 / 066

第五章　中小学校园欺凌的调查
　　　　——基于西部五省农村中小学的问卷调查 / 071
　　一　研究概况 / 071

二　数据处理与分析 / 073
　　三　西部农村中小学校园欺凌各省的具体情况 / 084
　　四　调查结果分析 / 136

第六章　校园欺凌与学生个体发展：基于五人的回溯访谈 / 141
　　一　研究方法与案例描述 / 142
　　二　结果分析 / 144
　　三　讨论与建议 / 150

第七章　校园欺凌的预防与干预实践 / 156
　　一　发达国家校园欺凌预防与干预方案 / 156
　　二　西部三省校园防欺凌干预实践案例 / 164
　　三　我国农村学校校园反欺凌项目的实践反思 / 174

第八章　校园欺凌治理的国际经验与启示 / 178
　　一　美国校园欺凌治理的经验 / 178
　　二　日本校园欺凌治理的经验 / 182
　　三　欧洲发达国家校园欺凌治理的经验 / 185
　　四　启示 / 193

第九章　我国校园欺凌治理的策略 / 196
　　一　我国校园欺凌治理的法律及政策依据 / 196
　　二　校园欺凌治理的法律及政策：以北京、天津为例 / 208
　　三　我国校园欺凌治理的途径 / 217

附　录 / 226
　　附录1　课题组自编问卷（3份） / 226
　　附录2　课题组所使用的访谈提纲 / 235

参考文献 / 236

后　记 / 245

引 言

2016年3月至2017年3月，我受云南大学和国家留学基金委的资助在美国密歇根州立大学进行为期一年的访学。访学期间，发生了两件令我改变访学研究课题内容的事情。访学研究课题原本定为"美国教育政策热点与难点问题研究"，这个课题与我从事的专业高度相关，也算是我正式从事"教育政策与管理"研究以来最有益的延续。到达访学学校后，我与导师积极沟通，专心研究我原来的课题。美国大学校园里学习资源非常丰富且获取学习资料的途径也非常便利，这对我研究课题的顺利开展非常有帮助。在搜集了许多有关美国教育政策的资料后，又随访了当地州长等政府行政人员以及中小学校长，并撰写了相关的研究论文，我的课题研究顺利得出人意料，但始终意犹未尽。直到这两件事的发生，才使我觉得我的访学没有白费。

第一件事情发生在2016年秋季的某个周末。由于纬度较高，密歇根的秋季比其他地方来得更早一些。每年1月到9月中旬，校园红杉河两边的红杉树变得格外耀目，与其他落叶树一起渲染着校园的别致。到秋季，学校周围的公园也更热闹，特别是周末，各个公园都有些许小型的音乐会或者其他聚会。作为访问学者，为了深入体验当地的文化生活，我自然也不会错过这些免费的音乐会。周末就约着几个访学的朋友去学校附近的公园参加音乐会，一方面是趁周末出去散心，另一方面就是体验当地的文化。这些音乐会的规模其实并没有我们想象的那么大，观众基本都是附近社区的居民，鲜有外来游客，大都只有一两百人的规模，他们拿着从家里带来的各式各样的椅子，喝着啤酒或其他饮料，安静地听着不知名乐队的演唱。大多数美国家庭同中国家庭一样，在这样的周末，出来"遛娃"也是一件非常必要的事情。当我和朋友们到达公园后，朋友家的孩子和美国当地的孩子迅速就打成一片，我们则坐在草地上聆听着音乐。当音乐会快结束的时候，朋友家的孩子也回到父母的身边，详细地叙说着和美国当地孩子们一起玩的事情。朋友家孩子（女孩）提到，美国当地一个黑色皮肤的男孩对她说，"你没有小鸡鸡，我有"，并向她展示了他的隐私部位。原本我们觉得这只是小孩子之间的游戏，没什么大不了的。旁边的美国朋友却说这是一件非常严重的欺凌事件，应该马上找到那男孩。随即，我们就在美国朋友的带领下，去找涉事的孩子。找到后向其父母道明缘由，原本那对黑人夫妇也不以为意，美国朋友却要求其立即道歉，否则会找其孩子所在的学校或社区来处理这件事。在美国朋友的帮助下，黑人夫妇带着孩子向我朋友的孩子道了歉。

事后我们问美国朋友为什么会坚持要这对黑人夫妇带着孩子道歉，美国朋友向我们解释了原因。原来在美国，类似打架、说脏话的事情已经是非常严重的欺凌行为，像展示隐私部位就属于性侵了。如果黑人夫妇不道歉的话，我们找到学校或社区后，这个孩子可能面临被勒令休学一周的处罚，如果情况没有好转，其父母没有教育好的话，该孩子就可能被送去类似少管所的地方接受教育。听完美国朋友的讲述后，我们都大为震惊。在国内，小孩之间打架、骂人的事情经常发生，但是我们总认为这是小孩之间的玩笑或游戏，不必过于计较。虽然这个男孩展示隐私部位属于比较极端的情况，但是我们常识里还是没有把这样的事情与性侵联系在一起，我们会认为性侵多发生在成人之间，或者成人对未成年人的侵犯，并没有把性侵这件事的主体双方与儿童联系起来。

第二件事情发生在 2016 年底，北京中关村某小学发生的"校园欺凌"事件。由于网络的曝光，这件事在国内引起了舆论关注，并引起有关"校园欺凌"的大讨论。尽管在这之前,已有许多学者进行过研究,但是在大众眼里依然没有把"欺凌"当回事。当事件被曝光后,校方的回应是,这起"偶发事件"尚不足以认定涉事学生构成校园"欺凌"或"暴力"。可见,就算在比较有文化的管理者眼里,"校园欺凌"也不过是"偶发事件",何况是普通大众。从这件事中我们也可以看出,"校园欺凌"在国内还没受到足够的重视,公众对"欺凌"的认识不足,更难以区分哪些是欺凌,哪些不是,以及"欺凌"事件发生后应该如何处理与应对等,这些问题都亟须解决。

了解了这两件事情后,我立即与我的访学导师商量,更改了我访学的研究课题,将其定为"校园欺凌研究"。于是,从2016年底,我利用访学的最后几个月时间,利用密歇根州立大学便利的学术资源,收集了许多美国有关"校园欺凌"的资料,其中包括相关的学术研究论文、法律法规文本;随后,我又走访了密歇根州的许多中小学(包括富人区与相对贫困区的学校)、政府官员,对当地中小学的校长、教师、家长、学生、所在州的州长、州内教育管理人员等进行了访谈,了解美国有关"校园欺凌"的情况。其结果令人震惊,美国在当时对"校园欺凌"的研究已经进行了几十年,并且在校园欺凌治理实践上也为我们后来的研究提供了可贵的参考经验。于是,在访学期间,我就萌生了以"校园欺凌"为主题申报课题的想法。后来也非常顺利地申请到"十三五"规划的课题,展开了相关研究,这才有了现在这本书的出版。

拿到课题后,我们按照课题要求,展开了有关"校园欺凌"的研究。考虑到文化、地理、经济等因素,我们把研究对象锁定在我国西部地区的农村中小学。具体范围我们选择了四川、云南、山西、贵州和甘肃五省,主要是因为这五省少数民族比较多,文化多样性比较明显,而区域之间的经济发展也不太平衡。锁定研究对象后,从2017年底我们开始对这五省300多所农村中小学5000余名8~18岁中小学生进行了"西部农村中小学校园欺凌现状"问卷调查,同时也抽样调查了部分家长和教师,并随机访谈了部分学校管理者,最后撰写了调研报告。在掌握了相关信息后，我们分别选取了云南、贵州和甘肃的几所学校为样本学校，联合社会公益组织对这几所学校进行了有关校园欺凌频率的调查，然后再进行干预，最后再进行校园欺凌频率的调查，干预后，"校园欺凌"频率明显减少，校园防欺凌干预取得了显著的效果。

　　为了全面地了解"校园欺凌"现象，我们将本书分为理论与实践两大部分。理论部分包括第一章到第四章：主要分析校园欺凌的概念及研究的理论基础、综述国内外研究现状、总结校园欺凌的类型特征及成因等。实践部分包括第五章到第九章：主要根据对西部五省农村中小学校园欺凌的调查数据及对受害者回溯式半结构访谈，了解我国西部五省农村地区中小学校园欺凌的状况以及校园欺凌对学生发展的影响。同时，开发校园反欺凌项目，并进行校园防欺凌干预；在借鉴发达国家校园欺凌治理的经验基础上，对我国校园欺凌治理提出了相关建议和策略。

第一章
校园欺凌概念辨析及研究的理论基础

近年来，随着我国校园欺凌事件的频繁曝光，校园欺凌成为社会各领域关注的焦点问题。校园欺凌事件频繁发生，国家及地方政府先后出台多项政策对其进行整治，但实际治理效果并不理想，主要原因之一就是对校园欺凌的概念界定模糊不清，致使实践中对校园欺凌的识别、处理等困难重重。在讨论校园欺凌治理的时候，有必要厘清校园欺凌研究的由来以及相关概念之间的关系。

一 我国校园欺凌研究的由来

（一）校园欺凌研究的由来

"欺凌"是校园欺凌的上位概念，要想弄清楚校园欺凌的由来，首先要知道其上位概念"欺凌"的由来。根据《韦氏词典》（Merriam-Webster Dictionary），"欺凌"一词最早出现在1538年的德语中，已经有几百年的历史了。"欺凌"主要来源于一个民间故事：一个恶霸欺负一个弱小的同伴，另一个同伴站在旁边袖手旁观。故事中的三个主角及其之间的关系后来被用于研究欺凌事件。① 海涅曼（Heinemann）被认为

---

① A. A. Volk et al., "What is Bullying? A Theoretical Redefinition," *Developmental Review*, 2014(4): 327-343.

是最早研究欺凌的人，1973年他在一篇文章中提出了欺凌的概念，认为欺凌是对某一偏离群体的个体发起的暴力攻击行为。[1] 当前，学界以挪威学者奥尔韦斯（Dan Olweus）和英国伦敦大学的史密斯（Peter Smith）教授提出的"欺凌"概念为主。挪威学者奥尔韦斯将欺凌的研究对象扩展到中小学生身上，形成了校园欺凌的概念，并引入更深刻的含义，他被认为是校园欺凌研究史上第一人。他后来开发的校园欺凌干预项目也在世界各地受到普遍欢迎，并取得了很好的效果。他在自己的系列文章和论著中多次对欺凌做出了界定，他认为，"欺凌，是一个学生经常在精神上或身体上压迫或侵袭其他人，压迫或侵袭的对象可能是男学生也可能是女学生"。"在日常用语中，欺凌可以被描述为由一个或多个人员直接针对一个很难捍卫他（她）自己的人的行为，这些行为具有故意的、重复的、消极的（不愉快或有害的）等特征。"并且，"欺凌并非偶发事件，而是长期性且多发性的事件"。[2] 英国伦敦大学史密斯教授指出，欺凌是指"主观上有意造成他人伤害的行为"，而在定义校园欺凌时，他认为校园欺凌是发生在学校里，在学生之间的以大欺小、恃强凌弱的行为，欺凌者与被欺凌者主要是学生。[3] 随着奥尔韦斯在校园欺凌研究领域的影响力不断扩大，世界上其他国家也开始关注校园欺凌问题。由于地理位置近，芬兰紧跟挪威，较早就对校园欺凌展开了研究，其开发的校园欺凌干预项目在欧洲影响也较大。之后，欧洲及美洲等地区的发达国家也开始研究校园欺凌问题。

---

[1] P. P. Heinemann, "Möbbning Gruppvald Blant Barn og . vokane," *Stockholm Naturoch Nultur*, 1973: 35.

[2] 参见 D. Olweus, *Aggression in the Schools: Bullies and Whipping Boys*, Washington DC: Hemisphere Pub. Corp, 1978, p. 35; D. Olweus, "Aggression in the Schools: Bullies and Victimization in School Peer Groups," *The Psychologist*, 1991(4): 243 – 248; D. Olweus, *Bullying at School: What We Know and What We Can Do*, Oxford, UK: Blackwell, 1993, p. 9 等。

[3] N. Purdy, "School Bullying in Different Cultures: Eastern and Western Perspectives," *Pastoral Care in Educaiton*, 2016(4): 248 – 249.

（二）我国校园欺凌研究的由来

我国对"校园欺凌"的研究相较于欧美发达国家而言晚了近30年。我国最早对校园欺凌现象进行关注是1995年。1994年11月27日夜里，日本爱知县西尾市立东部中学二年级13岁的学生大河内清辉因不堪忍受同学长时间的欺辱（bullying）在自家后院的柿子树上上吊自杀，该事件引起日本全国震动，各大报纸对此进行了大量的报道并发表评论，呼吁全社会要高度重视并解决校园欺辱问题。事件发生后，日本内阁总理大臣立即召见文部科学省大臣，要求从速研究并拿出对策。随后文部科学省大臣立即召开"欺辱政策紧急会议"，并向全国下发了紧急呼吁书。1995年，我国学者李永连针对日本校园欺凌事件对我国青少年的心态发展做了对比研究。[①] 从此以后，国内学者逐渐开始用不同的术语关注和研究校园欺凌问题，比如学者张文新、赵莉、陈世平等人在探究小学生对"bullying"的理解时就采用"欺负"一词[②]，他们认为"欺负是中小学生中普遍存在的一种现象。通常情况下，欺负是指力量较强的个体或群体对力量相对弱小的一方施加的重复性的攻击行为"。[③] 早期学者们探讨校园欺凌问题时，即使是同一个学者也会用不同的术语来表示"bullying"，比如张文新在2000年之前一直用"欺侮"来表示"bullying"，2000年之后则用"欺负"。直到2007年，欺凌作为独立的学术概念才被学者提出来。[④] 在这之前，校园欺负/欺辱、校

---

① 李永连：《从日本青少年的欺侮行为看现代青少年的心态发展特点》，《外国教育研究》1995年第2期，第39~40页。
② 参见张文新等《儿童欺侮问题研究综述》，《心理学动态》1999年第3期，第37~42页；张文新《中小学生欺负/受欺负的普遍性与基本特点》，《心理学报》2002年第4期，第387~394页；陈世平、乐国安《中小学生校园欺负行为的调查研究》，《心理科学》2002年第3期，第102~109页；赵莉、雷雳《关于校内欺负行为中受欺负者研究的述评》，《心理科学进展》2003年第6期，第668~674页。
③ 张文新等：《中小学生欺负问题中的性别差异的研究》，《心理科学》2000年第4期，第435~439、510~511页。
④ 刘晓梅：《以复和措施处理校园欺凌问题》，《青年研究》2007年第7期，第25~31页。

园欺凌、校园暴力、校园安全等概念被混同在一起研究。之后，随着学界对校园欺凌研究的深入，逐渐将校园欺凌与校园暴力、校园霸凌、校园安全等概念区分开来，被学者们作为一个专门的研究对象，研究内容更加丰富多样，研究范围也从心理学、教育学等学科扩展到法学、公共管理、风险防控等学科。

中国港澳台地区对校园欺凌的研究也比较早且成果较为丰富。台湾地区根据"bullying"的发音直译为"霸凌"，认为"校园霸凌是指相同或不同学校学生与学生之间，于校园内、外发生之个人或集体持续以言语、文字、图画、符号、肢体动作或其他方式，直接或间接对他人为贬抑、排挤、欺凌、骚扰或戏弄等行为，使他人处于具有敌意或不友善之校园学习环境，或难以抗拒，产生精神上、生理上或财产上之伤害，或影响正常学习活动之进行"。[①] 台湾地区对校园欺凌的防治可追溯到教育事务主管机关2004年的"友善校园"政策，2006年台湾地区制订了"改善校园治安，倡导友善校园，启动校园扫黑实施计划"，该计划在2011年被修订为"维护校园安全实施要点"，在各级教育行政单位及学校中共同推动。[②] 香港地区跟日本比较类似，20世纪90年代至21世纪初，香港也发生了许多极端的校园欺凌事件，引起了学界的广泛关注。2000年以来黄成荣等学者就开始进行一系列中小学学童欺凌调查[③]，并用学童欺凌（School Bullying）表示校园欺凌，他们认为欺凌是一种不断重复的行为，一般而言，欺凌可以是个人或群体的行为。[④] 在

[①] 《各级学校防制校园霸凌执行计划》，台湾地区教育事务主管机关网页，https：//csrc.edu.tw/bully/rule-view.asp？Sno=1608。
[②] 王飞飞：《台湾地区青少年校园欺凌防治政策研究》，《当代青年研究》2018年第6期，第74~80页。
[③] 参见黄成荣、卢铁荣《从香港中学教职员问卷调查看学童欺凌现象与对策》，《教育研究学报》2002年第2期，第253~272页；黄成荣等《香港小学学童欺凌现象与对策研究报告》，香港城市大学应用社会科学系，2002；黄成荣等《穗港澳三地青少年欺凌行为及抗逆力调查报告书》，香港游乐场协会及香港城市大学应用社会科学系，2008。
[④] 马勤：《香港小学校园欺凌现象及处理方法》，青少年偏差行为学术研讨会会议论文，澳门，2002年7月，第228~232页。

澳门，自2004年，澳门理工学院（2022年更名为澳门理工大学）郑子杰、梁启贤两位学者便开始了校园欺凌的系统研究。随着澳门地区校园暴力欺凌事件的频发，为了了解澳门中学校园暴力欺凌的状况及发生频率，他们通过电话成功访问了874名澳门中学生，男女比例相当。研究发现，曾在校园内被人暴力欺凌的中学生只有1%左右，当中5位同学受过1~3次暴力欺凌、2位同学受过4~6次暴力欺凌，其余2位同学受过7~10次或10次以上的暴力欺凌。[①]研究成果《澳门中学校园暴力欺凌现象》也在同年出版，这是澳门地区首次系统研究校园欺凌的著作。

二 校园欺凌相关概念辨析及其界定

（一）校园欺凌相关概念辨析

在界定校园欺凌概念之前，有必要对与校园欺凌相近的概念进行梳理和辨析，才能科学准确地界定校园欺凌。与校园欺凌相近的两个概念主要有校园暴力和校园霸凌。对于校园霸凌，从中国知网（CNKI）上搜集到的相关信息来看，只是翻译的不同，英文都是 School Bullying，因此我们认为校园霸凌与校园欺凌实际上是一个概念的两种表达而已，从根本上讲是一样的。因此，本书在讨论校园欺凌相关概念时候，主要探讨校园欺凌与校园暴力的关系。

1. 我国有关校园欺凌与校园暴力概念的研究

与校园欺凌最容易混淆的概念就是"校园暴力"，实际上，我国校园欺凌的研究也是源于对"校园暴力"的研究，有学者在早期曾将两者视为同一概念，互相代替使用。比如王卫东在《有多少校园欺凌不该发生》一文中指出，"校园暴力也被称为校园欺凌，主要指学生在校园

---

① 郑子杰、梁启贤：《澳门中学校园暴力欺凌现象》，澳门理工学院，2004。

里所遭受到的主要来自于同学的身体、语言、安全、心理上的威胁与伤害。……一般而言，校园暴力主要包括身体欺凌、言语欺凌、社交欺凌，而随着互联网等新的社会交往形式的发展，近些年来出现了网络欺凌这种新的校园暴力形式。"①

我国台湾地区学者陈慈幸指出，校园暴力是指"在校园内，为达到特定不法行为的犯罪意图，以强迫威胁为手段，压制被害人的抵抗能力和意图，而针对学生、老师、学校以及校外侵入者之间所发生的暴行、破坏以及侵害生命、身体、财产的行为"。② 在大陆，对校园暴力概念的界定有几十种，在此不能一一列举。学者姚建龙对相关概念做了比较分析后认为，我国学者对校园暴力概念的界定主要有两种模式：以"校园"为中心的校园暴力界定模式和以"师生"为中心的校园暴力界定模式。这两种模式各有其侧重点，因此都有待完善的地方，从而其提出了自己有关校园暴力的概念。他认为"校园暴力是指发生在中小学、幼儿园及其合理辐射地域，学生、教师或校外侵入人员故意攻击师生人身以及学校和师生财产，破坏学校教学管理秩序的行为"。③ 学者任海涛认为，"校园暴力"与"校园欺凌"的概念是不同的，它们的主要区别有以下七种。第一，校园暴力的施暴者可以是校外入侵人员，也可以是学校师生，而校园欺凌的施暴者只能是师生，不能是校外人员。第二，校园暴力的受害人可以是师生，校园欺凌的受害人仅是在校学生。第三，校园暴力多是偶发性的单独侵害行为，而校园欺凌大多是长期的、反复的行为。第四，校园暴力一般是比较容易被发现，且会立即受到阻止的行为，而校园欺凌受害人长期不敢声张，也不易被发现。第五，校园暴力以赤裸裸的"硬暴力"为主，而校园欺凌更多的是羞辱、孤立、嘲笑、起绰号等"软暴力"。第六，校园暴力的创伤比较显见且大部分

---

① 王卫东：《有多少校园欺凌不该发生》，《光明日报》2016年12月15日，第15版。
② 陈慈幸：《青少年法治教育与犯罪预防》，台湾涛石文化事业有限公司，2002，第10页。
③ 姚建龙：《校园暴力：一个概念的界定》，《中国青年政治学院学报》2008年第4期，第38~43页。

可以在短期内治愈，而校园欺凌对受害人心理的影响很大，甚至会持续几十年之久。第七，校园暴力行为在各类学校都可能发生，但是校园欺凌的受害人一般是缺乏反抗能力、身心发展还不成熟的未成年人，因此最典型的校园欺凌现象应该发生在幼儿园、中小学，而不包括高校。①

在政府层面，2016年4月28日，国务院教育督导委员会办公室印发《关于开展校园欺凌专项治理的通知》（以下简称《通知》），要求各地专项处理"发生在学生之间蓄意或恶意通过肢体、语言及网络等手段，实施欺负、侮辱造成伤害的校园欺凌事件"。这是我国官方首次对校园欺凌下定义，也是第一次在文件中正式使用"校园欺凌"一词，在这之前，一直用"事故"来概括该类行为。比如，2002年制定的《学生伤害事故处理办法》第9条将由教师体罚所造成的学生伤害认定为"事故"；2006年的《中小学幼儿园安全管理办法》第56条，将校园暴力事件认定为"突发安全事故"的类别之一；等等。而官方对"欺凌"和"暴力"的区分也并不明显，时而将两者区分开，时而又将两者视为一体。比如，2016年11月1日，教育部等九部门发布并实施了《关于防治中小学生欺凌和暴力的指导意见》（以下简称《意见》），将规制对象设定为"欺凌和暴力"。这表明官方注意到了校园欺凌与校园暴力的区别。2017年11月22日，教育部等十一部门印发的《加强中小学生欺凌综合治理方案》（以下简称《方案》）中规定，"中小学生欺凌是发生在校园（包括中小学校和中等职业学校）内外、学生之间，一方（个体或群体）单次或多次蓄意或恶意通过肢体、语言及网络等手段实施欺负、侮辱，造成另一方（个体或群体）身体伤害、财产损失或精神损害等的事件。在实际工作中，要严格区分学生欺凌与学生间打闹嬉戏的界定，正确合理处理"。在《方案》中，官方把规制对象限定到校园欺凌的范围内，并且强调了学生欺凌与学生间打闹嬉戏的不

---

① 任海涛：《"校园欺凌"的概念界定及其法律责任》，《华东师范大学学报》（教育科学版）2017年第2期，第43~50页。

同，但是并没有提及欺凌与暴力之间的关系。

可见，在我国，官方对校园欺凌与校园暴力的定义用语不一。而学界在 2016 年《通知》出台之前，研究对象主要集中在校园暴力这一概念上，在《通知》《意见》出台后，大多数学者将研究对象转移到"校园欺凌"上，但仍然有一部分学者使用校园暴力的概念，且有时候将两者等同，并认为欺凌是暴力的一部分。可以看出，政府出台的政策对学界研究校园欺凌和校园暴力的影响非常大。

2. 国外有关校园欺凌与校园暴力概念的研究

不仅是我国对校园欺凌和校园暴力概念的区分与界定不明确，其他国家、地区由于立法、政策所针对的对象与重点不同，其相应的概念也不尽同。所以，至今都没有一个标准的全球性定义。在国外，对校园欺凌与校园暴力概念的研究主要有两种看法。第一种认为校园暴力包含校园欺凌。比如，联合国教科文组织在 2017 年 1 月发布的《校园暴力与欺凌全球现状报告》（School Violence and Bullying：Global Status Report）中将校园欺凌与校园暴力区分开来，认为校园暴力包含校园欺凌，指出校园暴力包含生理暴力（如体罚）、心理暴力（如语言暴力）、性暴力（如强奸和骚扰）和欺凌（如网络暴力等），并由学生或教师员工实施；欺凌是暴力的一种形式，是欺凌者故意的、重复发生在同一个受害者身上的攻击性行为。[①] 从该报告中可以看出，联合国教科文组织认为，校园暴力是校园欺凌的上位概念，校园欺凌从属于校园暴力。

第二种认为校园暴力与校园欺凌的概念是不同的。比如英国下议院教育与技能委员会在《欺凌：2006-7 第三季度报告》中指出，"政府将欺凌定义为：那些旨在造成伤害的重复的、故意的或持续的行为，在某些情况下只是一次性的事件也被看成欺凌；由一个或一群人故意造成的伤害行为和由于力量失衡使受害者无力抵抗的行为"。[②] 而英国许多中

---

① UNESCO, "School Violence and Bullying: Global Status Report", Paris, 2017: 1-47.
② "Bullying: Third Report of Session," London. House of Commons Education and Skills Committee, 2007: 7.

小学自己在制定本校校园反欺凌政策时，为了更清晰地表述欺凌的性质，把校园暴力（School Violence）与校园欺凌区别开来，认为暴力属于显性的触犯法律的行为，而欺凌则具有隐蔽性；暴力伤及躯体，而欺凌却伤害情感与内心。所以，学校管理者与教师不仅要关注校园暴力，更要时刻警惕学生间的欺凌行为。①

在美国，对校园暴力与校园欺凌的概念界定比较明确地将两者区分开来。美国预防校园暴力中心将校园暴力定义为，"任何破坏教育的使命、教学的气氛以及危害到校方的预防人身、财产、毒品、枪械犯罪的努力，破坏学校治安秩序的行为"。② 美国疾病控制与预防中心则认为，校园暴力是"发生在学校财产范围内、上下学途中或学校主办活动期间的青少年暴力行为。一个青少年可能是校园暴力的受害者、施暴者或目击者。校园暴力也可能涉及或影响成年人。青少年暴力包括各种行为。一些暴力行为——比如欺凌、推搡——可能会造成比身体伤害更大的精神伤害。其他形式的暴力，如团伙暴力和攻击（有或没有武器），可导致严重伤害甚至死亡"。③ 对于校园欺凌，美国教育部与其部门创建的反欺凌中心认为"欺凌"一定是侵犯性的，并且具有以下两个特征："第一，权力失衡，那些实施欺凌行为的孩子用他们的权力，诸如身体力量或他们的人气去控制或伤害其他人，权力失衡可能会随着时间而改变，那些实施欺凌行为的孩子也可能转变成被欺凌的对象；第二，重复性，欺凌行为有可能不止发生一次。欺凌行为包括制造威胁、散布谣言、在身体或语言上攻击他人以及在群体中排挤他人。"④ 在研究"欺凌"与"暴力"时，他们注意到这两者之间的重合，在治理校园欺凌

---

① 张宝书：《英国中小学反校园欺凌政策探析》，《比较教育研究》2016 年第 11 期，第 1～8 页。
② 戴利尔：《美国未成年人司法制度的发展》，戴宜生译，《青少年犯罪问题》2005 年第 4 期，第 12～16 页。
③ CDC, "Understanding School Violence," https://www.cdc.gov/violenceprevention/pdf/School_Violence_Fact_Sheet－a.pdf.
④ "What is Bullying," https://www.stopbullying.gov/what－is－bullying/definition/index.html.

的同时,也关注"其他暴力行为",例如涉枪暴力。① 他们在认可"欺凌"与"暴力"概念有重合的前提下,也明确区分出这两者之间的不同。

(二) 校园欺凌概念的界定

1. 学界对校园欺凌概念界定的分歧

当前,我国学者对校园欺凌概念的界定主要源于挪威学者奥尔韦斯和英国伦敦大学的史密斯教授的概念。前文我们已经知道了这两位学者对欺凌概念的界定,这两位学者对欺凌定义设计了三大主要因素,即主观意图恶劣、强弱对比悬殊、持续性与反复性。这三大主要因素也成为我国学者在构建校园欺凌概念时的主体性要素,比如俞凌云、马早明在《"校园欺凌":内涵辨识、应用限度与重新界定》一文中指出,初期美国、日本等众多国家在构建本国校园欺凌的定义时参考了奥尔韦斯所提出的欺凌的界定标准,各国关于"校园欺凌"的界定虽不尽相同,但基本精神与其一致。奥尔韦斯所确定的欺凌含义表明了定性校园欺凌应具备的三大要素。② 我国学者在构建校园欺凌概念的时候大多也遵循了这三方面的因素,比如胡春光认为,校园欺凌是指一群学生或单个学生故意、重复地对不会报复的受害者实施长期性的身体或心理上伤害的一种攻击行为③;马雷军则认为,"校园欺凌是指一个或者多个学生,以强凌弱或以众敌寡,集中地、持续地蓄意伤害或者欺压其他学生,造成受害学生肉体或精神上痛苦的行为"④;等等。

这些概念的界定基本都遵循了奥尔韦斯的这三大要素。但是,近年

---

① "Catherine Bradshaw, Ingrid Donato. Bullying, Violence and Gangs,"https://www.stopbullying.gov/blog/2013/05/14/bullying violence and gangs. html.
② 俞凌云、马早明:《"校园欺凌":内涵辨识、应用限度与重新界定》,《教育发展研究》2018年第12期。
③ 胡春光:《校园欺凌行为:意涵、成因及其防治策略》,《教育研究与实验》2017年第1期,第1~7页。
④ 杨立新、陶盈:《校园欺凌行为的侵权责任研究》,《福建论坛》(人文社会科学版) 2013年第8期,第177~182页。

来这三大要素在实际运用中也遭到了许多质疑。比如，对于要素中的"主观意图恶劣"，我国政府层面出台的政策文件中，比如《通知》和《方案》中都提到，"中小学生欺凌是发生在校园（包括中小学校和中等职业学校）内外、学生之间，一方（个体或群体）单次或多次蓄意或恶意通过肢体、语言及网络等手段实施欺负、侮辱，造成另一方（个体或群体）身体伤害、财产损失或精神损害等的事件"。政府层面的校园欺凌概念还是比较强调主观上的"蓄意或恶意"。但是有学者也指出，"主观意图恶劣"用在成人间更合适，而未成年人有时候并没有意识到自己在欺凌别人或者被别人欺凌，很多事件并不涉及主观意图恶劣，他们不经意间的"欺凌行为"其实是日常玩耍或玩笑的一部分。[①]"持续性与反复性"要素也广受争议，当欺凌行为被描述为"多次、重复"时，那么，具体多少次算得上"多次"？什么样的频率可以达到"重复"标准？这个问题在世界各国均没有明确、统一的官方标准。[②]因此，这个要素并不能作为判断校园欺凌行为的标准。

2. 校园欺凌概念的界定

从以上论述我们可以知道，校园欺凌与校园暴力是两个不同的概念，也不能以"主观意图恶劣""持续性与反复性"等这样的要素来构建校园欺凌的概念。若要教育工作者在实际工作中及时分辨校园欺凌与校园暴力，就应该进一步明确哪些行为属于校园欺凌行为，才能更好地处理校园欺凌事件。

在世界范围内，有许多发达国家针对校园欺凌进行了专门的立法，规定了校园欺凌的法定意义。比如美国教育部和疾病控制与预防中心规定，"校园欺凌是由一个学生或一群学生对另外个别学生或学生群体实

[①] G. Huitsing et al. , "Univariate and Multivariate Models of Positive and Negative Networks: Liking, Disliking, and Bully – victim Relationships, "*Social Networks*, 2012(4).

[②] Rigby, "What International Research Tells us about Bullying, "edited by H. Mcgrath, T. Nobel, In *Bullying Solutions*: *Evidence – based Approaches to Bullying in Australian Schools*, Crowst Nest: Pearson Education, 2006.

施的具有强制性的攻击性行为，它能够对欺凌对象产生生理与心理危害；并且这一行为涉及学生之间可观察或可感到的权力不平衡，极有可能重复多次发生"。① 美国对校园欺凌行为的划分主要有四类：身体欺凌（主要包括击打、踢、推、搡、偷窃或者破坏他人物品等）、言语欺凌（主要包括骂人、取笑、羞辱、侮辱、口头威胁等）、关系欺凌（主要包括散布谣言、在背后说人坏话、把某人孤立在一群朋友之外、故意伤害他人的感受等）、网络欺凌（主要包括凭借电子工具骚扰，散布谣言、威胁、破坏他人声誉、人际关系，拍摄受害者的照片或视频，并将其发在网上等）。与美国不同的是，加拿大公共安全部将校园欺凌定义为，"一个发生在学生之间的，有一定目的的攻击性行为，这种攻击涉及双方力量的不平衡。这种力量的不平衡主要通过身体或心理方面的攻击行为表现出来，可以是直接的，也可以是间接的"。② 加拿大对校园欺凌的定义更多强调力量的不平等，并且规定校园欺凌行为主要包括身体欺凌（主要包括打、踢、撞击、推搡、偷窃、约会侵犯）和心理欺凌（主要包括言语欺凌和关系欺凌，其中言语欺凌与美国不同的是多了言语文化欺凌，也就是用语言攻击他人的种族或文化）两个部分。在英国，校园欺凌被定义为，"一个人或群体被另一个人或群体反复故意伤害，其中关系涉及权力失衡。校园欺凌可以面对面发生，也可以以网络或通信媒介的形式在线发生；伤害发生的地点可以是在校园内，也可以是在校园外"。③ 英国界定的校园欺凌行为与美国相比多了性欺凌和间接欺凌的内容，其他欺凌类型的具体行为大都相同。同时，英国规定，校园欺凌实施的主体可以是学生，也可以是教师，教师对于学生的言语攻击和非正常身体接触均属于校园欺凌规定的

---

① 转引自马倩等《美国规制校园欺凌的三维体系及其组件》，《教育学术月刊》2016年第10期，第49~54、68页。
② "Department of Public Safety in Canada. Bullying Prevention in Schools", https://www.publicsafety.gc.ca/cnt/rsrcs/pblctns/bllng-prvntn-schls/index-eng.aspx.
③ 转引自余雅风、王祈然《科学界定校园欺凌行为：对校园欺凌定义的再反思》，《教育科学研究》2020年第2期，第78~84页。

范畴之内。

从以上几个国家对校园欺凌的定义描述以及对欺凌行为的划分，我们可以看出，校园欺凌行为基本可以划分为"身体欺凌""言语欺凌""关系欺凌""网络欺凌"四种类型，其具体行为尽管各国表述各有不同，但是内涵一致。而在对校园欺凌的定义中大都比较强调"力量的不平衡"和"给他人造成伤害"等基本特征。这就说明，校园欺凌从根本上讲是一种恃强凌弱给他人带来伤害的攻击性行为。

根据以上论证以及结合课题组调研时的具体情况，本书对校园欺凌的定义为：校园欺凌是发生在校园（包括中小学校和中等职业学校）内外、学生之间，或教师与学生之间，个体或群体给另一方造成身体或心理伤害的攻击性行为，涉事双方存在力量的不均衡。具体行为主要包括身体欺凌、言语欺凌、关系欺凌、网络欺凌四种。其中，身体欺凌主要是通过肢体冲突对他人带来伤害的攻击行为，同时包含性骚扰或性侵犯以及偷窃他人财物的行为；言语欺凌主要是通过语言对他人带来的伤害行为，通常包含骂人、起绰号、讲别人坏话、言语威胁、恐吓等；关系欺凌主要是通过孤立他人而带来的伤害行为，主要包括关系孤立、名誉破坏等；网络欺凌主要是通过网络媒介给他人带来的伤害行为。以上行为不管是一次还是多次，是偶尔还是长期的，只要有此行为即认定为欺凌行为。

三　研究的理论基础

（一）社会学习理论

社会学习理论是美国心理学家阿尔伯特·班杜拉（Albert Bandura）提出的，他认为，个体、环境和行为三者都是作为相互决定的因素而起作用的，它们彼此之间是相互影响的。社会学习过程主要由行为、交互决定理论、自我调节理论和自我效能感理论等组成。校园欺凌行为的产生是个体、环境和行为这三个因素综合作用的结果,交互决定理论能比较好地解释校园欺凌行为发生的原因。在发生欺凌事件后,自我调节理论以及自我效能感理论对于校园欺凌的干预,对帮助被欺凌者治愈欺凌所带来的心理创伤具有重要作用。同时,社会学习理论也是校园反欺凌项目开发与建设的理论基础。

(二)生命历程理论

生命历程理论,亦称生命历程视角或生命历程研究法,肇始于20世纪20年代芝加哥学派对移民的研究,20世纪60年代得到发展与壮大,埃尔德(G. H. Elder)是生命历程研究的集大成者,在他的《大萧条的孩子们》中其首次将"生命历程"概念化。他认为生命历程是指"个体在一生中会不断扮演的社会规定的角色和事件,这些角色或事件的顺序是按年龄层级排列的"。[1] 生命历程理论侧重于研究剧烈的社会变迁对个人生活与发展的显著影响,将个体的生命历程看作更大的社会力量和社会结构的产物。生命历程理论用四条基本原理来体现自己的观点:第一,个人的生命历程嵌入了历史的时间和他们在生命岁月中所经历的事件之中,同时也被这些时间和事件所塑造着;第二,一系列的生活转变或生命事件对于某个个体发展的影响,取决于它们什么时候发生于这个人的生活中;第三,生命存在于相互依赖之中,社会—历史影响经由这一共享关系网络表现出来;第四,个体能够通过自身的选择和行动,利用所拥有的机会,克服历史与社会环境的制约,从而建构他们自身的生命历程。[2] 国内学者认为,"轨迹和变迁这两个概念是生命历程范式中基本的分析主题。轨迹是指在生命跨度以内诸如工作、婚姻、自

---

[1] G. H. Elder, "The Life Course and Human Development," edited by Richard M. Lerner (Volume 1: Theoretical Models of Human Development), in *Handbook of Child Psychology*, John Wiley &Sons, Inc.

[2] G. H. 埃尔德:《大萧条的孩子们》,田禾、马春华译,译林出版社,2002,第426~432页。

尊等的发展轨迹，它依据角色发生的先后次序而建立并且反映了人在较长时期内的生命模式。变迁总是在生命轨迹之中发生并且由某些特别的生活事件所标明（例如第一次参加工作，第一次结婚）"。对于学生而言，校园欺凌事件可以看作其成长过程中的重要轨迹，可能是其以后生命发展的转折点。运用生命历程理论，采用回溯式半结构访谈法访问经历过校园欺凌的个体，可以探讨校园欺凌对学生发展（主要包括学业成绩、人生选择等）的影响。

（三）治理理论

在实践中，校园欺凌的防治需要多方的参与，在理论上要遵守"治理理论"的要则。随着全球对公共治理的日益关注，有关"治理"的概念界定众说纷纭。在众多的定义中，我们比较赞同全球治理委员会的定义，即"治理是或公或私的个人和机构经营管理相同事务的诸多方式的总和。它是使相互冲突或不同的利益得以调和并且采取联合行动的持续的过程。它包括有权迫使人们服从的正式机构和规章制度，以及种种非正式安排。而凡此种种均由人民和机构或者同意、或者认为符合他们的利益而授予其权力"。[①] 治理有四大特征：第一，治理不是一套规则条例，也不是一种活动，而是一个过程；第二，治理的建立不以支配为基础，而以调和为基础；第三，治理同时涉及公、私部门；第四，治理并不意味着一种正式制度，而确实有赖于持续的相互作用。[②] 治理理论可以弥补国家和市场在调控与协调过程中的某些不足，但治理也不是万能的，它也内在地存在许多局限。为了克服治理的失效，不少学者和国际组织提出了"善治"（good governance）概念。"善治就是使公共利益最大化的社会管理过程，其本质特征是政府与公民对公共事务的合作管

[①] 李强等：《社会变迁与个人发展：生命历程研究的范式与方法》，《社会学研究》1999年第6期，第1~18页。

[②] 俞可平：《治理与善治》，社会科学文献出版社，2000，第270~271页。

理，是政府与市场、社会的一种新颖关系。"① 善治具有合法性、法治、透明性、责任性、回应、有效性、参与、稳定性、廉洁、公正等十大基本要素。② 可以看出，治理理论的核心与善治有异曲同工之妙。治理理论及善治经过完善，已经成为公共管理领域的经典理论，对其他学科的发展也产生了重要影响。本书中，我们利用治理理论和善治作为研究的理论基础可以更好地在促进校园欺凌防治过程中提升管理者的能力和素质，进而实现校园欺凌的深度治理。

---

① 陈广胜：《走向善治——中国地方政府的模式创新》，浙江大学出版社，2007，第102页。
② 俞可平：《增量政治改革与社会主义政治文明建设》，《公共管理学报》2004年第1期，第8~14页。

第二章
校园欺凌的研究现状

校园欺凌是世界各国共同面临的校园安全管理难题，各国为此都付出了巨大努力。自从校园恶性事件频繁曝光，校园欺凌在我国社会各界俨然成为一个热点话题。为了有效治理校园欺凌问题，自2016年以来，国家及各地方省区市先后出台多项政策。除了上文提到的《通知》《意见》外，地方上，2018年11月，天津市第十七届人大常务委员会第六次会议通过并公布了《天津市预防和治理校园欺凌若干规定》；另外，2021年6月新修订的《中华人民共和国未成年人保护法》对校园欺凌治理工作做了具体规定："学校对学生欺凌行为应当立即制止，通知实施欺凌和被欺凌未成年学生的父母或者其他监护人参与欺凌行为的认定和处理；对相关未成年学生及时给予心理辅导、教育和引导；对相关未成年学生的父母或者其他监护人给予必要的家庭教育指导"等。

学术界也围绕"校园欺凌"这一主题进行了诸多研究，为了推动相关政策制定和理论研究的深入，以及实践上对校园欺凌的有效治理，本章分别从国外、国内两个方面对这一领域的研究现状做相关综述，以为我国的校园欺凌相关研究添砖加瓦。

一　国外研究现状

国外学者主要从校园欺凌的内涵、类型、发生的地点及原因等方面进行了研究。

（一）国外对校园欺凌内涵的认识

国外对"校园欺凌"的研究始于 20 世纪 70 年代末，而我国对"校园欺凌"的研究却是近些年来的事情。国外最早对"校园欺凌"开展研究的是挪威著名学者奥尔韦斯，在他的系列著作和论文中其多次提到，在学校里，"欺凌，是一个学生经常在精神上或身体上压迫或侵袭其他人，压迫或侵袭的对象可能是男学生也可能是女学生"。[①] "在日常用语中，欺凌可以被描述为由一个或多个人员直接针对一个很难捍卫他（她）自己的人的行为，这些行为具有故意的、重复的、消极的（不愉快或有害的）等特征。"[②] 并且，"欺凌并非偶发事件，而是长期性且多发性的事件"。[③]

美国和日本也是世界上最早研究"校园欺凌"的发达国家之一，同时也是校园欺凌事件多发的国家。克里斯蒂（Christie）研究指出，发生在 12~18 岁学生之间的欺凌事件从 1999 年的 5% 上升到 2004 年的 7%。克里斯蒂还指出，全国教育统计中心 2000 年的一份报告表明，29% 的学校认为欺凌是学校面临的最大问题。[④] 美国教育部创建的反欺凌中心认为"欺凌"一定是侵犯性的，并且具有以下两个特征："第一，权力失衡，那些实施欺凌行为的孩子用他们的权力，诸如身体力量或他们的人气去控制或伤害其他人，权力失衡可能会随着时间而改变，那些实施欺凌行为的孩子也可能转变成被欺凌的对象；第二，重复性，欺凌行为有可能不止发生一次。欺凌行为包括制造威胁、散布谣言、在

[①] D. Olweus, *Aggression in the Schools: Bullies and Whipping Boys*, Washington DC: Hemisphere Pub. Corp, 1978, p. 35.

[②] D. Olweus, S. P. Limber, "Bullying in School: Evaluation and Dissemination of the Olweus Bullying Prevention Program," *American Journal of Orthopsychiatry*, 2010(1): 124 – 134.

[③] D. Olweus, "Aggression in the Schools: Bullies and Victimization in School Peer Groups," *The Psychologist*, 1991(4): 243 – 248.

[④] K. Christie, "Chasing the Bullies Away," *Phi Delta Kappan*, 2005(10): 725 – 726.

身体或语言上攻击他人以及在群体中排挤他人。"① 日本文部科学省在1996年和2007年先后两次对校园欺凌（いじめ）的概念进行了修订，1996年其主张，青少年单方面对比自己弱势的人，在身体上或心理上施加持续性的伤害，让对方感受到深深痛苦的行为，都可以称为欺凌。2007年文部科学省对欺凌进行了重新定义，其不再拘泥于像奥尔韦斯坚持的需要具备持续的攻击和痛苦的感受，而是强调学生是否遭受到与自身保持一定社会关系的人的心理上或物理上的攻击和伤害，精神上是否感受到痛苦，其发生地点不再区分校内或校外。② 在英国，惠特尼（Whitney）和斯密斯等人的研究发现，至少有10%的学生一周内被欺凌过一次。③ 英国下议院教育与技能委员会（DFES）在《欺凌：2006-7第三季度报告》中指出，"政府将欺凌定义为：那些旨在造成伤害的重复的、故意的或持续的行为，在某些情况下只是一次性的事件也被看成欺凌；由一个或一群人故意造成的伤害行为和由于力量失衡使受害者无力抵抗的行为"。④

可见，国际社会对"校园欺凌"的内涵并没有达成共识。对于"欺凌"行为，挪威学者更强调行为在时间上的持续性和频率上的反复性，而英、美、日等更强调这种行为的事实性，即不管时间多长或行为频率是否重复，只要是故意或有伤害的行为发生，就视为欺凌。本书也比较赞成英、美、日等国家对欺凌的定义，即"欺凌"这一事实发生，实际上已经对他人造成了伤害，我们只能以伤害的程度来判断欺凌事件的严重性，而不能从时间或频率上来判断是否属于欺凌行为，有时候一

---

① "What is Bullying, "https://www.stopbullying.gov/what-is-bullying/definition/index.html.
② 「いじめ」とは、「当生徒が、一定の人間関のある者から、心理的、物理的な攻を受けたことにより、精神的な苦痛を感じているもの。」とする。なお、起こった所は学校の内外をわない，http://www.mext.go.jp/a_menu/shotou/seitoshidou/1302904.html.
③ I. Whitney, P. K. Smith, "A Survey of the Nature of Bullying in Junior/Middle and Secondary Schools, "*Educational Research*, 1993(1): 3-25.
④ "Bullying: Third Report of Session, "London. House of Commons Education and Skills Committee, 2007: 7.

次性的严重的欺凌行为,对受害者来说可能就是一次毁灭性的行为,对其身心健康可能造成不可估量的伤害。

(二) 国外对"校园欺凌"类型的认识

关于"校园欺凌"的类型,美国反欺凌中心认为,校园欺凌主要有三种形式。第一,言语欺凌。言语欺凌包括戏弄、起绰号、不适合的性别评论、嘲弄和威吓等。第二,社交欺凌。社交欺凌也被称为关系欺凌,涉及伤害别人的声誉或关系,主要包括有目的地孤立某人、告诉其他孩子不要和某人成为朋友、传播某人的谣言和在公共场合让某人尴尬。第三,物理欺凌。主要是指伤害一个人的身体或财产,包括打/踢/摔某人、向某人身上吐痰、推搡或故意绊倒某人、故意拿或打坏某人的东西、做低俗或粗鲁的手势。① 英国下议院教育与技能委员会认为校园欺凌的形式主要有网络欺凌、基于偏见的欺凌和来自教师的欺凌。② 性别不同,欺凌方式也有所不同,学者布罗格(Brog)研究指出,男孩一般比女孩更多用暴力和破坏性的欺凌方式,多利用物理手段恃强凌弱。而女孩倾向于使用更多的秘密和微妙形式的骚扰,包括谣言、恶意的流言蜚语和操纵友谊等。③

(三) 国外对"校园欺凌"发生的地点及原因等方面的认识

关于"校园欺凌"易发生的地点,奥尔韦斯等人指出,比起在上下学的路上,在学校里更容易发生欺凌行为。④ 英国学者惠特尼和斯密斯指出,在学校里面,操场是发生欺凌最常见的地方,其次是走廊、教

---

① "What is Bullying,"https://www.stopbullying.gov/what-is-bullying/definition/index.html.
② "Bullying: Third Report of Session," London. House of Commons Education and Skills Committee, 2007: 7.
③ M. G. Borg, "The Emotional Reactions of School Bullies and Their Victims," *Educational Psychology*, 1998(18): 433 – 435.
④ D. Olweus, *Bullying at School: What We Know and What We can Do*, Oxford, UK: Blackwell, 1993, p. 10.

室、餐厅和洗手间。① 美国学者贝蒂（Beaty）和阿列克谢耶夫（Alexeyev）认为，大部分的欺凌者和被欺凌者都在同一个年级和同一个班级，也有一部分是在同一个年级但不在同一个班级。通常来讲，欺凌与被欺凌的学生他们彼此比较熟悉和了解。②

而对于触发"校园欺凌"的因素，美国学者哈兹尔（Hazier）、胡佛（Hoover）和奥利弗（Oliver）研究指出，影响男孩被欺凌的五个因素是不合群、身体弱小、脾气暴躁、他们的朋友是谁和他们穿的衣服。影响女孩被欺凌的五个因素是不合群、外貌、爱哭、肥胖和成绩好。③ 同时他们还指出，73%的男孩和27%的女孩是受害者，欺凌者通常倾向于欺负与他（她）们同龄的学生。齐格勒（Ziegler）和罗森斯坦·曼纳（Rosenstein-Manner）的研究表示，当问及欺凌者为何要欺负其他学生时，主要原因是欺凌者想要展示自己的权利或力量（powerful）及被他人关注。④

二　国内研究现状

相对于西方发达国家而言，我国的"校园欺凌"研究晚了近三十年。鉴于官方第一次直接使用"校园欺凌"概念出现在2016年4月国务院教育督导委员会办公室颁布的《关于开展校园欺凌专项治理的通知》中，本书在搜索相关文献时直接用"校园欺凌"作为主题词进行搜索。我国对校园欺凌的研究最早出现在2002年，我国香港的学者对香港小学校园欺凌问题进行了调查，调查地区仅针对香港地区。我国大陆地区第一篇

---

① I. Whitney, P. K. Smith, "A Survey of the Nature of Bullying in Junior/ Middle and Secondary Schools," *Educational Research*, 1993(1): 3-25.
② L. A. Beaty, E. B. Alexeyev, "The Problem of School Bullies: What the Research Tells," *Adolescence*, 2008(169): 1-11.
③ R. J. Hazier, J. H. Hoover & R. Oliver, "What Kids Say about Bullying?" *The Executive Educator*, 1992(11): 20-22.
④ S. Ziegler, M. Rosenstein-Manner, *Bullying in School*, Toronto: Toronto Board of Education, 1991.

针对"校园欺凌"的研究论文是2007年刘晓梅在《青年研究》上发表的《以复和措施处理校园欺凌问题》。随后有关"校园欺凌"的研究相继开展。

（一）校园欺凌研究文献统计分析

通过中国知网，以"校园欺凌"为主题进行文献检索，截至2022年5月30日，共检索到4506篇学术论文，硕士和博士学位学位论文共640篇，其中博士学位论文2篇。将全部文献做可视化计量分析后，可以看到论文的发表量趋势（见图2-1）。

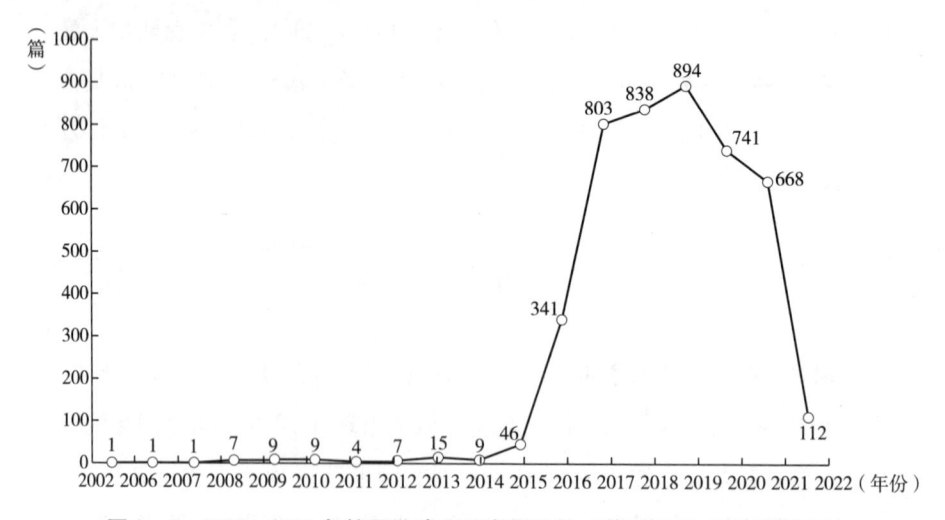

图2-1 2002~2022年校园欺凌文献变化趋势（截至2022年5月30日）

从图2-1中可以看出，在2015年以前，我国有关校园欺凌研究的论文增长非常缓慢，且数量很少，说明这一时期我国对校园欺凌的研究基本处于空白期，但并不表示问题不存在，只是关注的人很少。2015年以后，由于校园欺凌事件的频繁曝光，校园欺凌进入大众视野，受关注程度增加，到2016年，论文发表量是前十几年的好几倍。2016年，由于北京某小学校园欺凌事件的社会影响较大，且国家出台了《关于开展校园欺凌专项治理的通知》，校园欺凌这一概念正式出现在国家文件中，到2017年，有关校园欺凌的论文迅速增加，到2019年达到顶峰，出现了校园欺凌的研究热潮，无论是理论界还是实践层面，都对校园欺凌格外关注。理论界从不同学科（主要是教育学、心理学、社会学、法学等）切入研究如何防治这一问题，而实践层面，除了国家政策之外，各省区市也相继出台相关政策治理校园欺凌问题。

为了更好地凸显"校园欺凌"的研究现状及发展趋势，关键词频也是一个比较好的分析视角。利用中国知网自带的可视化分析工具，可对检索到的文献进行高频率关键词分析，用降序的排列方式来呈现校园欺凌研究的基本信息（见表2-1）。

表2-1 校园欺凌研究的关键词频数统计

序号	关键词	词频	序号	关键词	词频
1	校园欺凌	2681	11	对策研究	54
2	校园欺凌行为	243	12	中介作用	45
3	中小学	216	13	校园霸凌	43
4	校园暴力	140	14	校园安全	41
5	中学生	112	15	成因及对策	37
6	欺凌行为	105	16	法律规制	33
7	网络欺凌	58	17	欺凌者	33
8	未成年人	58	18	防治策略	33
9	应对策略	57	19	小学生	31
10	欺凌旁观者行为	56	20	治理研究	31

（二）我国校园欺凌的研究现状

通过对现有研究成果的分析，我国校园欺凌研究的内容主要集中在对国外校园欺凌治理的经验介绍，校园欺凌行为的特征、成因及防治，校园欺凌的立法研究等方面；研究对象主要集中在中小学生上，有关中职生、大学生的校园欺凌研究较少。

1. 有关国外校园欺凌治理经验的介绍

国内学者主要对挪威、芬兰、美国、日本、英国等发达国家校园欺凌治理的经验进行了研究和介绍。挪威是世界上最早对校园欺凌进行研究的国家,也是国际校园欺凌治理经验分享的主要输出国,国内学者对挪威校园欺凌治理经验的介绍主要是对挪威校园欺凌研究专家奥尔韦斯的校园欺凌干预项目(Olewus Bullying Prevention Program,OBPP)的介绍。比如张倩等在《校园欺凌的综合治理何以实现——来自现代校园欺凌研究发源地挪威的探索》一文中,就以OBPP模式为例介绍了挪威的校园欺凌治理从"有效"走向了"长效",实现了欺凌发生率十年连降的目标。[①] 杨婕、马焕灵则以OBPP为例介绍了挪威校园欺凌的防范机制,并对我国的校园欺凌防范提出了相关建议。[②] 陶建国、王冰系统地介绍了挪威中小学校园欺凌预防项目,除了OBPP项目之外,还有"零容忍"项目、儿童行动挪威中心预防项目以及学校仲裁所项目。[③] 李锋、史东芳对挪威反校园欺凌"零容忍方案"进行了介绍。[④] 挪威的校园欺凌防治项目也是许多硕士和博士学位论文研究的重点,比如鲁东大学纪沉坤在其博士学位论文《OBPP校园欺凌防治模式的国际经验与本土化研究》中,介绍了OBPP模式的国际经验,然后对OBPP模式进行了本土化改良,将该模式与中国传统文化中的"正心修身"相结合,以中国传统文化的积极心理健康教育(PMHE)为引导,以向内培养积极健康心理,向外营造和谐友爱校园氛围的"内预外防"为根本策略,通过"四位五全"联动机制,建构基于本土情境,较为系统全面、注重实效的校园欺凌预防与干预模式PBPP(OBPP与PMHE合称),以应

---

① 张倩等:《校园欺凌的综合治理何以实现——来自现代校园欺凌研究发源地挪威的探索》,《教育研究》2020年第11期,第70~82页。
② 杨婕、马焕灵:《挪威校园欺凌防范机制研究——以奥维斯欺凌防范项目为例》,《现代教育管理》2017年第12期,第119~123页。
③ 陶建国、王冰:《挪威中小学校园欺凌预防项目研究》,《比较教育研究》2016年第11期,第9~14页。
④ 李锋、史东芳:《挪威反校园欺凌"零容忍方案"研究述评》,《教育导刊》2015年第2期,第91~95页。

对中国校园欺凌现实问题。①

芬兰毗邻挪威，受其影响，芬兰的校园欺凌研究开展的也比较早。我国对芬兰校园欺凌防治的研究也主要集中在校园欺凌防范项目上，KiVa 项目（又叫 KiVa 反欺凌项目）是芬兰全国性反欺凌项目，在国际上影响非常大。周菲菲、郭志英介绍了芬兰校园反欺凌 KiVa 项目的发展、组织与实施。他们认为，KiVa 项目包含预防性教育的"普遍行为"和制止欺凌案件的"特殊行为"。KiVa 项目通过建立 KiVa 项目组和学校项目组网，向教师提供反欺凌培训、设备和材料，改变旁观者角色，向家长提供反欺凌指导，积极解决网络欺凌。该项目还提供反欺凌课程、网络游戏和"反欺凌街道"论坛，有效预防和处理欺凌行为，增强了对受害者的支持和保护。② 韩婷芷、沈贵鹏在介绍了芬兰校园反欺凌项目 KiVa 的内涵、路径后指出，我国在校园欺凌治理过程中，应该成立校园反欺凌项目组，开发适合我国中小学生的 KiVa 课程，增强教师应对校园欺凌问题的能力，加强家校合作杜绝校园欺凌事件发生。③ 陈捷以芬兰 KiVa 计划为研究对象，讨论了校园欺凌防治的旁观者干预模型并对我国校园欺凌防治提出了本土化的建议。他认为我国校园欺凌政策的制定应充分重视校园欺凌中旁观者的作用，具体而言，可根据不同年龄群体的特点，有针对性地通过移情训练、树立利他主义榜样、教化道德包容、增强集体认同感等方式，激起校园欺凌事件中旁观者的同理心，增加帮助行为。④ Verso 项目是芬兰继 KiVa 项目之后的全国性反欺凌项目，薛博文、王永强对芬兰 Verso 项目进行了介绍，该项目的主要目的是在学生内部预防和处理校园欺凌事件。该项目的主要特色是"调解

---

① 纪沅坤：《OBPP 校园欺凌防治模式的国际经验与本土化研究》，博士学位论文，鲁东大学，2019。
② 周菲菲、郭志英：《芬兰校园反欺凌 KiVa 项目的发展、组织与实施》，《比较教育研究》2017 年第 10 期，第 40~45 页。
③ 韩婷芷、沈贵鹏：《芬兰校园反欺凌项目 KiVa：内涵、路径及其启示》，《外国中小学教育》2019 年第 2 期，第 15~20 页。
④ 陈捷：《校园欺凌防治的旁观者干预模型及其本土化建议——以芬兰 KiVa 计划为研究对象》，《教育探索》2022 年第 1 期，第 83~88 页。

性会议"的运用,通过培养同伴调解员、开展学生内部协调会议、教师有限性参与等方法将问题解决过程转化为学生的自主学习机会,同时也帮助学生建立起平等且相互尊重的人际关系,掌握倾听和沟通的技巧。①

美国是世界上校园欺凌事件高发国家,同时其对校园欺凌的治理较早,我国学者对美国校园欺凌研究的关注度也很高。我国学者对美国校园欺凌的研究主要集中在以下几个方面。第一,对美国校园欺凌立法方面的研究。马焕灵、杨婕对美国校园欺凌立法的理念、路径与内容进行了介绍。他们认为,美国校园欺凌立法秉持人身权神圣不可侵犯、谨慎立法和民主立法三大突出理念。在立法路径上,美国校园欺凌立法经历了先下后上、先内后外、先立后修的基本路径。美国反校园欺凌法案一般涉及法案界定、区域政策制定与运行、区域政策构成以及反欺凌措施等4个板块11个方面的内容。美国各州的反校园欺凌法案对"欺凌"的界定虽不统一,但基本包括身体欺凌、言语欺凌、精神欺凌、同伴欺凌、网络欺凌等5种类型,且对欺凌的界定标准也在不断细化。美国各州的反校园欺凌法案明确了政府、学校以及教师三大反欺凌相关主体及其职责。② 孟凡壮、俞伟对美国校园欺凌法律规制体系的建构进行了探讨,他们认为美国联邦层面的法律规制以事后救济为主,不足以让校方主动采取措施进行校园欺凌的事前预防。在州层面,美国各州通过专门立法对校园欺凌予以规制,在明确界定"校园欺凌"概念的基础上,建构了校园欺凌的预防机制、报告机制、处理机制和协同治理机制。但同时,各州立法在规范学校反欺凌政策、惩罚欺凌行为实施者等方面也存在诸多问题。③ 林家红以"理性欺凌者"理论为视角,对美国校园欺

---

① 薛博文、王永强:《芬兰校园反欺凌新项目 Verso 的发展、实施与启示》,《教育参考》2021年第3期,第44~49页。
② 马焕灵、杨婕:《美国校园欺凌立法:理念、路径与内容》,《比较教育研究》2016年第11期,第21~27页。
③ 孟凡壮、俞伟:《美国校园欺凌法律规制体系的建构探析》,《比较教育研究》2017年第6期,第43~49页。

凌立法进行了研究。① 第二，对美国校园反欺凌项目的研究。为了治理校园欺凌，美国开展了一系列反欺凌项目。李朝阳对美国校园反欺凌项目的层级、内容与实施进行了研究。他指出，美国在社区、学校、课堂、网络等维度都有一系列的防范项目。有社区层面的"构建尊重"项目、学校层面的"奥尔韦斯欺凌预防"项目与"和平积极应对暴力"项目、课堂层面的"第二步暴力预防"项目、教师层面的"欺凌终结者"项目、学生层面的"社会和情感学习"项目与"迈向敬重"项目，以及针对网络欺凌的项目与法案。这些项目提供了"不要嘲笑我"课程、师生课程与手册等内容。各类项目通过建立反欺凌委员会和基金，设立欺凌预防工作小组，营造反欺凌文化，开发反网络欺凌的应用程序等途径预防与治理校园欺凌问题。② 吴文慧、张香兰介绍了美国科罗拉多州的各级公立学校实施的预防干预计划，即"欺凌防控项目"（Bully Proofing Your School，BPYS）。"欺凌防控项目"以独特的课程设置为基础，以全校参与全员共治为前提，以改善校园氛围为防治根本，以家校社区配合为工作指导，在防止校园欺凌、营造关爱氛围、塑造安全环境并增强反欺凌意识等方面发挥了巨大的作用。③ 吴丽娟介绍了美国博伊西州立大学支持开发的校园欺凌干预项目 STAC 的内涵及研究路径，该项目以学校辅导员为核心领导，旨在通过一系列培训增加学生作为旁观者时干预欺凌问题的知识和信心，提高 STAC 策略有效干预的能力，该项目主要在美国西北部地区推广。④ 李雅蓉、赵强太对美国 Safe Place 组织在美国奥斯汀地区开发实施的"期望尊重项目"进行了研究，对

---

① 林家红：《美国校园欺凌立法研究——以"理性欺凌者"理论为视角》，《广西民族师范学院学报》2017 年第 4 期，第 50~52 页。
② 李朝阳：《美国校园反欺凌项目的层级、内容与实施》，《比较教育研究》2018 年第 3 期，第 26~31、38 页。
③ 吴文慧、张香兰：《美国校园欺凌防控项目的经验与启示》，《青少年学刊》2020 年第 3 期，第 53~58 页。
④ 吴丽娟：《美国校园欺凌干预项目 STAC：内涵、研究路径及启示》，《中小学心理健康教育》2020 年第 27 期，第 32~35 页。

"期望尊重项目"的开发背景、主要内容、实施情况等进行介绍[1]，并对我国校园欺凌的治理提出了建议。第三，对美国校园欺凌治理实践的研究。廖婧茜、靳玉乐对美国校园欺凌问题治理的发展和经验进行了介绍。他们认为美国从20世纪60年代开始关注和探讨校园欺凌问题，时至今日，已形成制度治人、服务助人、教育立人、文化育人、个性塑人的综合治理模式。对于我国校园欺凌治理实践，他们认为我国亟须在完善制度保障的基础上集中社会、学校、家庭的力量，建立反校园欺凌多元防治系统，逐步实现以法治人、以爱助人、以道引人、以情感人、以性塑人[2]。赵茜、苏春景介绍了美国校园欺凌的干预体系。他们指出，美国通过联邦与各州的立法以及政府行动，建立了以学校为基础的欺凌干预体系。目前，美国学校依法进行欺凌干预，创建了以"全校性积极行为干预与支持"方法为代表的科学的干预模式，以及包括学校水平、教学设备与同辈水平、个体水平在内的多层次特色干预策略[3]。王祈然、蔡娟以"欧米茄人"组织为例，介绍了美国第三方组织反校园欺凌实践。美国反校园欺凌的第三方组织"欧米茄人"以"帮助每个人都尊重他人"为指导思想，借用青少年耳熟能详的超级英雄角色，为小学、初中、高中不同学段的学生制定不同的主题活动。该组织采取演讲表演、校园情景剧、校园集会、家校合作大会等活动形式促进青少年积极行为的养成和良好性格的发展，帮助青少年掌握校园欺凌的知识并学习防止欺凌的策略，养成积极健康的生活习惯[4]。刘冬梅、薛冰介绍了美国校园欺凌的防治策略：在校园欺凌的应对上，采取零容忍政策，设立校园警察，注重疏导干预，严惩欺凌者及其同伙。在校园欺凌的预防

---

[1] 李雅蓉、赵强太：《美国校园"期望尊重项目"及其启示》，《教学与管理》2020年第32期，第73~75页。
[2] 廖婧茜、靳玉乐：《美国校园欺凌问题治理的发展、经验及启示》，《教育科学》2017年第5期，第89~96页。
[3] 赵茜、苏春景：《美国以学校为基础的欺凌干预体系探析》，《外国教育研究》2018年第1期，第106~116页。
[4] 王祈然、蔡娟：《美国第三方组织反校园欺凌实践研究——以"欧米茄人"组织为例》，《比较教育研究》2018年第10期，第68~75页。

上，建立校园欺凌官方网站，设置反欺凌课程，制订校园安全计划，评估校园欺凌状况，营造校园安全氛围，加强学生课堂合作，以增强学生反欺凌意识和自我保护能力。他们认为，这对我国的校园欺凌治理的启示有：加快校园欺凌专项立法进程，完善校园欺凌规制，强化学校防范责任，教育与惩戒相结合，多方联动有效沟通，正向转变旁观者，保护受欺凌者人格尊严。① 学者段明介绍了美国校园欺凌治理的常用方法——同辈调解，同辈调解遵循"由学生主导，为学生服务"的理念，将校园欺凌置于学生冲突框架之下，旨在通过同辈调解员化解同辈冲突，从而实现防治校园欺凌的目标。经过40余年的发展，美国同辈调解在规划设计、遴选模式、培训体系和调解流程等方面已相当成熟，并且在减少校园冲突和欺凌现象，改善校园学习氛围，以及提升学生冲突解决能力等方面卓有成效。② 另外，国内硕士和博士学位论文也针对上述内容进行了丰富的研究，以"美国校园欺凌"为主题，经过中国知网检索，共检索到493篇国内硕士和博士学位论文，可见，我国对美国的校园欺凌研究的关注度非常高。

我国对英国校园欺凌治理经验的介绍也比较早，早在2008年，学者许明就英国校园欺凌的定义和类型、发生的程度及危害做了介绍，并分享了英国校园欺凌的识别与防范经验。③ 如可以通过教师与家长的报告、学生自我报告被人欺凌或参与欺凌他人、同伴举报、直接观察学生行为、学生访谈等途径来识别校园欺凌；在防范和干预方面，英国的校园欺凌可以分为以下几个层面：国家政府层面主要是出台校园欺凌方面的政策，举办以校园欺凌为主题的各种活动；地方政府层面主要是把反欺凌作为地方政府的法定职责之一；学校层面主要是加强教师进行反校

---

① 刘冬梅、薛冰：《美国校园欺凌的防治策略及借鉴》，《河南师范大学学报》（哲学社会科学版）2020年第2期，第151~156页。
② 段明：《同辈调解在美国校园欺凌中的运用探究》，《比较教育研究》2021年第4期，第51~58页。
③ 许明：《英国中小学校园欺凌现象及其解决对策》，《青年研究》2008年第1期，第44~49页。

园欺凌方面的专业培训，并加强学校、家庭和社会密切配合等。张宝书对英国中小学反校园欺凌政策成效进行了研究，他指出，英国中小学反校园欺凌政策实施多年后成效显著，2015年的调查结果显示"学校欺凌行为骤降"。[1] 董新良等人研究分享了英国中小学反欺凌行动中的经验和特色：在反欺凌制度方面，英国中小学校制定了校园反欺凌政策，主要涉及政策目标、主体职责、预防策略、上报流程以及处置措施等方面。在反欺凌手段方面，英国中小学校开展了对教职工和全体学生的反欺凌培训和教育，对欺凌者和受欺凌者分别采取不同的干预与教育支持手段。在反欺凌网络体系方面，英国中小学校开辟了学校与家长、社区和社会团体等多方合作渠道。[2] 高露、李彬则介绍了英国中小学校园欺凌治理政策与实践路径。他们指出，在治理中小学校园欺凌中，英国从预防和处置两方面治理校园欺凌问题，陆续颁布多部与校园欺凌相关的法律。从预防校园欺凌角度，英国设立专门机构教育标准局负责监督校园欺凌问题，发挥学校在校园欺凌中的主导作用。以上对我国的启示是，学校要制定校园反欺凌政策，全国各中小学均要开设健康教育课程，并列为学校必修课程。学校要培养学生群体认同感，以有效地避免校园欺凌事件的发生。从处置校园欺凌维度，可见校园欺凌事件的处置分为事件本身的处置与安置受害学生。[3] 刘晓燕、梁纪恒还介绍了英国特殊教育需要儿童校园欺凌方面的经验。他们认为，促进特殊教育需要儿童的身心健康发展，英国为抵制校园欺凌，建立了以学校为主，上承中央与地方法规政策、下启家庭与社会组织积极支持的综合性治理体系。我国在这方面可以借鉴英国的实践与经验，创建平等、非歧视的文化氛围，制定完备、全面的校园欺凌法律体系，建立学校、家

---

[1] 张宝书：《英国中小学反校园欺凌政策探析》，《比较教育研究》2016年第11期，第1~8页。

[2] 董新良等：《英国中小学校反欺凌行动研究》，《比较教育研究》2017年第9期，第95~102页。

[3] 高露、李彬：《英国中小学校园欺凌治理政策与实践路径》，《中国人民大学教育学刊》2019年第2期，第20~34页。

庭、社会三方合作的校园欺凌防治体系。① 此外，还有许多硕士和博士学位论文对英国校园反欺凌项目、反欺凌课程、中小学网络欺凌等方面进行了研究。

  日本是世界上最发达的国家之一，也是校园欺凌频发的国家之一，日本为此做出了诸多努力。我国学者对日本校园欺凌治理的研究，除了经验分享之外，大都集中在对日本校园欺凌立法方面的介绍上，比如任海涛、闻志强在总结日本中小学校园欺凌治理的经验后，对我国中小学校园欺凌治理提出了建议。他们指出，我国在未来相关立法和政策制定中可以从加强校园欺凌的数据统计工作、建立特别刑法与司法体系、构建综合性专门立法体系、细化"反校园欺凌法"具体内容等四个方面开展工作。② 向广宇、闻志强以《校园欺凌防止对策推进法》为主视角，介绍了日本校园欺凌现状、防治经验。他们提出，我国在治理校园欺凌过程中，应借鉴日本法制化治理校园欺凌问题的经验，加强校园欺凌数据统计工作，加强立法综合治理研究，推动反校园欺凌立法的进程。③ 高晓霞对日本校园欺凌现象的社会问题化成因和治理经验进行了分析，她认为日本校园欺凌现象的社会问题化，既有其深刻的历史文化原因，也有其教育病理诱因，还有其群体行为构造根源。治理的途径主要是通过法制路径处置校园欺凌、强化学校德育预防校园欺凌、借助协同治理应对校园欺凌。④ 姚逸苇则从历史的角度分析了日本校园欺凌治理模式的历史变迁，指出日本校园欺凌治理模式主要表现为，20世纪80年代的"越轨矫正型"、90年代的"心理援助型"和2000年以来的"风

---

① 刘晓燕、梁纪恒：《英国特殊教育需要儿童校园欺凌综合治理体系及其启示》，《中国特殊教育》2020年第5期，第3~8、15页。
② 任海涛、闻志强：《日本中小学校园欺凌治理经验镜鉴》，《复旦教育论坛》2016年第6期，第106~112页。
③ 向广宇、闻志强：《日本校园欺凌现状、防治经验与启示——以〈校园欺凌防止对策推进法〉为主视角》，《大连理工大学学报》（社会科学版）2017年第1期，第1~10页。
④ 高晓霞：《日本校园欺凌的社会问题化：成因、治理及其启示》，《南京师大学报》（社会科学版）2017年第4期，第100~108页。

险预防型"三种治理模式,并对各时期对策的效果进行了评价。①

2. 对校园欺凌行为的特征、成因及防治的研究

只有弄清校园欺凌的概念、特征以及成因后,才能在实践中更好地制定出针对性的方案去治理。校园欺凌的概念犹如校园欺凌本身一样难以界定,所以我国学者在界定校园欺凌的概念时,大都采用国外学者的观点或者对其加以本土化的修改。由于概念难以界定,所以大都以描述哪些行为可以构成欺凌,哪些行为不能构成欺凌等为主。刘天娥、龚伦军在《当前校园欺凌行为的特征、成因与对策》一文中指出,校园欺凌行为具有五个特征:形式的多样性、行为的反复性、行为的普遍性、行为的不平衡性以及行为的隐蔽性和难以判断性。②陈友慧等人则认为校园欺凌具有欺凌者不以为意,受欺凌者忍气吞声,具有反复性、伤害滞后性等特征。③ 宁彦锋还探讨了网络欺凌的特征,他认为网络欺凌主要有以下特点:网络欺凌的表现形式多样,欺凌发生具有隐匿性、不确定性与超时空性,危害后果严重且不易消除。④

关于校园欺凌的成因,我国学者从不同的视角进行了诸多探讨。刘天娥、龚伦军从家庭、学校、社会以及青少年自身等四个方面进行了分析。陈友慧等人则认为校园欺凌是由家庭教育和学校教育的不足,学生心理发展不成熟,不良社会文化的影响造成的。储朝晖认为校园欺凌的直接主因来自成人社会的暴力崇尚和暴力体验,间接主因是现实环境中的不平等对待和层级差距。⑤ 胡春光认为欺凌行为被允许的原因主要有

---

① 姚逸苇:《日本校园欺凌治理模式的历史变迁研究》,《外国教育研究》2021年第10期,第19~31页。
② 刘天娥、龚伦军:《当前校园欺凌行为的特征、成因与对策》,《山东青年管理干部学院学报》2009年第4期,第80~83页。
③ 陈友慧等:《中小学校园欺凌特征、成因及心理干预策略》,《教育观察》2019年第14期,第49~51、59页。
④ 宁彦锋:《青少年学生网络欺凌的特点、成因与防治》,《上海教育科研》2021年第5期,第58~63、40页。
⑤ 储朝晖:《校园欺凌的中国问题与求解》,《中国教育学刊》2017年第12期,第42~48页。

五点：第一，欺凌行为往往是隐而无形的且很多欺凌行为往往是在缺乏监控的隐蔽环境下发生的；第二，欺凌行为经常被误以为只是不懂事的"孩子行为"，是孩子社会化不成熟的表现；第三，通常认为儿童行为出现问题应该是家庭父母的教育责任，而儿童的同辈群体关系并没有被列为关键要素；第四，社会大众对性别角色的刻板印象；第五，大众传媒与社会风气的影响。① 宁彦锋认为，青少年网络欺凌是青少年个人因素、家庭及校园环境因素、网络媒介特性等多因素相互作用的结果。胡学亮则认为，中小学校园欺凌高发主要是由学习心理压力、竞争性价值观以及社会支持造成的。② 李锋、史东芳从文化社会学的视角分析了校园欺凌产生的原因。他们认为，校园欺凌可能产生于个体对紧张情绪的不合规缓释、低阶层群体遭遇主流文化排斥等社会结构中，并深受个体对他者欺凌行为的习得、个体的社会控制和自我控制过低等社会交互过程成因影响，同时也与个体遭遇标签化和污名化、校园不同个体或群体间稀缺资源的冲突等社会反应成因有关。③

关于校园欺凌防治的研究。我国学者大都从学校、家庭、社会和个人等方面提出建议。刘天娥、龚伦军认为，应该加强校园法制、文化建设；优化教育行为，营造和谐的教育环境；培养学生的社交技能，提高学生社会适应能力。整合家庭和社会的力量，使教育保障更有力。储朝晖则认为，中国当下的校园欺凌问题不能无诊断即开方，不能简单地从其他国家找一些方法，而是先要准确判断成因，找出校园欺凌的中国问题，再去寻求中国的解决方案。中国校园欺凌的整体解决方案应从如下几个方面着手：在价值层面，消除敌对、等级观念，确立平等、协商取向；在体制层面，消除官本位和特权，建立法治化的扁平社会；在技术

---

① 胡春光：《校园欺凌行为：意涵、成因及其防治策略》，《教育研究与实验》2017年第1期，第73~79页。
② 胡学亮：《中小学校园欺凌高发原因与对策分析》，《中国教育学刊》2018年第1期，第31~37页。
③ 李锋、史东芳：《校园欺凌产生成因之阐释——基于文化社会学的理论视角》，《教育科学研究》2021年第1期，第73~78页。

层面，促进家庭民主，加强校园治理，实施救助干预。当下，治理校园欺凌工作要做好全面、准确、专业的调查，系统清理教育环境中的暴力因素，开展化解冲突、和谐校园的教育活动，把好家庭教育的第一道关口。① 胡学亮认为，注重自主快乐学习、强化社会支持、淡化竞争意识、提升压力应对能力、创建满意型班级将成为降低校园欺凌发生概率的有效途径。② 杨硕从欺凌者的视角认为，防治校园欺凌可以从以下几个方面着手。首先，父母要在家庭层面给予欺凌者更多的关注和心理上的支持。其次，应着重关注边缘乡村地区以及师资力量薄弱学校的校园欺凌现象，考虑从制度供给、资源供给等方面来营造温暖、友善的学校氛围和创设积极向上的同辈群体效应。最后，欺凌者可能也是校园欺凌中的受害者，对欺凌者也应给予关怀。③ 苏春景等人则从家庭教育的视角出发，提出家庭教育视角下校园欺凌的应对策略：家长重视对学生优良品质和健全个性的培育与引导；转变家长教育方式，重视子女的认知及规则教育；对家庭教育立法，明确家长在子女教育上的责任；家庭与社会要形成合力，使教育保障更有力。④ 宁彦锋认为，青少年网络欺凌的防治是一项复杂的系统工程，国家需要营造多元共治的社会环境，学校应强化教育与监管职能，家庭则应更多地介入青少年网络使用的监管，建立自上及下的多维治理体系方能有效减少青少年网络欺凌事件的发生。⑤

3. 对校园欺凌的立法研究

在我国，有关校园欺凌治理的法律依据不足是影响校园欺凌治理实践的重要瓶颈。由此，学者们对校园欺凌立法展开了激烈的讨论。对校

---

① 储朝晖：《校园欺凌的中国问题与求解》，《中国教育学刊》2017 年第 12 期，第 42~48 页。
② 胡学亮：《中小学校园欺凌高发原因与对策分析》，《中国教育学刊》2018 年第 1 期，第 31~37 页。
③ 杨硕：《欺凌者视角下的校园欺凌成因及对策——基于我国教育追踪调查的实证研究》，《教育科学研究》2019 年第 4 期，第 35~40 页。
④ 苏春景等：《家庭教育视角下中小学校园欺凌成因及对策分析》，《中国教育学刊》2016 年第 11 期，第 18~23 页。
⑤ 宁彦锋：《青少年学生网络欺凌的特点、成因与防治》，《上海教育科研》2021 年第 5 期，第 58~63、40 页。

园欺凌立法研究主要有以下两个方面。

第一,对国外校园欺凌的立法研究。黄明涛对美国、英国、澳大利亚、瑞典、挪威、日本和韩国等发达国家的校园欺凌立法治理体系进行了比较研究,通过研究他发现,这七个发达国家校园欺凌治理体系的特点主要体现在:法制体系完善;适应形势变化,不断修改旧法,颁布新法;重视校园欺凌问题的调查和研究,为完善制度体系提供决策信息;强化各方职责,注重过程监控,对校园欺凌"零容忍";搭建各种防治校园欺凌平台,治理校园欺凌"不留死角"和注重对网络欺凌的治理。① 方海涛对美国新泽西州和加利福尼亚州的校园欺凌立法进行了研究。美国《新泽西州反欺凌法》被称为美国最严厉的反校园欺凌法律,它要求各个学区制定反欺凌方案,学校任命反欺凌专家、设立反欺凌专项资金、定期开展反欺凌教育和培训来治理校园欺凌行为,并对违反义务的责任人员追究纪律和民事责任,受害学生可以通过听证会、提起申诉和控告得到救助。② 马焕灵等人对美国校园欺凌立法的理念、路径与内容进行了研究。美国校园欺凌立法秉持了人身权神圣不可侵犯、谨慎立法和民主立法的三大突出理念。在立法路径上,美国校园欺凌立法经历了先下后上、先内后外、先立后修的基本路径。美国反校园欺凌法案一般涉及法案界定、区域政策制定与运行、区域政策构成以及反欺凌措施等4个板块11个方面的内容。美国各州的反校园欺凌法案对"欺凌"的界定虽不统一,但内容基本包括身体欺凌、言语欺凌、精神欺凌、同伴欺凌、网络欺凌等5种类型,且对欺凌的界定标准也在不断细化。③ 孟凡壮、俞伟对美国校园欺凌法律规制体系的建构进行了研究。他们指出,美国在联邦层面至今仍未制定专门针对校园欺凌的法律,而是通过

---

① 黄明涛:《国外校园欺凌立法治理体系:现状、特点与借鉴——基于七个发达国家的比较分析》,《宁夏社会科学》2017年第6期,第55~63页。
② 方海涛:《美国校园欺凌的法律规制及对我国的借鉴——以2010年〈新泽西州反欺凌法〉为研究视角》,《贵州警官职业学院学报》2016年第2期,第32~38页。
③ 马焕灵、杨婕:《美国校园欺凌立法:理念、路径与内容》,《比较教育研究》2016年第11期,第21~27页。

《教育法修正案》《民权法案》等相关法律加以规制。囿于公共教育的州权自治传统，美国倾向于对校园欺凌行为通过州内立法进行规制。各州制定了专门针对校园欺凌的法律，在明确界定"校园欺凌"概念的基础上，建构了校园欺凌的预防机制、报告机制、处理机制以及协同治理机制。[1]

第二，对我国校园欺凌立法方面的研究。张斌分析了我国校园欺凌立法的必要性与可行性。他认为，反校园欺凌立法是防治校园欺凌的有力措施，是维护校园安全的必要保障，是促进依法治校的有效途径。而反校园欺凌立法的可行性主要表现在：相关政策文件为反校园欺凌立法提供了重要依据，学界的研究成果为反校园欺凌立法提供了理论支撑，国外的法治化治理为反校园欺凌立法提供了经验借鉴。[2] 邓凡认为，学生法律法规意识的淡薄、法制教育的低效以及现有法律法规对未成年人的过分保护与迁就，是我国校园欺凌治理面临的法律困境。校园欺凌治理需要社会控制与法律规制相结合。在校园欺凌立法上，要厘清校园欺凌的概念，确认校园欺凌的违法性质；要明确承担法律责任的主体，并完善校园欺凌的法律救济制度，以保障未成年人的权利。[3] 任海涛在对教育部等十一部门发布的《加强中小学生欺凌综合治理方案》进行评价后，对我国校园欺凌法治体系的建构进行了思考。他指出，我国校园欺凌法律治理体系的建构要遵循以下原则：预防为主，教育优先、法治原则和社会补充原则。而校园欺凌法律治理体系的构建可以从以下八个方面进行：第一，确立多层次立法模式；第二，建构职责分明的政府运作机制；第三，制定细致的学校防治方针；第四，注入社会力量，实现协同治理；第五，完善家庭教育制度；第六，建立应对网络欺凌的机制；

---

[1] 孟凡壮、俞伟：《美国校园欺凌法律规制体系的建构探析》，《比较教育研究》2017年第6期，第43~49页。

[2] 张斌：《我国反校园欺凌立法问题检视》，《当代教育科学》2018年第2期，第79~82、96页。

[3] 邓凡：《"校园欺凌"治理的法律困境与出路——基于法社会学的视角》，《教育学术月刊》2019年第10期，第71~77页。

第七，实现欺凌行为与现有法律的有效衔接；第八，改革刑事责任年龄制度，以形成防治校园欺凌的综合性法治体系。① 孟凡壮、俞伟在分析我国校园欺凌法律规制体系现状后，指出我国校园欺凌法律规制还存在如下问题：第一，直接针对校园欺凌的立法层次较低；第二，未明确界定"校园欺凌"的概念；第三，校园欺凌的预防机制不够健全；第四，校园欺凌的报告与处理机制不够健全；第五，校园欺凌防治的沟通协作机制有待完善。② 冯恺等人认为，我国校园欺凌的法律治理仍存在三个问题：第一，对欺凌的界定尚未达成统一认识；第二，单一型规制方法作用有限，亟待构建一个更为有效的多元规制体系；第三，学校的法律角色具有特定性，立法在规定学校的反欺凌义务和责任的同时，须赋予其一定自主处分权，允许其推行以预防为主的非诉讼替代方案。③

4. 关于研究对象的情况

从研究对象上来看，我国学者将校园欺凌的研究对象多锁定在中小学生身上，主要原因在于中小学生大都是未成年人，对欺凌的认识还不够深入，由此缺乏对欺凌的防御机制。对中小学的校园欺凌问题研究主要集中在留守儿童以及寄宿学校的学生上，留守儿童和寄宿学校的学生大都因为缺少父母的陪伴以及所处的环境过于封闭造成其在被欺凌后应对措施缺乏。对大学生校园欺凌的研究主要集中在欺凌对其人际交往以及心理健康方面的影响。少数学者也开始关注少数群体比如残疾儿童的校园欺凌问题，但本土化的研究较缺乏，大都是对国外特殊儿童校园欺凌治理的研究，比如，王振洲对国外自闭症谱系障碍儿童校园欺凌问题进行了研究，他指出，国外自闭症谱系障碍儿童的校园欺凌除具有校园欺凌的一般特征外，还有它的特殊性：第一，被欺凌的对象是患有身心

---

① 任海涛：《我国校园欺凌法治体系的反思与重构——兼评11部门〈加强中小学生欺凌综合治理方案〉》，《东方法学》2019年第1期，第123~133页。
② 孟凡壮、俞伟：《我国校园欺凌法律规制体系的建构》，《教育发展研究》2017年第20期，第42~46页。
③ 冯恺、陈汶佳：《我国校园欺凌法律治理的问题检视》，《山东社会科学》2020年第3期，第189~192页。

障碍（比如社交障碍、语言障碍、沟通障碍等）的学生；第二，欺凌发生的场所可能在特殊教育学校，也可能在普通学校；第三，欺凌自闭症谱系障碍儿童的同伴，有可能是有身心障碍的学生，也有可能是普通学生。[①]

三 对我国校园欺凌研究现状的反思

治理校园欺凌是世界各个国家学校安全管理的难题，世界各国政府都对此进行了干预并积累了许多有益的经验。在传统思想里，不少人大都把欺凌当成一种"开玩笑"，这影响了大众对欺凌的判断。从研究内容上来看，我国对校园欺凌的研究主要集中在对国外校园欺凌治理经验的介绍，对校园欺凌的立法研究以及关于校园欺凌防治的策略上，主要原因在于我国对校园欺凌的防治大都还停留在教育优先上，而且也缺乏校园欺凌治理的法律依据，这给一线实践中校园欺凌的识别与治理带来了诸多困难；在研究方法上，学理上的分析居多，实证研究较少，我国缺乏全国性大规模的校园欺凌调查，主要是因为校园欺凌具有隐蔽性特点，人们难以获取比较全面真实的数据；在研究对象上，大都侧重中小学生，对特殊群体的校园欺凌研究十分缺乏，主要是因为大家潜意识里会觉得像留守儿童、寄宿学校的学生等群体更容易遭遇校园欺凌，而对于像大学生或特殊儿童群体，普遍认为校园欺凌发生的概率较低，由此忽略了这些群体。从实践上来看，我国还没有比较成熟的校园欺凌防治体系，缺少发达国家比如挪威、芬兰等那样全国性的校园反欺凌实践项目，学校层面也不愿对此付出过多的精力，导致我国校园欺凌治理的效果并不明显，这需要理论界和实践者对此付出更多的努力，提高校园欺凌治理的效果，协同共建和谐的校园环境，为青少年的健康成长提供更好的社会环境。

---

① 王振洲：《国外自闭症谱系障碍儿童校园欺凌的研究及启示》，《现代特殊教育》2019年第8期，第38~44页。

第三章
校园欺凌的识别

在前章中，本书对校园欺凌的概念进行了梳理及界定，这有助于我们对校园欺凌进行识别。在实践中，各类校园欺凌事件往往呈现出错综复杂面貌，这给校园欺凌的识别带来了一定的困难。同时，由于对校园欺凌的类型、特点认知的不充分，成年人和学生往往在校园欺凌的行为认定上存在模棱两可、仁者见仁的情况。在学校的学习生活中，学生之间的口角、摩擦较为常见，教师与家长因此极容易误解或忽视欺凌行为。奥尔韦斯曾指出，成年人在识别校园欺凌事件时常见的误区包括以下几种。第一，对欺凌的严重性认识不足，认为欺凌是孩子们玩闹甚至泄愤的一种方式。第二，成年人往往误以为可以控制欺凌行为所带来的潜在影响，如认为欺凌行为是发生在成年人管控范围内的学校空间，因此并不担忧欺凌将会造成大的伤害。第三，对于欺凌的形式具有误解，认为只有"棍棒和石头"是欺凌伤害，而忽视了对受欺凌者实施的言语、人际、心理上的伤害。第四，当孩子遭受欺凌时，漠视受欺凌者的心理伤害，不能给予受欺凌孩子正确、及时的帮助和引导。更有甚者，当教师或家长以漠不关心甚至讥讽的语气回应时，将会对受欺凌者造成二次伤害。第五，对欺凌事件的当事人也常产生误解，认为这类事件的发生是"一个巴掌拍不响"，或者只会在低学业成就的学生中发生等。可见，正确识别校园欺凌、建立正确的反欺凌观念对于校园欺凌治理至关重要。本章中，笔者将对校园欺凌的类型、特征及成因开展讨论，将校园欺凌这一概念的理论与现实意涵的轮廓清晰化，明确校园欺凌的识别要素，从而协助校园欺凌问题的预防和干预工作的顺利开展。

一 校园欺凌的类型及特征

突破校园欺凌行为的认知误区与认知盲区，需要教师和家长准确地识别欺凌行为，并向学生传达正确的反欺凌行为的相关知识。当前，在各类校园欺凌事件中，校园欺凌的实施和参与手段往往呈现出多类型化，理解和判断校园欺凌的不同呈现类型和特征，是精准、全面、有效地防治校园欺凌问题的必要前提。

（一）校园欺凌的类型

欺凌行为是以伤害和侮辱为目的对其他孩子实施欺凌的一种现象。它的类型表现多样，根据不同的分类方式，可划分出不同的类型。在现实生活中处理校园欺凌问题时，需结合不同类型的欺凌特点对校园欺凌进行管理和防控。

首先，根据校园欺凌行为开展的形式，校园欺凌可大致分为身体欺凌、言语欺凌、财物欺凌、关系欺凌、网络欺凌几种类别，有些研究将财务欺凌划分到身体欺凌中，本书也是如此，但是为了更加明细地区分，我们在本章中单独将财务欺凌划分出来。其中，身体欺凌是对欺凌对象的身体实施直接的伤害，如殴打、推搡、踢踹、抓咬等。言语欺凌是对被欺凌者进行言语上的辱骂、侮辱、威胁、恐吓、诽谤、嘲笑、挖苦、起绰号等。财物欺凌指的是对被欺凌者私人财物进行毁坏、抢夺、勒索的行为。关系欺凌指的是对被欺凌者的社交关系进行破坏的行为，常见的方式包括对被欺凌者进行造谣诽谤、说坏话或孤立排斥等。关系欺凌往往是主要欺凌者恶意地教唆、胁迫他人一起参与，使被欺凌对象在学校同伴关系中受到冷落、排斥、拒绝等。网络欺凌是利用互联网信息技术和设备在网络空间中实施的欺辱。进入21世纪，互联网、网络终端设备快速普及，由于网络传播具备快速、受众广泛、可匿名等特点，其成为校园欺凌的一种新型方式。欺凌一方通过线上信息平台、社交平台、电子邮件等渠道对他人进行威胁、恐吓、辱骂、传播谣言、散播个人隐私、传播欺凌事件的图文或音视频等。

依据欺凌对被欺凌者造成的影响，校园欺凌又可分为人身欺凌、心理欺凌和财物欺凌几种类型。人身欺凌指对被欺凌者的身体实施攻击，可包括不造成直接外伤的推搡、拉扯、踢踹等，也包括可能造成被欺凌者身体伤害的殴打、掌掴、异物伤害、拳打脚踢等。心理欺凌是对被欺凌者的心理开展折磨的欺凌方式，可表现为语言上的谩骂、讥笑、散播谣言，社交上的孤立、排斥、敌对等，对被欺凌者的心理健康和精神健康造成极其不利的影响。财物欺凌是通过胁迫方式使被欺凌者遭受私人财物的损失，可表现为勒索、偷窃、故意损坏财物等行为。

从欺凌的实施方式上看，校园欺凌可分为直接实施欺凌和间接实施欺凌。直接实施欺凌是指由欺凌者采用直接手段，对被欺凌者实施身体上的、语言上的以及财产上的欺凌，如通过身体攻击对对方实施殴打、掌掴、推搡等，或从言语上欺辱、谩骂诋毁、威胁恐吓对方，或对被欺凌者的财物进行抢夺破坏等。而在间接实施欺凌中，往往存在被欺凌者、欺凌谋划者以及欺凌实行者几方关系。其中，欺凌谋划者是指具备欺凌意图，但未直接实行欺凌行为，而是通过影响、挑唆、胁迫等手段驱使他人对被欺凌者进行直接欺凌的一方，欺凌谋划者虽未在行动上直接参与欺凌的实施，但也应被认定为欺凌者。

此外，直接欺凌又被称为显性欺凌，即采用可见的手段直接攻击对方，包括显而易见的肢体攻击或是当众的直接辱骂恐吓等，这一类行为具有公开性、直接性的特点。与此相对应地，隐性欺凌则表现得更为隐蔽，这类欺凌行为不以直接攻击的形式发生，而是通过破坏、打击被害者的社交关系对其进行伤害，如背后散播谣言、隐私，教唆他人对被欺凌者进行孤立排斥等。相较而言，显而易见的欺凌行为在预防监管、事中干预和事后处置等环节中都较容易被识别，进而更能得到及时的处理，从而防止负面影响的进一步恶化。而隐性欺凌则更不容易被察觉，尤其以关系欺凌、网络欺凌这类形式为代表的隐蔽式欺凌更像一把无形的刀剑，难以被人们注意和重视，但实际上，隐性欺凌是一类非常重要的校园欺凌方式，对于青少年的身心发展尤其不利。

（二）校园欺凌的特征

近年来，校园欺凌事件的频发引起了社会各界的关注和重视，准确、规范地界定校园欺凌行为，明确识别校园欺凌的特征，是开展对校园欺凌的治理的前提和关键所在。事物的特征是这一客体众多特性的抽象总和，对校园欺凌的特征开展总结的前提是能够准确识别校园欺凌行为。以下将依据校园欺凌定义的几个核心要素，判断和识别校园欺凌行为。

1. 校园欺凌行为的识别要素

20 世纪 90 年代以来，国内外针对校园欺凌的研究日益丰富，对"校园欺凌"的概念界定也逐渐清晰化。依据国内外对校园欺凌这一概念的界定情况，本书将校园欺凌定义为发生在校园（包括中小学校和中等职业学校）内外、学生之间，或教师与学生之间，个体或群体给另一方造成身体或心理伤害的攻击性行为，涉事双方存在力量的不均衡。2017 年 11 月教育部等十一部门发布了《加强中小学生欺凌综合治理方案》，其中将发生在中小学的校园欺凌界定为："发生在校园（包括中小学校和中等职业学校）内外、学生之间，一方（个体或群体）单次或多次蓄意或恶意通过肢体、语言及网络等手段实施欺负、侮辱，造成另一方（个体或群体）身体伤害、财产损失或精神损害等的事件。"2020 年 10 月，我国通过立法将校园欺凌问题纳入未成年人法治保护的范畴，并明确将"发生在学生之间，一方蓄意或者恶意通过肢体、语言及网络等手段实施欺压、侮辱，造成另一方人身伤害、财产损失或者精神损害的行为"界定为校园欺凌。此后，我国对校园欺凌的认定变得有法可依，综合学术界与我国官方的界定方式，我们可从以下几个方面对校园欺凌行为进行识别。

(1) 校园欺凌的主体与客体

校园欺凌主要发生在中小学的未成年学生之间，在欺凌关系中涉及的主体和客体都是学生，也有研究认为，教师也能够成为欺凌的主体。校园欺凌的主体与客体都是校园关系中的人员，这也是校园欺凌有别于其他校园冲突概念的一个特性，例如，从主客体关系上看，校园暴力的实施者除了校园内的学生，还有可能是校外人员，如社会青年、反社会人员等；而校园欺凌主要发生于中小学生群体中，欺凌者和被欺凌者都是学生。校园欺凌中，欺凌者是欺凌行为的实施主体，在常见的关于欺凌者的认知误区中，人们往往容易将欺凌者与学习失败群体联系在一起。然而，学生是否会产生欺凌行为，并不以学业成绩好坏为标准，有时成绩优异的班干部也能利用其手中的特殊权力成为校园欺凌者。此外，欺凌者的欺凌行为在性别上也能够呈现出差异。男性欺凌者通常采取直接的物理性行为对受害者的身体、财物进行攻击，而女性欺凌者则更加可能采取关系欺凌、言语欺凌、间接欺凌等方式。从心理学角度研究发现，欺凌者往往具有较低的同理心水平[1]，不能充分感知被欺凌对象的痛苦感受。被欺凌者并不具有统一的特征，他们可能因为一些小事与欺凌者产生冲突而被欺凌，也有可能因自身特色、家庭经济地位而容易被标签化，从而遭受欺凌。例如，身心发展有缺陷的孩子或是留守儿童、城市流动儿童群体在学校容易成为被欺凌的对象。

(2) 校园欺凌的发生场所

从空间上来说，校园欺凌的发生场所为中小学（包括中等职业学校）的校园内外，即学校管控范围内的区域，既包括校园内部，也包括学校的辐射区域。从校园欺凌发生场所的特点上来说，欺凌行为主

---

[1] V. Noorden et al., "Empathy and Involvement in Bullying in Children and Adolescents: A Systematic Review," *Journal of Youth & Adolescence*, 2015(3): 637–657.

要在以上区域内的隐蔽、偏僻位置发生，如教室角落、厕所、学生宿舍内部、操场绿地隐蔽地带等，这类地点较为僻静，可以避开教师和学校管理人员的视线，常常也没有监控器，使得欺凌者的欺凌行为更加大胆。从区域上看，校园欺凌不仅可以发生在校园内部，也有绝大部分发生在上学、放学途中，或是学校周边的经营场所如网吧、商铺等地。这些区域以学校为中心点，根据中小学生的日常学习活动路径辐射开来。

（3）校园欺凌的主观倾向

现在普遍认为，校园欺凌行为是一种恶意实施的伤害行为，在本质上构成了对被欺凌者权利的侵犯。欺凌者带有主观故意，对被欺凌对象实施侮辱和伤害，损害其个人身心权益，通过对其实施伤害行为，建立起欺凌者和被欺凌者之间的控制与支配关系，以此获得心理上或物质上的满足。国内外对校园欺凌的定义中，都通过"蓄意""故意"等用词突出了欺凌者的主观意图，在我国的法律界定中，也将校园欺凌定义为恶意或蓄意。可见，欺凌行为是一种带有主观目的性的攻击行为，并带有明显的恶意。不过，由于部分实施欺凌的学生年龄过小，对法律认知不充分，虽然其故意实施欺凌行为，但不能预见到可能造成的伤害后果，但这种情况下，更易对被欺凌者的权益造成重大损害。

（4）校园欺凌的损害后果

校园欺凌问题给未成年人的身心发展带来严重的负面影响，欺凌行为的发生将无可避免地对被侵害的学生造成实际损害，而这一过程是违背被侵害学生的主观意愿的。从欺凌行为的实际损害结果上看，被欺凌学生的身体权、健康权、人身自由权、名誉权、财产权等权利遭受侵害，被欺凌者在此过程中被迫承受了生理上和心理上的双重伤害。对于被欺凌学生来说，他们在此过程中感到了不适和痛苦，并真实地遭受到了暴力性的伤害，无论这种伤害是有形的还是无形的。例如，可能被胁迫违背其行为意愿去做他们不愿做的事情；在班级、群体的社交关系中被忽视或孤立；遭受羞辱性的语言暴力或谣言压力使其自尊心受损，或是其私人财物被抢夺、勒索、偷窃破坏等。这一切伤害行为都是在违背其个人意愿的前提下实施的。对校园欺凌的识别，可以从行为产生的后果上看，如果学生之间的攻击行为迫使其中一方学生蒙受了确实的身心损害，则可以结合其他识别要素，在损害事实上将其认定为校园欺凌。

2. 校园欺凌的特性

基于以上对校园欺凌识别要素的分析，可见校园欺凌是一种恃强凌弱行为。虽然在第一章中，我们认为不能以是否主观以及行为是否重复来判断校园欺凌行为，但是为了在实践中能快速地识别出校园欺凌行为，我们依然可以从绝大多数人对校园欺凌的定义中找到更有效的方式。也就是说，在校园欺凌行为识别过程中，也可以从欺凌主体是否为主观蓄意、欺凌行为的频次以及是否迫使被欺凌者遭受直接性的身体伤害或侮辱性的心理伤害等几个方面分析校园欺凌的特性，也就是从更广范围内来识别校园欺凌行为。

（1）主客体双方的力量不均衡

校园欺凌是欺凌者对被欺凌者实施侵害的过程，通常地，欺凌者和被欺凌者双方存在力量不对等的情况，欺凌者往往更为强势，拥有更强大的力量，如欺凌者一方拥有更强的体力、权力、更高的群体地位等，实施欺凌的学生可能是一人，也可能由数人组成。被欺凌者通常是弱小的一方，在欺凌关系中其人身权益、心理健康、财产安全等方面受到侵害。如奥尔韦斯认为，"力量不均衡"是校园欺凌的基本特征，瑞格比（Rlgby）则将这种不均衡进一步解释为双方所持力量的不公平关系。[①]这种不公平关系体现为欺凌者利用自身在体力、群体地位等方面的优势，通过强制手段迫使被欺凌者屈服自己，弱小的一方常常怯于另一方的威慑而不敢反抗和向成年人寻求帮助，或是在反击后遭受变本加厉的

---

① K. Rigby, *New Perspectives on Bullying*, London: Jessica Kinsey, 2002, p. 51.

报复，欺凌和被欺凌的双方之间是一种不平等的控制与被控制关系。这种恃强凌弱的行为使遭受侵害的学生无力反抗，极大地威胁到校园的安全与和谐。

（2）持续性与重复性

在大多数情况下，校园欺凌行为表现为持续、重复地对某一学生实施心理上或物理上的攻击，并致使其在一定时期内持续暴露在情感、身体、心理、财产损失的伤害之中。持续重复发生这一特点在早期的研究中被视作认定校园欺凌的一大重要要素，但随着研究的推进，目前的研究认为，重复性、多次性并不能作为校园欺凌认定的必要标准，受欺凌者单次被欺凌的情形也同样构成校园欺凌。但在研究中我们发现，校园欺凌行为的频次大多表现为可持续、可重复的状态。多数的校园欺凌表现为一段时间内重复发生的持续性事件。欺凌者对欺凌对象的选择通常不是随意、随机的，而是因某具体矛盾引起，或是由于欺凌对象身上带有某种易被标签化的特质。同时，欺凌者在实施欺凌行为后获得的成就感与满足感可能持续强化他们的欺凌动机，致使校园欺凌发展成为一种具有持续性与重复性的行为。出于这一一般特性，各国在对校园欺凌的定义中都不约而同地强调了其反复性和重复性这一特征。例如，美国疾病控制与预防中心将校园欺凌行为定义为"一种多次出现或极有可能再次出现的攻击行为"①；澳大利亚的《国家安全学校框架》（National Safe Schools Framework）中对校园欺凌的定义中也采用了"反复地""持续地"等词。

此外，持续性与重复性也可作为辨别校园欺凌的一个要点。校园欺凌常常容易被误以为等同于校园暴力，主要是由于二者在损害结果上有一定的相似性，校园欺凌和校园暴力都是违背被伤害的当事人一方的主观意愿对其的身体权、健康权、名誉权、财产权等进行损害的行为。

---

① L. H. Rosen et al., "An Overview of School Bullying," *Bullying in School*, Palgrave Macmillan US, 2017.

作为校园暴力的下位概念，校园欺凌也具有肢体暴力、语言暴力的特征，因此，二者之间存在一定的交叉关系。然而，它们的区别在于损害后果的持续影响程度上。暴力表示的是使用物理性的强制力量，直接威胁和伤害对方，具有爆发性和突发性的特征；而欺凌是指在一定时期内持续地对个人的身心实施压迫，使其遭受一系列身心的负面影响，欺凌不仅使被欺凌者面临身体上的物理形式的攻击，更糟糕的是还给其带来了一系列心理上的痛苦、羞耻、恐惧以及抑郁，而这种影响往往是深远和难以恢复的。因此，持续性与重复性也可作为校园欺凌的一个重要的一般特性，而校园欺凌行为的这种持续性与重复性将比单次发生的欺凌造成更为巨大的伤害，这也是我们不应忽视这一特性的一个重要原因。

（3）故意伤害他人身心

如前文所述，校园欺凌行为是一种主观驱使下的攻击行为。在主观上，欺凌者是蓄意对他人实施伤害的；在后果上，是对被欺凌者造成实质上的身心损害，并且这一损害过程是在违背被欺凌者的意愿的前提下进行的。从这一点上说，故意为之是校园欺凌区别于其他校园冲突事件的一个重要特性。在校园欺凌的认知误区中，常见的一种就是将其简单定义为学生之间的日常打闹。由于实施欺凌的一方是未成年人，当成年人在对事件性质进行判断时，往往倾向于忽视或弱化欺凌者的欺凌意图，从而不能正确认识到校园欺凌行为所具备的主观恶意意图和对被欺凌学生带来的伤害。家长和教师在面对校园欺凌事件时，常常根据自我的个人经验做认知判断，常常错误地以是否造成直观伤害作为判断标准，甚至在产生直接伤害结果时仍混淆打闹与欺凌的区别。例如，在河南7岁女童眼睛被同学塞纸片这一事件中，涉事学校的校长在接受采访时，就将该行为定义为孩子间"没有恶意""只是玩闹"的行为；在一份研究中，某中学副校长接受访谈时表示："小娃们都喜欢打架，只要不造成过于严重的后果，那可以说适当允许这种情况的存在。其实打架也是一种互动的过程,在这种方式中他们也有交流。"① 可见,识别校园欺凌的特征,使之与偶发冲突、日常打闹区分开来的关键在于充分认识到校园欺凌的意涵与形成原因,其主要核心在于分辨实施伤害的一方是否主观蓄意,以及双方在该活动过程中是否处于平等关系,即当被伤害的学生感到不适时是否能够按照其意愿终止打闹的行为。主观蓄意这一特性指明了实施伤害的欺凌者的行为动机,"故意为之而非不小心造成"是校园欺凌行为的特性之一。当然,由于未成年人的认知发展程度不高,他们对于欺凌行为可能造成的后果难以预料,但实施欺凌的过错行为已经无可避免地对被欺凌一方造成实质的伤害。

二 校园欺凌的成因

校园欺凌事件会对未成年人造成重大的危害,而社会各界也早已意识到校园欺凌防治的重要意义。治理校园欺凌问题的前提,是根据这一问题的成因对症下药。校园欺凌行为是发生在青少年群体中的一种失范现象,它的形成并不是单一的某个因素造就的,而是复杂的个体因素、家庭与学校因素、社会因素共同作用的后果。在看待校园欺凌的成因时,可从欺凌者的个体内因和其所受到的环境影响两个层面出发,综合地分析影响欺凌行为形成的因素。

(一) 个体因素

对于校园欺凌的个体因素成因,可从心理学视角对其欺凌的动机进行解释。这一动机主要来自两个方面,即个体的内部心理特质和个体的社会化动机。

1. 个体的内部心理特质

从青少年的个体内部心理特质上来看,青少年学生正逐步步入青春

---

① 刘思硕、刘文秀:《防治校园欺凌:教师视角的五步解读——基于国外多项研究的思考》,《现代中小学教育》2019年第1期,第11~14页。

期,人格发展尚未健全,身心发育不够成熟,但其自我意识正处在一个不断蓬勃发展的时期,这一时期的典型心理特点是希望获得外界的认可,并尝试在群体中获得支配权与控制地位。他们在面对人际交往矛盾时容易偏激冲动,容易受到情绪影响,进而发生暴力欺凌事件。有研究认为,个体的自尊水平与陷入校园欺凌的可能性呈显著关系。个体的自尊水平影响着他们对自己的评价,并进一步影响其行为动机。个体的自尊水平让他们觉得自己是重要的、能够赢得挑战的和具有力量的。自尊水平越高,就越可能采取欺凌行为,当自己的重要感与力量感受到挑战时,可能采取暴力手段"镇压"对自己不服从的对象[1],并从中获得自我认同感和满足感。除此之外,还有研究认为,欺凌者可能出于满足缺失的需要这一动机实施欺凌行为。[2] 马斯洛动机理论认为,个体需要的满足有助于生成健康的人格,而当个体的基本需要得不到满足时,可能会产生愤怒的情绪,或是过激的行为方式对需求进行扭曲的补偿。这类孩子通过对他人实施欺凌,来发泄积存在心中的愤怒,从中获取支配感的满足与快感。

2. 个体的社会化动机

在群体关系维护中,欺凌者出于维护自己在群体中地位的目的,通过主动欺凌他人的方式获得并保持其在群体中的社会支配地位[3],通过压制对方从而向同伴展示自己的力量与控制能力。奥尔韦斯认为,欺凌者的欺凌行为并不会完全受到身边复杂的社会关系角色的认同,当他们的欺凌行为受到批评和制裁时,欺凌者认为自身在社会关系中处于不利地位。这一压力会强化他们的欺凌动机,促使他们采取重复的、更为激

---

[1] S. Thomaes et al., "Trumping Shame by Blasts of Noise: Narcissism, Self-Esteem, Shame, and Aggression in Young Adolescents," *Child Development*, 2008(6): 1792-1801.

[2] 罗怡、刘长海:《校园欺凌行为动因的匮乏视角及其启示》,《教育科学研究》2016年第2期,第29~33页。

[3] J. Juvonen et al., "Physical Aggression, Spreading of Rumors, and Social Prominence in Early Adolescence: Reciprocal Effects Supporting Gender Similarities?" *Journal of Youth and Adolescence*, 2013(12): 1801-1810.

烈的欺凌行为。因此，从这一动机角度分析，对于欺凌的主导者来说，他们希望通过欺凌他人来彰显自己的能力与权威，从而获取自己在群体中的地位认同感；对于欺凌的参与者来说，他们希望通过保持与群体同伴一致的行为，来寻求群体的认同或是资源交换，从而自发地或被怂恿参与校园欺凌。因此，我们常常能看到，校园欺凌事件多以群体性欺凌的形式出现。

（二）家庭因素

家庭对于孩子的早期人格形成起着至关重要的作用，家庭成员的行为模式、情感沟通方式很大程度上影响了孩子社会行为的养成。中小学生群体尚未成年，他们常常在潜移默化中模仿家长的价值观与行为模式，因此，家庭原因常被认为是发生校园欺凌的重要影响因素。以下几种家庭教养方式使子女容易产生欺凌行为。

1. 家庭养育模式不当

一是父母或其他成年家长在家庭环境中的不当作为被孩子错误地当成模仿的对象，如教养方式过于粗暴，常常以带有暴力倾向的方式解决矛盾和冲突，致使孩子形成错误的处事价值观，当与同学产生矛盾时，认为只有通过施暴才能解决问题。二是父母极端地溺爱孩子或忽视孩子，过度溺爱孩子易造成孩子唯我独尊、缺乏同理心的偏执个性，导致孩子缺乏对规则的敬畏，当在与同学交往过程中产生矛盾时，往往采用极端的方式解决问题。

2. 忽视孩子的成长过程

对于孩子成长的漠不关心，容易造成孩子在学校欺凌他人或成为被欺凌的对象。这类问题多见于父母失和、离异、单亲等结构功能不良家庭，或是因忙于生计而对孩子疏于管教的家庭，一方面，忽视孩子成长过程中遇到的问题，不能提供及时正确的行为方式指导，导致孩子在遭遇困扰时得不到正确的疏导，从而欺凌他人，或被他人欺凌而不敢告诉老师和家长；另一方面，对孩子社会化过程的监管不到位，也导致孩子更容易受到不良社会文化和不良同伴的影响。

(三) 学校因素

校园欺凌的发生场所为学校内部及其周边区域，学校教育和监管的不到位也是校园欺凌事件高发的原因之一。

1. 学校的道德教育与反欺凌教育开展不足

一方面，学校未面向学生开展充分的道德教育，学校教师和管理层对青少年学生的关注重点为学习成绩的好坏，当今对学校教育成果的考核评价指标也大多与升学率、教学管理事故发生率挂钩等，而对于学生的道德素质与健全人格发展评价关注甚少。另一方面，学校对反欺凌教育的宣传、教导工作不重视，学生法律意识不足，对校园欺凌的认知及正确处理方式也不了解。可以定期组织开展针对反校园欺凌的宣教活动，向学生普及法律常识，使其建立法律意识，并了解校园欺凌的危害，以及遭受校园欺凌以后如何采取正确的求助方式，以尽量减少校园欺凌现象的发生。

2. 学校的校园欺凌应对机制不足

学校作为防治校园欺凌的第一阵地，应搭建起应对校园欺凌事件的事前、事中、事后机制。当前，部分学校未建立起防治和应对校园欺凌事件的机制，对于校园欺凌的监管和警示力度不足，当校园欺凌事件发生时，校方出于利益考虑，更倾向于运用协调和内部处理的方式，致使校园欺凌者受到的惩戒力度较小，不能起到应有的警示作用。在中小学生眼中，教师具有较大权威和威慑作用，但教师的忽视和教育惩戒权的不足无法有效地震慑欺凌者，助长了校园欺凌者的侥幸心理。

(四) 社会因素

1. 不良影响下的失范行为

未成年人正处于身心快速发展的关键时期，心智不够成熟，在其个体的社会化过程中，容易受到来自社会各方面的暴力亚文化影响，产生暴力倾向，从而发生失范行为。所谓失范行为，是指所有那些违反或偏离某个社会现行的社会规范的活动与行为。① 青少年欺凌者的失范行为的产生，从社会学角度来说，是受到了其身处的社会关系的负面影响，这些负面影响中的一部分来自实际社会生活中的同辈关系。在青少年的个体社会化过程中，同辈习得关系十分重要。社会学习理论认为，个体经过模仿来习得行为，并通过刺激不断强化行为。同辈群体能够显著地影响青少年的人格发育，这是由一些年龄、兴趣、价值观、社会地位等方面较为接近的人组成的一种非正式群体。在学校中，我们常常能看到，部分行为特征相似的个体，一是因成绩落后跟不上学习节奏的学生聚集在一起，相约逃学、沉迷网络游戏，打架斗殴，在同伴间产生交互影响，出现群体形式的欺凌者团伙。二是在互联网时代，网络信息泛滥良莠不齐，如今我国对于网络信息的管理规制和分级制度还不完善，部分网络文学、影视作品、网络游戏中掺杂着不健康的价值观和行为观导向，加之家长未能对孩子接触网络信息的时长和内容加以监管，导致孩子很容易受到网络中这类不良导向的影响，盲目地在现实生活中模仿。

2. 社会规制水平不足

社会对校园欺凌的认知偏差和规制不足是导致欺凌者欺凌行为有恃无恐的原因之一。目前，社会各界对于校园欺凌的科学认知的普教性还未能充分展开，学生、家长、教师以及社会大众普遍难以准确区分校园欺凌、校园暴力、学生打架、日常矛盾等问题，对于校园欺凌事态的危害性程度的认识也不足。在全社会缺乏对校园欺凌的正确认知的情况下，学生们对校园欺凌相关知识的接收渠道也相当有限，欺凌者并不把欺凌行为视作不能逾越的红线，被欺凌者也很难掌握在事

---

① 杨振福：《失范行为社会学的基本框架》，《社会科学辑刊》1995 年第 4 期，第 26～30 页。

中和事后如何正确地向他人寻求帮助的知识。此外，当前关于校园欺凌的法律法规还不够完善，又由于校园欺凌的发生群体是未成年人，出于法律法规对于未成年人行为失范的容错域度，即使在实际的欺凌行为发生后，欺凌者所受到的惩戒力度并不能让类似行为产生足够的警示作用。

第四章
校园欺凌中的角色:欺凌者、被欺凌者与旁观者

校园欺凌并不罕见,随着互联网的快速发展,我们可以在网络上看到更多被曝光的校园欺凌事件,事实上在声讨之余人们应该意识到,在现实生活中校园欺凌一直都在发生,并成为家长、教师和所有教育工作者都比较关心的问题。欺凌行为有三个具体特征:重复发生、有意伤害以及欺凌者与被欺凌者之间的力量不平衡。其形式可以是直接的,也可以是间接的,它可以通过身体接触,如殴打、推搡、踢、掐、拉住某人,还可以通过威胁、嘲笑、戏弄、辱骂等语言表达,或者通过社会关系,比如排斥孤立、操纵友谊等形式实施欺凌行为。[1] 欺凌的发生实则是多角色参与的群体过程,不仅仅局限于欺凌者和被欺凌者双方,还包括有大量同伴参与组成的旁观者。为了更加全面地理解校园欺凌,需要从群体过程角度出发,考虑欺凌事件中不同角色的情绪、态度和动机。[2]

---

[1] B. Houbre et al., "Bullying among Students and Its Consequences on Health," *European Journal of Psychology of Education*, 2006(2): 183-208.
[2] C. Salmivalli et al., "Bullying as a Group Process: Participant Roles and Their Relations to Social Status within the Group," *Aggressive Behavior*, 1996(1): 1-15.

一 欺凌者的心理特征与问题行为

(一) 欺凌者的心理特征

1. 以自我为中心

自我中心倾向是一个比较典型的人格特质,是容易引发校园欺凌行为的个人特质之一,顾名思义,自我中心即对任何事物的评判都从个人角度出发,以个人主观态度与看法为绝对中心,无法对他人的观点和态度进行设想。欺凌者表现出的极强自我中心倾向,往往与其家庭教养方式、同父母关系的密切程度有着一定的关联,比如在独生子女家庭,由于家长不恰当的教育方式,独生子女从小到大得到父母及其他长辈的过分宠爱,娇惯成性,逐渐形成"好东西都应该是我的,我在家里是有特殊地位"的意识,习惯了家人对其无原则的迁就,事事以自己为中心,所有人都围着自己转,长此以往变得自私自利,凡事只考虑自己的需要和利益得失,极少顾及他人感受。欺凌者会默认将自己对某一问题的认知和看法等同于他人也有这种认知和看法,似乎自己的认识和态度就是他人的认识和态度。[①] 基于此,欺凌者脱离家庭环境进入学校,将自己在家主宰一切的意识也顺理成章地转移到学校,也希望别人都听他的,都服从于他,认为自己永远是对的,一旦有人与自己的观点主张不一致或者当自己的需求得不到满足时便会产生不满甚至怨恨情绪,那么有可能会通过欺凌行为来维护自己的绝对中心地位。

2. 缺乏共情

"共情"一词的词源来自希腊语 en(在)和 pathos(感觉、痛苦)。它指的是一种心理能力,能够感知他人的情绪,想象或理解他人正在经

---

① 周文斌:《中学生的自我中心倾向及其解决策略——中学生心理健康教育的重点》,《昭通师范高等专科学校学报》2004 年第 6 期,第 65~69 页。

历的事情以及他们的感受。① 共情是能够对行为产生影响的个体差异因素②，还有研究发现共情通常与欺凌行为有关③，共情能力较高的个体比较容易觉察他人的情绪并能与其感同身受，从而会避免做出对他人有害的行为，相反欺凌者和其他反社会个体一般都缺乏共情能力，通常对他人冷酷无情，因为他们的同理心和内疚感都比较低。

欺凌者往往拥有比较高的认知移情能力和较低的情绪移情能力④，也就是说一些欺凌者是能够意识到他们在做什么以及他们的行为是如何影响被欺凌者的，即便如此他们依然会选择某个自己看不顺眼的个体作为欺凌对象，为了得到自己想要的东西而欺负别人，不顾被欺凌者所遭受的痛苦，因为他们对于这种欺凌行为带给他人不好的情绪状态漠不关心，也无法设身处地地体会到他人的痛苦。

3. 情绪不稳定

情绪不稳定是影响欺凌者产生欺凌他人行为的重要因素之一，综观所有校园欺凌事件可以发现，欺凌者通常遇事比较冲动，情绪波动大，容易引发攻击性行为。每个人都会有情绪，尤其是在青少年阶段人们的情绪波动大就更加普遍，当出现焦虑、愤怒、紧张等负面情绪时，欺凌者自制力和忍耐性比较差，不能积极地调节和控制自己的情绪，也缺乏控制自己行为的能力，很容易被小事激怒，或者被敌对的感觉或情绪带着走，比如很多欺凌者出于嫉妒、不喜欢被欺凌者，会通过带有攻击性的欺凌行为这种不恰当的方式来发泄自己的不良情绪。

4. 渴望获得关注

心理需求是欺凌者发起欺凌行为的第一动机，往往也是最强的动

---

① H. Ten Have, M. Patrão Neves, "Empathy."In Dictionary of Global Bioethics, Springer, Cham, 2021.
② 郑敬华：《成人犯共情对攻击行为作用机制的研究》，硕士学位论文，中国政法大学，2010。
③ D. Jolliffe & D. P. Farrington, "Examining the Relationship between Low Empathy and Bullying," Aggressive Behavior, 2006(6): 540–550.
④ 王潇曼：《校园欺凌中欺凌者的心理特征与问题行为及干预策略》，《中小学心理健康教育》2018年第8期，第24~26页。

机，欺凌的行为方式只是心理诉求的反映。① 欺凌的发生是因为欺凌者想要表现、维护或增强他们的权力、地位，例如有些人想炫耀自己是受大家欢迎的，他们认为自己很酷，并想通过欺负别人来证明这一点，渴望得到认同。欺凌者希望通过欺负他人来获得同伴的关注，他们会选择比自己弱的群体来向人们展现自己的能力，尤其在大量旁观者的注视下，欺凌者的内心将会得到极大的满足②，产生愉悦感，并且十分享受他人对自己的恐惧，这样可以获得一种掌控感和安全感，同时也满足了对自身所谓英雄形象的幻想。

有些欺凌者的原生家庭中父母解决问题的方式比较简单粗暴，欺凌者在管教过严或经常挨打的环境中长大，自尊感便会大大降低又极度缺乏安全感，所以他们非常希望别人可以关注并重视自己，恰好欺凌他人成功地博得了同辈的关注，这在一定程度上间接增加了欺凌行为发生的频率，也就是说欺凌者还会继续通过实施欺凌行为来吸引关注，满足其增强自信和提升自我价值感的需要。

（二）欺凌者的问题行为

不可否认，欺凌行为的发生会对被欺凌者造成不同程度的身心伤害，他们是最直接的受害者，但值得注意的是，无论是攻击者还是被攻击者，欺凌事件中的所有主角都会遭受这种行为的后果，也就是说即便是在欺凌行为中占据强势地位的欺凌者自身也会受到消极影响，出现心理不适等内化问题行为以及一些外化问题行为。

1. 易形成不良人格

国外一项实验结果显示欺凌者在实施欺凌行为后会出现消化系统

---

① 黄钰洁：《小学校园欺凌研究：基于欺凌者的视角》，硕士学位论文，湖南师范大学，2021。
② 邓晨：《校园欺凌不同主体的心理因素分析——基于积极心理学的角度》，《少年儿童研究》2021 年第 8 期，第 55~60、9 页。

和神经系统紊乱的症状①,也会经历与压力相关的症状,例如身体疾病、焦虑、愤怒、疲劳、沮丧。② 每一次未被成功阻止的欺凌都会增加欺凌者的嚣张气焰,因此他们会继续肆无忌惮地欺负他人,久而久之就会助长欺凌者狂妄自大、焦躁蛮横、恃强凌弱等不良人格特点的形成,具有这种人格特点的中小学生在成年后往往心理也不健全,且多表现出固执、偏执、狭隘及易怒的倾向③,形成反社会或攻击性人格。

2. 行为趋向犯罪

欺凌者对他人的攻击其实是在多种负面情绪综合作用下的行为,是欺凌者为自己的不良情绪找到的一种错误的宣泄方式,他们在欺凌中享受快感,且欺凌行为具有反复性的特点,如果其行为未被发现或得到有效制止,欺凌者便会多次对他人进行欺凌④,长此以往便会形成不良的行为模式。R. Kaltiala – Heino 等人的研究表明,欺凌者比受害者会更多地消费酒精、香烟和非法药物⑤,这些行为其实是欺凌者不适应的一种反应、调整或应对策略,因为在欺凌者看来,吸烟、酗酒或吸食毒品可以展现其所追求的社会形象,增强他们的自尊心和自我价值感,而成瘾行为带给欺凌者的愉快轻松感只会让他们更加依赖这些物品。还有奥尔韦斯的研究证明了存在欺凌行为的人更容易出现严重的行为问题,而且在成年后的犯罪率是正常人的 4 倍。⑥ 因此,如果欺凌行为不能得到及

---

① B. Houbre et al. , "Bullying among Students and Its Consequences on Health, "*European Journal of Psychology of Education*, 2006(2): 183 – 208.
② 张志刚:《校园欺凌行为及归因——以进化心理学视角》,《天津中德应用技术大学学报》2021 年第 2 期,第 40 ~ 44 页。
③ 章恩友、陈胜:《中小学校园欺凌现象的心理学思考》,《中国教育学刊》2016 年第 11 期,第 13 ~ 17 页。
④ 赵诗雨:《中学校园欺凌:现状、成因及其应对策略研究——基于 Z 市两所中学的调研》,硕士学位论文,信阳师范学院,2019。
⑤ R. Kaltiala – Heino et al. , "Bullying at School, an Indicator of Adolescents at Risk for Mental Disorders, "*Journal of Adolescence*, 2000(23): 661 – 674.
⑥ J. B. Arnold, J. D. Cole, "Preadolescent Peer Status: School Adjustment as Predictors of Esteem Externalizing Problem in Adolescence, "*Child Development*, 2002(61): 1350 – 1362.

时制止或纠正，欺凌者就有可能会成为潜在的违法犯罪分子，将会对他人和社会造成危害。

3. 造成社会化障碍

欺凌者的欺凌行为是通过日常观察或模仿的方式习得的，前面提到如果欺凌者生活在专制型或者充满暴力的家庭环境中，从小受父母过于严厉的惩罚方式、简单粗暴解决问题的影响，那么他们无论是在与同辈交往还是解决问题时都会在不知不觉中选择模仿父母对他的态度和方式来对人对事，长此以往欺凌者容易形成思维定式，将其作为固定的问题应对方式，大家出于恐惧或不认同对他们避而远之，无法进行正常的人际交往，从而对其社会性发展造成障碍。[1] 除此之外，由于欺凌者性格叛逆且很难服从管理，不仅与同伴容易产生摩擦与矛盾，更容易与授课教师发生冲突，导致师生关系紧张，从而对欺凌者的学业成绩也会产生负面影响。[2]

二 被欺凌者的隐忍

在校园欺凌事件中，无论遭受哪种形式的欺凌都会给被欺凌者带来多方面的负面影响，除了可能会造成身体上不同程度的损伤外，被欺凌者在心理上要承受的伤害更大，他们会产生焦虑、紧张、孤独和恐惧感，易发展成为抑郁症，甚至最糟糕的结果就是受到严重欺负的孩子可能会自杀。欺凌还会使他们的自尊心和自我价值感大大降低，进而影响其以后的生活、学业成就及人际交往等。对很多受害者来说，校园欺凌带来的伤害是永久的，无法磨灭，是他们直至成年后也依然无法走出的阴影。但是根据 Musu 等人的数据，当遭遇校园欺凌时只有不到一半的

---

[1] D. Jolliffe & D. P. Farrington, "Examining the Relationship between Low Empathy and Bullying," *Aggressive Behavior*, 2006(6): 540-550.

[2] 黄岳等：《共情对校园欺凌的影响——道德推脱的中介效应》，《现代交际》2019年第12期，第18~20页。

被欺凌者会向学校或自己的老师报告欺凌者的恶行①，从近些年关于校园欺凌的社会新闻报道中我们也可以发现，一些学生被人欺负后通常采取较为消极的应对方式，他们几乎不做什么反抗，不仅不会告诉老师甚至也不会让自己的父母知道，选择自己默默承受委屈，被欺凌者在面对欺凌行为时会选择隐忍主要受到以下三个方面的影响。

一是个人特质。有研究者通过对校园欺凌事件过程分析的统计结果研究发现，"被欺凌者性格老实、软弱"导致校园欺凌事件发生的比例占23.5%。②欺凌者在选择目标的时候是会经过精心准备和评估的③，拥有胆小自卑、缺乏自信心、低自尊、敏感、心态悲观和过分在意别人对自己看法等特征的人自身会散发出"我很弱，很好欺负"的信号，容易成为欺凌者的攻击目标，欺凌者非常清楚选择这类人作为欺凌对象不会遭到反抗，不必担心来自这些顺从的同学的报复，自己也不会受到什么惩罚。在一定程度上，拥有这些特质的被欺凌者是缺乏自卫能力的，他们习惯于对消极事件进行内部归因，当遭受欺凌时他们不会过多地考虑是欺凌者蛮横等外部因素，而是将欺凌的发生归结于是自己的错，为自己无法自卫而感到羞愧，被欺凌者因害怕向他人诉说会遭受责备而不太愿意主动向他人求助。除此之外，被欺凌者对告发欺凌者的行为后果有所顾虑，如果将被欺凌的事情告诉了老师或家长，害怕老师或家长会让情况变得更糟，很可能会遭到欺凌者的报复，因此他们往往采取消极、回避的应对方式，更倾向屈服于欺凌者自己默默忍受欺凌。

二是家庭支持。在人的成长过程中家庭支持有着重要的力量，在温暖和谐的家庭氛围中成长的孩子不太可能会成为欺凌者或者被欺凌者。

---

① Anlan Zhang et al., "Oudekerk. Indicators of School Crime and Safety: 2018," National Center for Education Statistics, U. S. Department of Education, and Bureau of Justice Statistics, Office of Justice Programs, U. S. Department of Justice, 2019.

② 王祈然等：《我国校园欺凌事件主要特征与治理对策——基于媒体文本的实证研究》，《教育学术月刊》2017年第3期，第46~53页。

③ 何树彬：《不做欺凌"剧场"的观众——国际视阈下校园欺凌中的旁观者群体研究》，《外国教育研究》2022年第4期，第3~18页。

被欺凌者的家庭特征有着一定的共性，如父母过于强势，对孩子要求过分严厉，父母关系恶劣经常吵架等，总之与父母关系冷淡、缺少家庭温暖都有可能使个体在卷入欺凌事件受到伤害后选择默不作声。生活在专制型家庭中的被欺凌者不敢将在自己身上发生的被欺凌事件告诉父母，由于父母对自己期望非常高，遭到欺凌并不光彩，他们更害怕受到父母的批评和指责。被欺凌者没有获得足够的关爱就会缺乏安全感，在遇到欺凌时又最渴望能得到父母的情感支持和陪伴，如果每次父母都忽视自己的消极情绪，这种情感需要未得到满足，以后遇到糟糕的事情便会觉得跟父母说了也没什么用，改变不了什么，索性就选择不说。王珂在关于青少年校园欺凌的个案研究中提到一个学生在受到欺凌后并没有告知父母，原因就是平时父母不怎么关心她在校的生活，而且父母的文化程度比较低，也不懂教育，即使说了自己的遭遇，以他们的阅历和经验也并不能为自己提供一个合理的应对方式。①

三是教师干预。教师肩负着管理学生的责任，他们比父母更有可能耳闻目睹欺凌事件，特别是在学校环境中发生的欺凌行为教师更容易介入到其中了解情况，因此教师具有独特的优势来干预欺凌事件②，但是在现实中很多教师在校园欺凌现象发生之后并不能为被欺凌者提供有力的保护和支持。国外一项调查显示，超过2/3的被欺凌者认为学校对欺凌事件反应不佳，其中很大一部分学生认为成年人的帮助能起到的作用并不大。③ 虽然欺凌具有破坏性和持久性，但它也可能足够微妙，以至于教师没有意识到这一点。一些教师对校园欺凌缺乏正确的认识，更不了解欺凌和玩笑的边界在哪儿，对欺凌行为不够重视，面对被欺凌者的报告，教师并不会对欺凌者给予很强的惩处力度，对他们

---

① 王珂：《青少年校园欺凌的个案研究》，硕士学位论文，赣南师范大学，2020。
② M. A. Eldridge, L. N. Jenkins, "The Bystander Intervention Model: Teacher Intervention in Traditional and Cyber Bullying," *International Journal of Bullying Prevention*, 2020(2): 253 – 263.
③ A. Cohn, A. Canter, "Bullying: Facts for Schools and Parents," http://www.naspcenter.org/factsheets/bullying_fs.html.

多是批评教育，让其写检讨、罚站，还有一些欺凌者本身并不是一无是处，他们可能成绩优秀，是老师眼里的好学生，出于刻板印象老师也不会对他们进行严肃的处理。欺凌者并没有得到实质性的严厉惩罚，惩戒作用微乎其微，因此当被欺凌者看到老师并没有采取合理有效的措施来为自己伸张正义①，而是间接忽视和纵容欺凌行为，便对老师失去信任，那么以后再遇到欺凌就会倾向于保持沉默，不会再向老师寻求帮助。

三 校园欺凌中的旁观者效应

校园欺凌作为一种群体现象，除了欺凌者和被欺凌者之外，还包括大量目睹欺凌事件但不直接参与欺凌的旁观者，他们大致可以分为以下三种角色：（1）协助者，通过实际参与积极帮助欺凌者欺负他人，或者通过在欺凌发生时大笑、口头鼓励欺凌者致使冲突进一步升级来间接支持欺凌者；（2）被动的旁观者，他们什么都不做，只是默默看着眼前正在发生的欺凌行为或者在欺凌行为发生时回避，避免任何参与；（3）保护者，他们通过及时向学校反映情况或求助老师来支持、保护被欺凌者。可以看出，旁观者在校园欺凌中也处于十分重要的地位，在面对欺凌事件时，不同角色类型的旁观者会表现出不同的态度和行为，其行为的积极与否具有一定的调控作用，这在很大程度上会影响欺凌事件的走向，即旁观者能采取有效措施制止欺凌者，积极帮助被欺凌者摆脱困境，则有很大的可能性会阻止事态的进一步升级，以免被欺凌者受到更大的伤害；相反旁观者若选择袖手旁观，无视被欺凌者的痛苦遭遇甚至起哄怂恿的话，则会使欺凌的恶劣程度加深。②

---

① 周福盛、靳泽宇：《校园欺凌中教师角色失当的思维逻辑》，《当代教育与文化》2017年第6期，第20~25页。
② 李帆：《校园欺凌中的旁观者及其行为干预》，《教育导刊》2021年第6期，第75~80页。

（一）什么是旁观者效应

在校园欺凌情境中，旁观者比例虽高达50%～70%①，但并不是所有旁观者在他人遭遇欺凌时都会站出来制止欺凌行为保护被欺凌者，一项对校园欺凌的观察表明，88%的欺凌事件中都有旁观者在场，但他们只干预了其中19%。② 每一个校园欺凌受害者的背后都有着一群不作为的围观者，旁观者的沉默在无形中支持了欺凌者，助长了欺凌者的气焰，还会进一步强化其欺凌行为，那么在场的旁观者为什么不愿意伸出援手呢？社会心理学将这一现象概括为"旁观者效应"，它起源于一个经典案例，1964年在美国纽约，一位叫吉诺维斯的女性被人刺伤，起初并未伤及性命但袭击者在短时间内多次返回案发现场继续实施犯罪行为直至吉诺维斯死亡。据报道案发时有多名居民都目睹了这将近一个小时的凶杀过程，但却没有一个人站出来阻止或采取其他援助措施，此事在当时引起了很大的轰动③，后来社会心理学家John M. Darley 和 Bibb Latané通过实验为此事提供了一个相对合理的心理学解释，研究发现随着目击者人数的增加，他们能提供帮助的概率便会减少，这被称为旁观者效应。同理，在校园欺凌中，与以往我们所认为的"人多力量大"不同，在欺凌行为发生且有多人在场的情况下，旁观者能为受害者提供帮助的可能性并不大，即便有人做出了积极反应，其做出帮助抉择的时间也会比较长，如果只有自己一个人碰见欺凌事件反而会有所作为来帮助被欺凌者。即在欺凌情境中，被欺凌者获得帮助的可能性与旁观者人数成反比，旁观者人数越少，对被欺凌者伸以援手的可能性就越大。④

---

① R. K. Rasmus, "Pluralistic Ignorance in the by Stander Effect: Informational Dynamics of Unresponsive Witnesses in Situations Calling for Intervention, "*Synthese*, 2014(11): 2471 – 2498.
② C. Salmivalli et al. , "Bullying as a Group Process: Participant Roles and Their Relations to Social Status within the Group, "*Aggressive Behavior*, 1996(1): 1 – 15.
③ R. K. Rasmus, "Pluralistic Ignorance in the by Stander Effect: Informational Dynamics of Unresponsive Witnesses in Situations Calling for Intervention, "*Synthese*, 2014(11): 2471 – 2498.
④ B. Latan, J. M. Darley, *The Unresponsive Bystander*: *Why Doesn't He Help*, New York: Appleton – Century – Crofts, 1970, pp. 1 – 67.

(二) 产生旁观者效应的原因

1. 评价恐惧

在有他人在场的情境中，人们会因为害怕被人评价而通过逃避来抑制某种行为的发生，这在一定程度上会影响个体的心理和行为。面对校园欺凌，一部分旁观者个体对欺凌本身是持反对态度的，他们也厌恶欺凌者蛮横无理的行为，可能也想过挺身而出为被欺凌者做点什么，但是出于对做出公开行动被他人评判的恐惧，这些个体在做出决策之前会比无人在场时更加谨慎，他们会参照在场的其他人的行为来做评估和判断，最后再决定要不要站出来，所以如果其他人并没有什么反应也不采取任何行动时，那自己也不会轻易做出什么行动，以防自己贸然出头在其他旁观者面前丢脸，被他人嘲笑。

2. 多元无知

当校园欺凌发生时，个体看到一同在场的其他旁观者都未上前伸出援手，就算其内心不平，但此时外表也会保持平静，试图观察并判断其他旁观者的反应，这时候即使自己认为欺凌是反社会的不良行为，应该制止，但由于其他旁观者都在一旁静静地观看，那么在从众心理的驱使下个体便也与他人保持着相同的行为，并且还会错误地理解其他旁观者的沉默，他们会觉得其他人持有跟自己相反的观点，认为其他旁观者并不想制止欺凌，也并不想帮助被欺凌者摆脱困境，这就是"多元无知"，一个群体中所有个体都会有犯同样类型的认知错误的情况。Krech and Crutchfield 更明确地将多元无知理解为"行动上与大家保持着一致，每个人都相信其他人与自己态度、想法和感受不一致，但其实大家想法是一样的"。[①] 多元无知往往会导致错误的共识，可能会造成比较严重的后果，导致人们在面对不公正或从事危险行为时

[①] D. Krech, R. S. Crutchfield, *Theories and Problems of Social Psychology*, New York: McGraw Hill, 1948, p. 84.

保持沉默①，在旁观者中只要没有人以明确的形式出来反对欺凌者，制止欺凌行为为被欺凌者发声，大家就会默认所有人都不想对欺凌进行干预。

3. 责任扩散

当个体独自一人目睹了欺凌行为时，此时如果对被欺凌者选择无视，置之不理，个体则会产生强烈的负罪感和愧疚感，觉得内心不安，认为自己是有责任去帮助被欺凌者摆脱困境的，因此个体或多或少都会采取一些能够有效援助被欺凌者的措施，反之若在欺凌现场并非只有个体自己，而是有众多旁观者在场的情况下，个体对要去救人的责任意识就会大大削弱，即使自己袖手旁观也不会产生什么罪恶感，因为他们每个人都觉得应该会有其他人出手相助，等着别人伸出援手就好了不需要自己必须得做些什么，也就没什么见危不救的心理压力，从而对欺凌事件漠然置之，即便可能会承受被同伴指责冷漠的压力或者最后造成了什么不可挽回的严重后果，个体也会自动将这种道德压力和责任扩散到在场所有人的身上，而不是只针对自己一个人，从而降低自己可能受到的道德谴责压力。②

4. 情境不明

校园欺凌发生时，旁观者是随机的，当他们刚开始注意到欺凌者在欺负别人的时候，首先会处于一种无所适从的状态，不清楚眼前的行为是一次对他人恶意的攻击还是正当防卫。所以个体在一头雾水还未搞清楚状况的前提下，他们会先选择通过观察在场的其他旁观者来对事态进行简单的认定，比如从他人的神情和态度中判断所见事情的严重程度，如果大家的神情都比较轻松淡然，并没有表现出很紧张很严肃的迹象，于是其会自然而然地认为不要紧没什么事儿。总之，当旁观者处于一个

---

① C. Nickerson, "Pluralistic Ignorance: Definition & Examples. Simply Psychology," www.simplypsychology.org/pluralistic-ignorance.html.
② 李帆：《校园欺凌中的旁观者及其行为干预》，《教育导刊》2021年第6期，第75~80页。

模棱两可的情境时，不太会果断采取行动，因为其不确定是否真的有紧急情况，特别是如果在场的其他人似乎都不关心正在发生的事情，那么个体可能会担心如果事实证明没有实际的紧急情况，那么自己势必会面临引起"假警报"的潜在尴尬，尤其是鲁莽出头还有可能对自己人身安全造成威胁，因此大家通常会倾向于先观望，等等看再说。

第五章
中小学校园欺凌的调查
——基于西部五省农村中小学的问卷调查

为了解西部农村中小学校园欺凌状况，课题组选取我国西部四川省、云南省、贵州省、陕西省、甘肃省等五省100多所农村中小学5000余名8~18岁中小学生为调查对象，同时也抽样调查了部分家长和教师，并随机访谈了部分学校管理者，具体情况如下。

一 研究概况

（一）调查对象

本次研究的调查对象为我国西部四川省、云南省、贵州省、陕西省、甘肃省五省100多所农村中小学5000余名中小学生及部分家长和教师。

（二）问卷的发放与收集

本研究的问卷发放分为两个途径，一是以问卷星网络调查平台为主的网络发放，二是到中小学校进行现场发放。在数据录入阶段，筛出无效问卷及真实性存疑的问卷，如问卷未全部填写、问卷填写存在前后矛盾等，以保证研究结果的真实性和可靠性。

(三) 样本数据描述

本次调查以了解西部农村中小学校园欺凌状况为主要目的，采取目的取样的方式在四川、云南、贵州、陕西、甘肃五省农村中小学生、家长和教师中抽取研究对象。

本次调查共发放学生问卷5095份，其中有效问卷4044份，无效问卷1051份，问卷回收有效率为79.4%。其中，小学学生样本总量为1344份，其中有效样本940份，无效样本404份，样本有效率为69.9%。初中学生样本总量为1717份，其中有效样本1374份，无效样本343份，样本有效率为80.0%。高中学生样本总量为2034份，其中有效样本1730份，无效样本304份，样本有效率为85.1%。共发放家长问卷1841份，其中有效问卷1675份，无效问卷166份，问卷回收有效率为90.2%。共发放教师问卷619份，其中有效问卷592份，无效问卷27份，问卷回收有效率为95.6%。样本具体数据如表5-1所示。

表5-1 西部各省调查样本来源

地区	问卷类别	有效样本	无效样本
四川省	小学	218	59
	初中	269	155
	高中	165	11
	家长	371	93
	教师	179	7
云南省	小学	418	192
	初中	593	132
	高中	202	7
	家长	770	0
	教师	232	6

续表

地区	问卷类别	有效样本	无效样本
贵州省	小学	120	12
	初中	310	13
	高中	214	13
	家长	282	23
	教师	71	0
陕西省	高中	1058	218
	家长	214	41
	教师	63	1
甘肃省	小学	184	141
	初中	202	43
	高中	91	55
	家长	38	9
	教师	47	13

二 数据处理与分析

本次调查采用SPSS 26.0软件进行数据统计学分析，通过对所得问卷数据进行描述统计分析，并通过 T 检验、单因素方差分析方法进行差异性分析，得出数据结果。

（一）西部农村中小学调查样本基本情况

（1）学生问卷的基本情况

本次调查，共收集西部农村中小学生问卷5095份，其中有效样本4044份，问卷从性别、民族构成、就读学段、班干部比例、独生子女比例等基本情况入手，探究校园欺凌情况。[①] 在本次调查样本中，学生

---

① 本书表格中相关项目名称为文中内容简写，并不刻意追求完全一致。

的年龄跨度从 8 岁到 18 岁,男女生性别比例相当。其中,民族比例存在较大差异,汉族比例占比 79.3%。且被调查样本中,71.5% 的学生非班干部,81.4% 的学生非独生子女(见表 5-2)。

表 5-2 学生样本基本情况

单位:份,%

题目	选项	样本量	占比
学生性别	男	1972	48.8
	女	2072	51.2
民族构成	汉族	3207	79.3
	少数民族	837	20.7
是否为班干部	是	1154	28.5
	否	2890	71.5
是否为独生子女	是	751	18.6
	否	3293	81.4
就读学段	小学	940	23.2
	初中	1734	42.9
	高中	1370	33.9

从基本信息的描述中我们可以看出,被调查学生在性别的分布上较为均衡,而在是否为班干部及是否为独生子女上,则具有较大差异。

另外,通过对所得数据进行差异性分析后可知,西部中小学校园欺凌情况在学生性别、学生是否住校两个方面存在显著差异,其中,女生遭遇校园欺凌的频次更高,住校学生遭遇欺凌频次略高。学生的民族、学生是否为班干部、学生是否为独生子女及学生与谁生活在一起,在遭遇校园欺凌的频次上并不存在显著差异。

(2)教师问卷的基本情况

在本次调查的教师样本中,普通教师的占比最大,为 91%,教师的年龄跨度从 23 岁到 54 岁,其中 87.7% 的教师为汉族,且被调查的教师中,女性教师占比为 54.6%。在学历层面,教师学历主要为本科

(75.2%)和专科(20.4%),教师学历为硕士及以上及高中的比重较小。

(3)家长问卷的基本情况

本次调查的家长样本中,年龄跨度从16岁到70岁,其中72.3%的家长是汉族,且男性家长比例较大,占62.1%。在家长的学历方面,家长学历为初中和小学的占比最大,分别为42.2%和41.7%,其次为高中(10%)、专科(4.1%)、本科(2%)学历。且在被调查的家长样本中家长的职业类型也存在较大差异,76.8%的家长务农,10.9%的家长从事工人工作,10.1%的家长从事个体户工作,仅有2.1%的家长是公务员。

(二)西部农村中小学校园欺凌的基本情况

1. 对校园欺凌行为的认知

相关数据显示,现阶段校园欺凌问题频发,对学生的身心健康造成了不良的影响,从调查结果来看,虽然89.9%的家长、98.5%的老师都认为校园欺凌对孩子的身心有着不好的影响,大部分学生、教师、家长都赞同对身体的伤害属于校园欺凌,但对起绰号及在社交媒体上散布流言等行为属于校园欺凌的认识还不够。由此可见,多数的学生、教师、家长对于什么属于校园欺凌行为的认知还不够透彻(见表5-3)。

表5-3 各调查对象对校园欺凌的认知情况

单位:%

认为属于校园欺凌的行为	起绰号	身体接触伤害	骂人、说坏话	吐口水	在社交媒体上散布流言
学生	12.6	29.4	20.1	21.3	16.6
教师	16.9	24.7	20.8	18.7	19.0
家长	15.7	29.7	21.3	18.2	15.0

2. 遭受校园欺凌的频次及类型

调查结果显示,被调查的学生群体中,对别人实施过欺凌的人数占比为51.9%，且学生遭遇欺凌频次每天一次及以上的比例占16.8%，每周一次及以上的比例为17.2%，每月一次及以上的比例为28.7%。具体到学段上，高中和小学生占比最大的遭遇欺凌频次为每月一次及以上，而初中生占比最大的遭遇欺凌频次为每周一次及以上。

由此可见，西部农村中小学校园欺凌现象在一定程度上普遍存在，初中阶段校园欺凌情况最为严重（见表5-4）。

表5-4 遭遇欺凌的频次及类型情况

单位：份，%

	选项	样本量	占比
是否对别人实施过欺凌？	是	2100	51.9
	否	1944	48.1
遭遇欺凌的频次	每天一次及以上	680	16.8
	每周一次及以上	695	17.2
	每月一次及以上	1159	28.7
	只有一次	1510	37.3
遭遇过的欺凌行为	起绰号	3081	43.9
	身体伤害	1085	15.5
	被说坏话	1889	26.9
	被吐口水	486	6.9
	被发布不好信息	474	6.8

从学生遭受的校园欺凌的类型上看，排在首位的是被起绰号（43.9%），其次为被说坏话（26.9%）、遭受身体伤害（15.5%）、被吐口水（6.9%），其中，被别人通过社交媒体发布不好的信息最少，占6.8%，由此说明西部农村中小学常见的校园欺凌主要为言语上的欺负。

3. 校园欺凌行为发生的场所

如表5-5所示，最易发生校园欺凌的场所，主要为厕所（37.3%）、教室（33.4%）、楼梯走廊（9.5%）和食堂（8.7%）等地。这些地方大多属于教师的注意盲区，且很多地方没有监控设备，更具有隐秘性，发生校园欺凌之后被欺凌者难以得到有效的监管和帮助。

表 5-5 校园欺凌行为发生的场所

单位：份，%

	地点	样本量	占比
学生眼中最易发生欺凌的地方	教室	1351	33.4
	厕所	1507	37.3
	楼梯走廊	385	9.5
	食堂	351	8.7
	操场	282	7.0
	其他地方	168	4.2
教师眼中最易发生欺凌的地方	教室	95	16.0
	厕所	258	43.6
	楼梯走廊	57	9.6
	食堂	26	4.4
	操场	21	3.5
	其他地方	23	3.9
	以上全是	112	18.9

4. 校园欺凌中欺凌者的构成

通过分析欺凌者的构成，我们可以发现，学生更容易遭受来自同班同学或是同年级不同班同学的欺凌，占比分别为44.9%和30.2%，且81.3%的学生均未遭到来自学校其他人员的欺凌，在遭受其他人员欺凌的学生中，其所遭受的欺凌形式为老师的辱骂和被起绰号等。由此可见，欺凌行为多发生于有日常交往的同学、师生间（见表5-6）。

表 5-6 校园欺凌中欺凌者的构成

单位：份，%

		样本量	占比
遭受的欺凌来自？	同班	2766	44.9
	同年级不同班	1861	30.2
	高年级	1203	19.5
	低年级	329	5.3

续表

		样本量	占比
遭受其他人员欺凌情况	教师	388	10.1
	后勤人员	221	5.7
	学校行政	112	2.9
	都没有	3135	81.3
遭受其他人员欺凌的类型	被起绰号	293	33.0
	身体伤害	232	26.1
	被骂	347	39.0
	其他	17	1.9

（三）西部农村中小学生遭遇校园欺凌的原因

通过描述性分析，我们可以发现，学生认为自身遭受欺凌的最主要原因是自身力量弱小（32.6%），其次为好看遭嫉妒（16.2%）、成绩差（12.9%）、难看遭讨厌（10.8%）等，其中因为家境贫困或富有而遭受欺凌的情况较少。而通过对欺凌者的调查我们可以发现，他们对别人实施欺凌也是因为对方瘦弱力量小（23.4%）、对方好看（19.2%）、对方难看（15.8%）等。

由此看来，在学生遭受的校园欺凌的原因中，学生更容易由于弱小或是好看而遭受欺凌，因家境状况好或差而遭受欺凌的情况较少。具体情况如表5-7所示。

表5-7 遭遇及实施校园欺凌的原因

单位：份，%

	原因	样本量	占比
你认为自身遭受欺凌的原因是？	好看遭嫉妒	826	16.2
	难看遭讨厌	552	10.8
	家庭富有	392	7.7
	家庭贫困	525	10.3
	成绩差	657	12.9
	成绩好	494	9.7
	瘦弱力量小	1666	32.6

续表

	原因	样本量	占比
对别人实施欺凌的原因是?	对方好看	352	19.2
	对方难看	290	15.8
	对方富有	232	12.7
	对方贫穷	133	7.3
	对方成绩差	244	13.3
	对方成绩好	152	8.3
	对方瘦弱力量小	429	23.4

（四）对校园欺凌的态度

通过对调查结果的分析我们可以发现，当看到一个同学被欺凌时，57.2%的学生会选择向老师或其他人求助，26.3%的学生会选择阻止其他人进行欺凌，只有极少部分学生选择旁观或加入欺凌。在家长眼中，如果是自己的孩子欺凌了其他同学，49.5%的家长会教育孩子不能欺负他人，46.9%的家长会带孩子向被欺凌的孩子道歉。且88.1%的学生在看到他人受欺凌时，都感到同情。那些对别人实施欺凌的学生，在欺凌结束后，20.6%的人会感到不高兴或很不高兴。由此可见，大多数学生对校园欺凌已经拥有一定的认识，并会通过向外界寻求帮助等方式去阻止校园欺凌的发生（见表5-8）。

表5-8 校园欺凌发生后学生、家长的态度

单位：份，%

	选项	样本量	占比
看到他人受欺凌你会?	旁观	556	13.7
	一起欺负	114	2.8
	阻止欺负	1062	26.3
	求助	2312	57.2
看到别人被欺凌你的感受?	同情	3564	88.1
	快乐	109	2.7
	无所谓	371	9.2

续表

	选项	样本量	占比
欺凌别人后你的感受？	非常高兴	361	8.9
	比较高兴	194	4.8
	高兴	770	19.0
	不高兴	564	14.0
	很不高兴	268	6.6
	无所谓	1887	46.7
孩子对别人实施欺凌后您的态度？	很好	45	1.6
	不好	1427	49.5%
	道歉	1351	46.9%
	无所谓	57	2.0%

（五）校园欺凌的应对措施

处理欺凌行为的方式有很多种，学生通常会选择寻求外界帮助和自己解决两类。71.8%的学生在遭受校园欺凌后都会选择求助，如向亲人求助（23.8%）、向老师学校求助（25.9%）及向同学求助（22.1%），11.4%的同学会选择以相同的方式反击，只有7.7%的同学选择忍气吞声。具体到各学段存在差异性，其中小学生在遭遇欺凌后，主要选择求助和忍气吞声，而初中生、高中生在遭受欺凌后，主要是选择求助、报警、反击，选择忍气吞声的人数占比最少，且高中生选择反击的比例较高。

在校园欺凌发生时，39.6%的教师会及时阻止并教育实施者，对受害者进行相关辅导；31.6%的老师会采取通知家长、学校领导的方式阻止校园欺凌。而多数家长会同老师、学校一起解决问题（36.8%）或通过对孩子进行辅导安慰的方式处理问题（36.2%），22.6%的家长则选择报警处理的方式（见表5-9）。

表 5-9 欺凌后的应对措施

单位：份，%

	方式	样本量	占比
学生遭受欺凌后的解决措施	向亲人求助	1701	23.8
	向老师学校求助	1849	25.9
	报警	645	9.0
	向同学求助	1578	22.1
	反击	816	11.4
	忍气吞声	546	7.7
教师对校园欺凌的处理办法	息事宁人	18	1.3
	及时阻止并辅导	560	39.6
	通知家长、学校领导	446	31.6
	报警	380	26.9
	让受欺凌孩子反击	9	0.6
家长对校园欺凌的处理方式	息事宁人	109	2.9
	辅导安慰	1343	36.2
	老师学校一起解决	1366	36.8
	报警	839	22.6
	让孩子反击	55	1.5

（六）校园欺凌的防治情况

72.4%的家庭都有应对校园欺凌的预防措施，其中37.8%的父母会经常性地教导孩子如何预防校园欺凌。在家长教导的预防措施中，排在首位的是培养孩子的自我保护意识，占49.0%，其次是教导孩子不能欺负他人，占47.5%，教导孩子反击，占3.4%。在被调查的教师中，96.8%的教师都表示有预防校园欺凌的措施。其中，进行安全教育占最大比例，其次是通过集体活动增进学生间感情的方式来预防校园欺凌（见表5-10）。

表 5-10　校园欺凌的防治情况

单位：份，%

	措施	样本量	占比
家长教孩子预防欺凌的措施	自我保护意识	1049	49.0
	不欺凌他人	1017	47.5
	反击	73	3.4
教师针对校园欺凌的预防措施	安全教育	564	50.0
	集体活动	528	46.8
	以暴制暴	36	3.2
学校的预防措施是否有效果	效果明显	77	13.0
	有一定效果	473	79.9
	效果不明显	39	6.6
	一点效果都没有	3	0.5

而在谈到学校是否有制度预防校园欺凌的问题时，96.8%的教师表示学校有相关的政策或管理措施来规制或预防校园欺凌行为的发生，且79.9%的教师认为学校预防欺凌的政策或管理制度有一定效果，其中，13%的教师认为效果明显。

（七）西部农村中小学校园欺凌的差异性分析

本次调查将学生的性别、民族构成、是否为班干部、是否为独生子女、是否住校以及和谁生活在一起的基本信息与学生受欺凌频次的情况进行了差异性分析，通过进一步 T 检验，发现学生的性别、是否住校、与谁生活在一起在学生受欺凌的频次上具有显著差异性，而学生的民族、班级职务、家庭子女数量（是否为独生子女）在其受欺凌频次上并无显著差异。

1. **学生性别在遭遇欺凌频次上有显著差异**

从表 5-11 可以看出，男生、女生在遭遇欺凌频次上均较高，其中女生遭遇频次高于男生遭遇频次。通过 T 检验（$P<0.05$），可以认定男女性别不同在遭遇欺凌频次上有显著的差异。

表 5-11　学生性别在遭遇欺凌频次上的差异性分析

指标	男	女	T 值	P 值
受欺凌频次	2.78	2.94	-4.584	0.00

2. 学生是否住校在遭遇欺凌频次上有显著差异

从表 5-12 可以看出,在遭遇欺凌频次上,住校和不住校的学生均较高频次地遭遇校园欺凌,其中住校的学生遭遇频次稍高于不住校的学生遭遇频次。通过 T 检验（$P<0.05$）,可以认定学生是否住校在遭遇欺凌频次上有极其显著的差异。

表 5-12　学生是否住校在遭遇欺凌频次上的差异性分析

指标	住校	不住校	T 值	P 值
受欺凌频次	2.98	2.81	3.367	0.001

3. 学生与谁生活在一起在遭遇欺凌频次上有显著差异

在遭遇欺凌频次上,与父母生活在一起的学生和与父母之外的亲人生活的学生均较高频次地遭遇校园欺凌,其中与父母之外的亲人生活在一起的学生遭遇频次稍高于与父母生活在一起的学生遭遇频次。通过 T 检验（$P<0.05$）,可以认定学生与不同的人生活在一起在遭遇欺凌频次上有显著差异（见表 5-13）。

表 5-13　学生与谁生活在一起在遭遇欺凌频次上的差异性分析

指标	与父母生活一起	与父母之外的亲人生活	T 值	P 值
受欺凌频次	2.74	2.93	-2.109	0.035

4. 学生是否为独生子女在受欺凌频次上无显著差异

从表 5-14 可以看出,在遭遇欺凌频次上,独生子女学生和非独生子女学生均较高频次地遭遇校园欺凌,其中非独生子女学生遭遇频次稍高于独生子女学生遭遇频次。通过 T 检验（$P>0.05$）,可以认定学生是否为独生子女在遭遇欺凌频次上没有显著差异。

表 5-14　学生是否为独生子女在遭遇欺凌频次上的差异性分析

指标	是	否	T值	P值
受欺凌频次	2.85	2.87	-0.398	0.690

5. 学生是否为班干部在受欺凌频次上无显著差异

从表 5-15 可以发现，在遭遇欺凌频次上，班干部和非班干部的学生均较高频次地遭遇校园欺凌，其中是班干部的学生遭遇频次稍高于非班干部学生遭遇频次。通过 T 检验（$P>0.05$），可以认定学生是否为班干部在遭遇欺凌频次上没有显著差异。

表 5-15　学生是否为班干部在遭遇欺凌频次上的差异性分析

指标	是	否	T值	P值
受欺凌频次	2.9	2.85	1.144	0.253

6. 不同民族学生在受欺凌频次上无显著差异

从表 5-16 可以发现，在遭遇欺凌频次上，汉族和少数民族学生均较高频次遭遇校园欺凌，其中少数民族学生遭遇频次稍高于汉族学生遭遇频次。通过 T 检验（$P>0.05$），可以认定不同民族在遭遇欺凌频次上没有显著差异。

表 5-16　不同民族学生在遭遇欺凌频次上的差异性分析

指标	汉族	少数民族	T值	P值
受欺凌频次	2.86	2.87	-0.064	0.949

三　西部农村中小学校园欺凌各省的具体情况

本次调查问卷主要涉及对校园欺凌行为的认识、欺凌行为的发生频次、欺凌地点、欺凌原因、欺凌预防等多方面内容，调查对象涉及四川、云南、贵州、陕西、甘肃五个省份中农村中小学的教师、家长及小学、初中、高中各学段的学生。

(一) 四川省农村地区中小学校园欺凌情况分析

1. 学生调查数据分析

(1) 调查对象的基本情况

本次学生有效问卷为652份,其中高中有效样本165份,初中有效样本269份,小学有效样本218份。调查对象基本情况如表5-17所示。

表5-17 四川省农村中小学生样本基本情况

单位:份,%

题目	选项	样本量	占比
学生性别	男	355	54.4
	女	297	45.6
民族构成	汉族	591	90.6
	少数民族	61	9.4
是否为班干部	是	256	39.3
	否	396	60.7
是否为独生子女	是	108	16.6
	否	544	83.4
和谁生活在一起	父母	449	68.9
	爷爷奶奶或外公外婆	166	25.5
	其他人	37	5.7
是否住校	是	338	51.8
	否	314	48.2

从表5-17中可以看出,调查样本在性别、是否住校两个变量上,分布较为均衡,而在民族构成、和谁生活在一起、是否为班干部、是否为独生子女变量上,存在比较明显的差距。其中,少数民族占比较少,独生子女、班干部人员占比较少。对所得数据进行差异性分析后我们发现,在受欺凌频次上,男生比女生遭遇的欺凌更少,汉族比少数民族遭遇的欺凌更少,非班干部比班干部遭遇的欺凌更少,独生子女比非独生

子女遭遇的欺凌更少。

（2）四川省农村中小学生对欺凌的认知

四川省农村中小学生对什么是校园欺凌行为，按比例由高到低排序，依次是身体伤害（30.6%）、吐口水（21.0%）、说坏话（20.1%）、起绰号（14.3%）及在社交媒体上散布不好的信息（14.0%）。由此可见，多数学生对什么是校园欺凌的认识还不够全面（见表5-18）。

表5-18　四川省农村中小学生对欺凌的认知

单位：份，%

		样本量	占比
什么是欺凌行为？	起绰号	268	14.3
	身体伤害	576	30.6
	说坏话	377	20.1
	吐口水	396	21.0
	在社交媒体上散布不好的信息	263	14.0

（3）遭遇欺凌的频次

由表5-19可见，四川省中小学生在遭受欺凌的频次上，由高到低依次为每月一次及以上、只有一次、每周一次及以上、每天一次及以上，且在高中阶段，校园欺凌的频次每天一次及以上的占比达到27.9%，由此可见，四川省农村中小学校园欺凌现象还是较为普遍的。

表5-19　四川省农村中小学生遭遇欺凌的频次

单位：份，%

学段/样本数	每天一次及以上	每周一次及以上	每月一次及以上	只有一次
小学218	样本数：50 占比：22.9	样本数：62 占比：28.4	样本数：87 占比：39.9	样本数：19 占比：8.7
初中269	样本数：27 占比：10.0	样本数：53 占比：19.7	样本数：79 占比：29.4	样本数：110 占比：40.9

续表

学段/样本数	每天一次及以上	每周一次及以上	每月一次及以上	只有一次
高中 165	样本数：46 占比：27.9	样本数：25 占比：15.2	样本数：43 占比：26.1	样本数：51 占比：30.9
总样本 652	样本数：123 占比：18.9	样本数：140 占比：21.5	样本数：209 占比：32.1	样本数：180 占比：27.6

（4）遭遇的欺凌类型及实施欺凌的类型

四川省农村中小学生遭遇过的欺凌行为，按占比由高到低依次为被人起绰号，被说坏话，遭遇身体伤害，被吐口水，被人在社交媒体上散布不好的信息。且对别人实施过欺凌的人，欺凌行为按比重大小依次为，给别人起绰号、说别人坏话、对别人进行身体伤害、对别人吐口水，在社交媒体上散布过别人不好的信息的比例最低，为3.1%。由此可见，在校园欺凌中，虽多数欺凌行为是言语欺凌，但身体伤害的欺凌行为也不可忽视（见表5-20）。

表5-20 四川省农村中小学生遭遇和实施欺凌行为情况

单位：份，%

	行为	样本量	占比
遭遇过哪些欺凌？	被人起绰号	462	36.6
	身体伤害	262	20.7
	被说坏话	329	26.0
	被吐口水	120	9.5
	在社交媒体上被散布不好的信息	91	7.2
对别人实施过哪些欺凌？	起绰号	270	33.0
	身体伤害	79	9.7
	说坏话	141	17.3
	吐口水	27	3.3
	在社交媒体上散布过别人不好的信息	25	3.1
	均无	275	33.7

(5) 被欺凌的原因和欺凌别人的原因

由表 5-21 可知,被调查对象认为自身遭受欺凌的原因主要是瘦弱力量小及好看遭嫉妒,而欺凌者认为自身欺凌他人也是由于别人瘦弱力量小及别人好看,因为别人贫穷而向其实施欺凌的比例最低,为5.7%。具体到学段,可以发现,小学、初中阶段的学生认为瘦弱力量小是遭遇欺凌的最主要原因,其次为成绩差,而高中阶段的学生则认为好看遭嫉妒是遭遇欺凌的最主要原因,其次是因瘦弱力量小而遭欺凌。

表 5-21 四川省农村中小学生遭受欺凌的原因

单位:份,%

	原因	样本量	占比
你认为自身遭遇欺凌的原因是?	好看遭嫉妒	148	16.0
	难看遭讨厌	89	9.6
	家庭富有	81	8.8
	家庭贫困	100	10.8
	成绩差	144	15.6
	成绩好	81	8.8
	瘦弱力量小	281	30.4
你欺凌别人的原因是?	对方好看	91	21.5
	对方难看	55	13.0
	对方富有	60	14.2
	对方贫穷	24	5.7
	对方成绩差	70	16.5
	对方成绩好	29	6.9
	对方瘦弱力量小	94	22.2

(6) 欺凌发生的场所及欺凌者来源

由表 5-22 可知,被调查的对象,33.4% 认为教室是最容易遭受欺凌的地方,23.8% 认为厕所是最容易遭受欺凌的地方,17.0% 认为操场是最容易遭受欺凌的地方,且 45.8% 的欺凌者来自同班同学,26.3% 的欺凌者来自同年级不同班同学,来自低年级的最少为 8%。由此可见,校园欺凌发生的场所较为随机,但欺凌者主要来自同班同学。

当问到是否遭受过来自学校其他人员的欺凌时，79.6%学生并未遭受过来自学校其他人员的欺凌。而遭到学校其他人员欺凌的学生，主要遭受的欺凌来自教师，欺凌行为表现为被辱骂（38.1%）、被起绰号（33.5%）、身体伤害（24.4%）等。

表5-22　四川省农村中小学校园欺凌发生的场所及欺凌者来源

单位：份，%

	题项	样本量	占比
欺凌发生的场所是何处？	教室	218	33.4
	厕所	155	23.8
	楼梯走廊	85	13.0
	食堂	32	4.9
	操场	111	17.0
	其他地方	51	7.8
实施欺凌者来自哪里？	同班同学	465	45.8
	同年级不同班同学	267	26.3
	高年级同学	202	19.9
	低年级同学	81	8.0
还遭到过其他哪些人的欺凌？	教师	66	10.1
	后勤人员	45	6.9
	学校行政人员	22	3.4
	都没有	519	79.6

（7）遭遇欺凌后的应对措施

由表5-23可知，被调查的对象中在遭遇欺凌后，选择求助的占比最高，29.0%的学生向老师学校求助，25.2%的学生向亲人求助，20.1%的学生向同学求助，其次便是自己反击和选择报警，分别为11.4%和7.7%，选择忍气吞声的比例最低，为6.6%。但具体到各个学段则出现了差异，小学和初中的学生在遭受欺凌后主要选择向外求助，而被调查的高中生，在遭遇欺凌后，大多数学生选择自己反击，占比高达25.2%。在面对其他人被欺凌时，多数学生会选择求助、阻止欺凌行为。由此可见，多数学生能够选择较为正确的态度处理校园欺凌。

表 5-23 四川省农村中小学生面对欺凌的应对措施

单位：份，%

	措施	样本量	占比
自身遭遇欺凌后的处理方式	向亲人求助	289	25.2
	向老师学校求助	333	29.0
	报警	88	7.7
	向同学求助	230	20.1
	反击	131	11.4
	忍气吞声	76	6.6
看到别人遭遇欺凌后的应对措施	旁观	64	9.8
	一起欺凌	18	2.8
	阻止欺凌行为	160	24.5
	求助	410	62.9

（8）对欺凌的感受

由表 5-24 可知，87.4%的同学看到别人遭受欺凌时感到同情，而在欺凌别人后，22.7%的欺凌者感到无所谓，21%的欺凌者感到高兴，28.4%的欺凌者感到不高兴。具体到各学段则出现了差异，小学阶段的学生在对别人实施欺凌后，13.3%的欺凌者感到无所谓，60.1%的欺凌者感到不高兴，26.6%的欺凌者感到高兴；初中阶段的学生在对别人实施欺凌后，34.4%的欺凌者感到无所谓，45.2%的欺凌者感到不高兴，20.4%的欺凌者感到高兴。而高中阶段的学生在对别人实施欺凌后，28%的欺凌者感到无所谓，24.7%的欺凌者感到不高兴，47.3%的欺凌者感到高兴。由此可见，随着年级的升高，学生对校园欺凌行为更加轻视，因此我们亟须增强学生对校园欺凌的正确认识。

表 5-24 四川省农村中小学生对欺凌的感受

单位：份，%

	感受	样本量	占比
欺凌别人后你的感受？	非常高兴	57	8.7
	比较高兴	46	7.1
	高兴	137	21
	不高兴	185	28.4

续表

	感受	样本量	占比
欺凌别人后你的感受？	很不高兴	79	12.1
	无所谓	148	22.7
看到别人被欺凌你的感受？	同情	570	87.4
	快乐	30	4.6
	无所谓	52	8.0

2. 家长、教师调查数据的分析

（1）调查对象的基本情况

本次四川省共收集家长问卷样本总量为464份，其中有效样本371份，无效样本93份，样本有效率为80%，本次家长样本男女分布比例较为均衡，在民族构成、年龄、学历水平以及职业上都具有较为明显的区分。具体情况如表5-25所示。

表5-25 家长样本基本情况

单位：份，%

题目	选项	样本量	占比
性别	男	197	53.1
	女	174	46.9
民族构成	汉族	341	91.9
	少数民族	30	8.1
年龄	21～30岁	24	6.5
	31～40岁	144	38.8
	41～50岁	175	47.2
	51～60岁	19	5.1
	61～70岁	9	2.4
学历水平	小学	96	25.9
	初中	191	51.5
	高中	59	15.9
	专科	9	2.4
	本科	16	4.3

续表

题目	选项	样本量	占比
职业	农民	241	65.0
	工人	74	19.9
	个体户	49	13.2
	公务员	7	1.9

本次四川省共收集教师问卷样本总量为186份，其中有效样本179份，无效样本7份，样本有效率为96.2%。本次教师样本中男性教师更多，汉族更多，学历集中于专科和本科层次，年龄主要处于31~40岁。具体情况如表5-26所示。

表5-26 教师问卷基本情况

单位：份，%

题目	选项	样本量	占比
性别	男	109	60.9
	女	70	39.1
民族构成	汉族	177	98.9
	少数民族	2	1.1
年龄	21~30岁	35	19.6
	31~40岁	100	55.9
	41~50岁	37	20.7
	51~60岁	7	3.9
学历水平	专科	87	48.6
	本科	83	46.4
	硕士及以上	1	0.6
	高中	8	4.5
职务情况	普通老师	178	99.4
	中层管理干部	1	0.6

(2) 对欺凌的认知及态度

由表5-27可知，92.2%的家长都认识到欺凌具有不好的影响，所有的教师都认为欺凌对学生身心具有不良影响。在对欺凌行为进行定义时，教师和家长都认为身体伤害是欺凌的比例最高，其次20.1%的家长认为说坏话是欺凌，20.2%的教师则认为起绰号是欺凌，在家长和教师眼中散布流言是欺凌的占比较低。而当自己的孩子欺凌别人后，49.8%的家长都认为是不好的，47.8%的家长还会要求孩子道歉。由此可知，多数家长对校园欺凌是持反对态度的。

表5-27 家长、教师对欺凌的认知及态度

单位：份，%

		样本量	占比
家长：什么是欺凌？	起绰号	181	16.0
	身体伤害	331	29.3
	骂人、说坏话	227	20.1
	吐口水	210	18.6
	散布流言	181	16.0
当孩子欺凌别人后您的态度是？	此行为很好	8	1.2
	此行为不好	324	49.8
	应该道歉	311	47.8
	无所谓	7	1.1
教师：什么是欺凌？	起绰号	137	20.2
	身体伤害	164	24.2
	骂人、说坏话	136	20.1
	吐口水	118	17.4
	散布流言	123	18.1

（3）当孩子遭遇欺凌后的应对措施

78.4%的家长会教孩子一些预防欺凌的措施，且在欺凌发生后，多数家长会选择家校合作的方式解决问题，34.9%的家长也会及时关注学生心理，进行辅导安慰。当学生遭遇欺凌后，39.1%的教师会及时阻止并对学生进行心理辅导，30.3%的教师选择通知家长和学校领导，29.9%的教师选择报警，总体而言，学校教师在欺凌发生后，都会积极进行应对。所有的教师都表明应进行预防措施教育，以安全教育和集体活动为主要内容，且被调查教师都表明地方有政策去预防校园欺凌，并

且取得了一定的效果。

表 5-28 遭遇欺凌后家长、教师的应对措施

单位：份，%

	方式	样本量	占比
家长：孩子受到欺凌后您的处理方式？	息事宁人	22	2.5
	辅导安慰	313	34.9
	和老师一起解决	322	35.9
	报警	231	25.8
	让孩子反击	9	1.0
教师：学生受到欺凌后您的处理方式？	息事宁人	2	0.5
	及时阻止并辅导	161	39.1
	通知家长、学校领导	125	30.3
	报警	123	29.9
	让受欺凌孩子反击	1	0.2
教师教导预防措施的内容	安全教育	165	52.4
	集体活动	148	47.0
	以暴制暴	2	0.6

3. 四川省农村中小学校园欺凌的差异性分析

本次调查将学生的性别、民族构成、是否为班干部、是否为独生子女、是否住校以及和谁生活在一起的基本信息与学生受欺凌频次的情况进行了差异性分析，通过进一步 T 检验，发现学生住校与否在学生受欺凌的频次上具有显著差异性而学生的性别、民族、班级职务、家庭子女数量（是否为独生子女）在其受欺凌频次上并无显著差异（见表 5-29、表 5-30、表 5-31、表 5-32、表 5-33）。

（1）学生是否住校在遭遇欺凌频次上有显著差异

从表 5-29 中可以看出，住校生和不住校生受欺凌频次存在差异，住校生遭遇欺凌的频次高于不住校生，通过 T 检验（$P<0.05$）可以推断，住校生和不住校生受欺凌频次存在显著差异。

表 5-29　学生是否住校在遭遇欺凌频次上的差异性分析

指标	住校	不住校	T 值	P 值
受欺凌频次	2.81	2.55	3.153	0.002

（2）学生性别在遭遇欺凌频次上无显著差异

从表 5-30 中可以看出，在受欺凌频次上，男生、女生都可能会遭遇欺凌，且男生比女生遭遇的欺凌更少。T 检验结果表明男女生受欺凌频次差异并没有达到统计学上显著意义水平（$P > 0.05$）。因此推断，男女生受欺凌频次没有显著差异。

表 5-30　学生性别在遭遇欺凌频次上的差异性分析

指标	男生	女生	T 值	P 值
受欺凌频次	2.63	2.75	-1.384	0.167

（3）学生民族构成在遭遇欺凌频次上无显著差异

从表 5-31 中可以看出，在受欺凌频次上，汉族、少数民族学生都可能会遭遇欺凌，且汉族学生比少数民族学生遭遇的欺凌更少。T 检验结果表明学生民族不同受欺凌频次差异并没有达到统计学上显著意义水平（$P > 0.05$）。因此推断，少数民族学生和汉族学生受欺凌频次没有显著差异。

表 5-31　学生民族构成在遭遇欺凌频次上的差异性分析

指标	汉族	少数民族	T 值	P 值
受欺凌频次	2.68	2.74	-0.411	0.681

（4）学生是否为班干部在遭遇欺凌频次上无显著差异

从表 5-32 中可以看出，在受欺凌频次上，班干部、非班干部都遭遇欺凌，且非班干部比班干部遭遇的欺凌更少。T 检验结果表明班干部和非班干部受欺凌频次差异没有达到统计学上显著意义水平（$P > 0.05$）。因此推断，班干部和非班干部受欺凌频次不存在显著差异。

表 5-32 学生是否为班干部在遭遇欺凌频次上的差异性分析

指标	班干部	非班干部	T 值	P 值
受欺凌频次	2.75	2.64	1.265	0.206

（5）学生是否为独生子女在遭遇欺凌频次上无显著差异

从表 5-33 中可以看出，在受欺凌频次上，独生子女、非独生子女都遭遇欺凌，且非独生子女遭遇的欺凌多于独生子女。T 检验结果表明独生子女和非独生子女受欺凌频次差异没有达到统计学上显著意义水平（$P>0.05$）。因此推断，独生子女和非独生子女受欺凌频次不存在显著差异。

表 5-33 学生是否为独生子女在遭遇欺凌频次上的差异性分析

指标	独生子女	非独生子女	T 值	P 值
受欺凌频次	2.61	2.70	-0.774	0.439

（二）云南省农村地区中小学校园欺凌情况分析

1. 云南省农村中小学校园欺凌的描述性分析

（1）遭遇欺凌的频次

本次云南省共收集学生样本问卷 1214 份，被调查的对象中遭遇欺凌频次为"只有一次"的占比最高，为 38.2%，其次是遭遇频次在每月一次及以上的，占比为 31%，受欺凌频次在每周一次及以上的比例为 17.1%，受欺凌频次是每天一次及以上的比例最低，为 13.7%。具体如表 5-34 所示。

表 5-34 云南省农村中小学生遭遇欺凌的频次

单位：份，%

	频次	样本量	占比
学生遭遇欺凌频次	每天一次及以上	166	13.7
	每周一次及以上	208	17.1

续表

	频次	样本量	占比
学生遭遇欺凌频次	每月一次及以上	376	31.0
	只有一次	464	38.2

（2）遭遇欺凌的类型

如图5-1所示，被调查的对象中大部分都遭受过被起绰号以及被说坏话的欺凌行为。其中，被起绰号和被说坏话的欺凌行为占很大比重，分别为44.1%和31.3%，其次是遭受身体伤害和被吐口水占比较大，分别是12.0%和6.8%，被发布不好的信息的行为比重较低，仅有5.9%，由此看来，在学生遭受的校园欺凌行为中，学生更容易遭受被起绰号和被说坏话等不易造成身体直接伤害的欺凌行为，遭受身体直接伤害的欺凌行为占比较低。

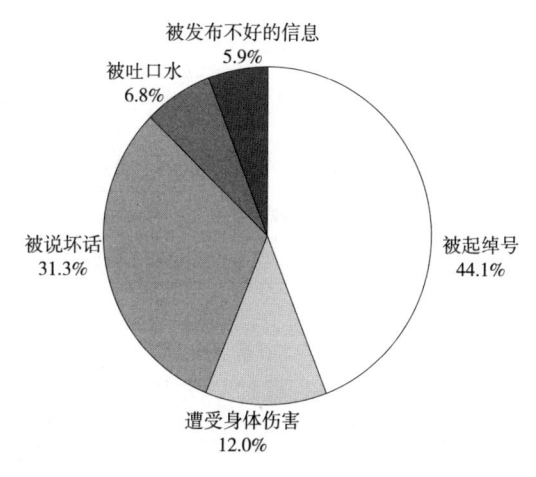

图5-1 云南省农村中小学生遭遇的欺凌行为

2. 云南省农村中小学校园欺凌的差异性分析

本次调查将学生的性别、民族构成、是否为班干部、是否为独生子女与学生受欺凌频次的情况进行了差异性分析，通过进一步 T 检验，发现学生的性别在受欺凌的频次上具有显著差异性而学生的民族、班级职务、家庭子女数量（是否为独生子女）在其受欺凌频次上并无显著差异（见

表5-35、表5-36、表5-37、表5-38)。

(1) 学生性别在受欺凌频次上有显著差异

从表5-35中可以看出，在受欺凌频次上，男生、女生的均值分别为2.86和2.99，表明男生女生均有较高频次遭遇校园欺凌，其中女生遭遇频次高于男生遭遇频次。男女性别不同在遭遇欺凌频次上有显著差异。

表5-35 学生性别在受欺凌频次上的差异性分析

指标	男	女	T值	P值
受欺凌频次	2.86	2.99	-2.174	0.030

(2) 不同民族学生在受欺凌频次上无显著差异

从表5-36中可以看出，在受欺凌频次上，汉族和少数民族学生均有较高频次遭遇校园欺凌，其中汉族学生遭遇频次稍高于少数民族学生遭遇频次。通过T检验（$P>0.05$）可以推断，不同民族在遭遇欺凌频次上没有显著差异。

表5-36 不同民族学生在受欺凌频次上的差异性分析

指标	汉族	少数民族	T值	P值
受欺凌频次	2.97	2.91	1.028	0.304

(3) 学生是否为班干部在受欺凌频次上无显著差异

从表5-37中可以发现，在受欺凌频次上，班干部和非班干部的学生均较高频次地遭遇校园欺凌，其中不是班干部的学生遭遇频次稍高于是班干部的学生遭遇频次。通过T检验（$P>0.05$）可以推断，学生是否为班干部在遭遇欺凌频次上没有显著差异。

表5-37 学生是否为班干部在受欺凌频次上的差异性分析

指标	是	否	T值	P值
受欺凌频次	2.93	2.94	-0.163	0.870

(4) 学生是否为独生子女在受欺凌频次上无显著差异

从表5-38中可以发现,在受欺凌频次上,独生子女学生和非独生子女学生均较高频次地遭遇校园欺凌,其中非独生子女学生遭遇频次稍高于独生子女学生遭遇频次。通过T检验($P>0.05$)可以推断,学生是否为独生子女在遭遇欺凌频次上没有显著差异。

表5-38 学生是否为独生子女在受欺凌频次上的差异性分析

指标	是	否	T值	P值
受欺凌频次	2.91	2.95	-0.508	0.612

(三)贵州省农村地区中小学校园欺凌情况分析

1. 学生的调查数据分析

(1) 调查对象的基本情况

本次贵州省共收集学生样本问卷682份,有效样本为644份,男女分配较为均衡,在民族构成上,除汉族外,还涉及7类少数民族的学生样本,民族构成上较为丰富。

本次调查样本中学生年级从小学三年级到高中三年级,集中于初中一、二年级。年龄跨度则为9~21岁,年龄分布集中于13~18岁。在家庭子女数量及是否为班干部题项上,差异性较为明显。具体情况如表5-39所示。

表5-39 贵州省农村中小学生样本基本情况

单位:份,%

		样本量	占比
学生性别	男	326	50.6
	女	318	49.4
民族构成	汉族	478	74.2
	少数民族	166	25.8
是否为班干部	是	169	26.2
	否	475	73.8

续表

		样本量	占比
是否为独生子女	是	74	11.5
	否	570	88.5
与谁一起生活	父母	459	71.3
	爷爷奶奶或外公外婆	110	17.1
	其他人	75	11.6

（2）贵州省农村中小学生对欺凌的认知

在对欺凌的认识上，被调查的对象中大部分都赞同身体伤害属于校园欺凌，较少的人赞成起绰号是校园欺凌行为的一种。其中，认为身体伤害和说坏话属于校园欺凌的学生占比较大，分别为30.2%和22.0%，而认为起绰号是校园欺凌的学生仅有13.5%。由此，在学生看来，造成身体直接伤害的行为更容易被认为是欺凌行为，而不易造成身体直接伤害的行为则不太容易被认定为欺凌行为（见表5-40）。

表5-40 贵州省农村中小学生对欺凌的认知

单位：份，%

		样本量	占比
认为属于校园欺凌行为的是？	起绰号	260	13.5
	身体伤害	582	30.2
	说坏话	424	22.0
	吐口水	370	19.2
	在社交媒体上散布不好的信息	292	15.1

（3）遭遇欺凌的频次

由图5-2可知，贵州地区调查样本中学生在遭受欺凌的频次上存在一定差异，学生遭遇欺凌的频次为其他（偶尔）的比例较大，占38%，学生遭遇欺凌频次为每月一次及以上的比例次之，占24%，学生受欺凌频次为每周一次及以上的比例最低，占16%。由此可见，62%的学生遭遇欺凌的次数都超过一次，校园欺凌情况较为普遍。

```
       每天一次及以上
          22%
其他（偶尔）
   38%
                         每周一次及以上
                            16%
       每月一次及以上
          24%
```

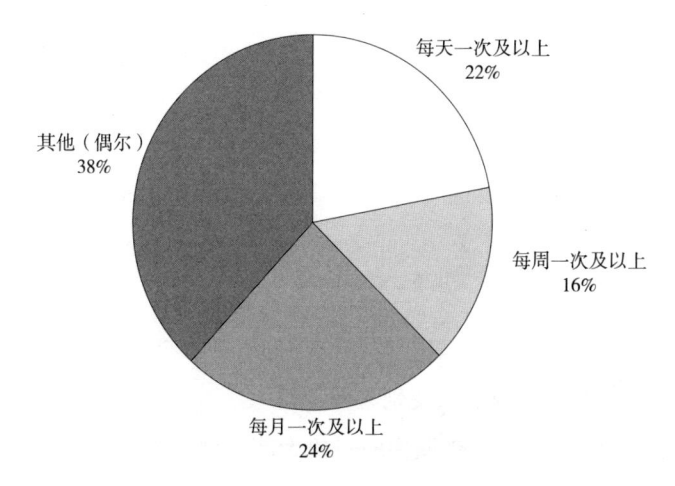

图 5-2　贵州省农村中小学生遭遇欺凌频次统计

（4）遭遇的欺凌类型及实施欺凌的类型

由表 5-41 可知，被调查的对象中大部分都遭受过被起绰号以及被说坏话的欺凌行为，占比分别为 52.6% 和 22.1%，遭遇过在社交媒体上被散布不好的信息的欺凌行为最少，仅有 3.6%。在所调查的样本中，对别人实施过欺凌的人数比重较大，占 58.7%，从未对别人实施过欺凌的人数比重较小，为 41.3%。对别人实施过欺凌的学生，排在首位的欺凌行为是起绰号，占比为 30.9%，其次是说坏话和身体伤害，占比为 13.0% 和 8.8%。由此可见，在校园欺凌中，较为普遍的欺凌行为是起绰号、说坏话此类言语性的欺凌。

表 5-41　贵州省农村中小学生遭遇及实施的欺凌类型

单位：份，%

	行为	样本量	占比
遭遇过哪些欺凌？	被起绰号	250	52.6
	身体伤害	71	14.9
	被说坏话	105	22.1
	被吐口水	32	6.7
	在社交媒体上被散布不好的信息	17	3.6

续表

	行为	样本量	占比
对别人实施过哪些欺凌？	起绰号	250	30.9
	身体伤害	71	8.8
	说坏话	105	13.0
	吐口水	32	4.0
	在社交媒体上散布不好的信息	17	2.1
	以上行为都没有	334	41.3

（5）被欺凌的原因和欺凌别人的原因

由表5-42可知，遭受欺凌的对象大部分都认为自身遭受欺凌主要由于自身瘦弱力量小及好看遭嫉妒。其中，35.5%的学生认为被欺凌的原因是自身力量弱小，15.0%的学生认为被欺凌的原因是好看遭嫉妒，被欺凌原因为家庭富有的占比最低为7.8%。而调查对别人实施欺凌的原因主要也是对方力量弱小及对方外貌的关系。其中，20.5%的学生因别人瘦弱力量小而欺凌，21.8%的学生因对方好看而欺凌，13.5%的学生因对方富有、对方成绩差而欺凌，由于别人贫穷和别人成绩好而对别人实施欺凌的原因占比较低，分别为9.6%和8.0%。

由此看来，在学生遭受校园欺凌的原因中，学生更容易由于弱小或是外貌遭受欺凌，且欺凌者和被欺凌者更愿意将欺凌原因归于对方弱小，由于家境状况遭受欺凌的情况较少。

表5-42 贵州省农村中小学生被欺凌和欺凌别人的原因

单位：份，%

	原因	样本量	占比
你认为自身遭遇欺凌的原因是？	好看遭嫉妒	135	15.0
	难看遭讨厌	103	11.4
	家庭富有	70	7.8
	家庭贫困	93	10.3
	成绩差	103	11.4
	成绩好	78	8.6
	瘦弱力量小	321	35.5

续表

	原因	样本量	占比
你欺凌别人的原因是?	对方好看	68	21.8
	对方难看	41	13.1
	对方富有	42	13.5
	对方贫穷	30	9.6
	对方成绩差	42	13.5
	对方成绩好	25	8.0
	对方瘦弱力量小	64	20.5

（6）欺凌发生的场所及欺凌者来源

贵州地区调查样本中学生在容易受欺凌地点上存在一定差异，其中，食堂和教室为最容易受欺凌的地点，占比为30.7%和34.3%，操场和其他地方发生欺凌行为的比例最低，分别为4.0%和0.5%。在欺凌者的构成情况中，同班同学和同年级不同班同学构成比例较大，分别为41.0%和31.7%，欺凌者为更低年级同学比重较低，仅有6.2%。在遭受其他人员欺凌情况上，85.4%的学生没有受到其他人员的欺凌。遭受过其他人员欺凌的学生，受教师欺凌的学生较多，占7.9%（见表5-43）。在其他人员实施的欺凌行为中，骂学生、说学生坏话和起绰号占较大比例，为35.1%，其次是其他人员对学生进行身体伤害较多，占比为27.7%。

由此可见，欺凌发生的场所多集中于狭窄的区域，遭受过欺凌的对象中大部分都遭受的是同班同学的欺凌或是同年级不同班同学的欺凌。学校其他人员的欺凌主要来自教师的欺凌，表现为骂学生或说学生坏话及起绰号。

表5-43 贵州省农村中小学校园欺凌发生的场所及欺凌者来源

单位：份，%

	题项	样本量	占比
欺凌发生的场所是何处?	教室	221	34.3
	厕所	143	22.2
	楼梯走廊	53	8.2
	食堂	198	30.7
	操场	26	4.0
	其他地方	3	0.5

续表

	题项	样本量	占比
实施欺凌者来自哪里？	同班同学	436	41.0
	同年级不同班同学	337	31.7
	高年级同学	225	21.1
	更低年级同学	66	6.2
还遭到过其他哪些人的欺凌？	教师	51	7.9
	后勤人员	29	4.5
	学校行政人员	14	2.2
	都没有	550	85.4

（7）遭遇欺凌后的应对措施

由表5-44可知，在遭受校园欺凌后，学生往往会主动寻求解决措施，主要表现为向熟悉的人求助，选择反击的人较少。其中，72%的学生会选择寻求外援，如向同学、亲人或老师寻求帮助，10.4%的学生会报警，寻求法律帮助。10.0%的学生选择忍气吞声，以相同方式对欺凌行为进行反击的学生最少，为7.5%。

且绝大多数学生面对他人受欺凌的情况时，也会求助，占48.0%，37.1%的学生会选择阻止他人进行欺凌，只有4.7%的学生会加入欺凌。由此可见，在面对校园欺凌时，多数学生都有较为明确的应对措施。

表5-44　贵州省农村中小学生遭遇欺凌后的应对措施

单位：份，%

	措施	样本量	占比
自身遭受欺凌后的处理方式	向亲人求助	292	23.4
	向老师学校求助	318	25.5
	报警	129	10.4
	向同学求助	288	23.1
	反击	94	7.5
	忍气吞声	125	10.0

续表

	措施	样本量	占比
看到别人遭受欺凌后的应对措施	旁观	66	10.2
	一起欺负	30	4.7
	阻止欺负	239	37.1
	求助	309	48.0

(8) 对欺凌的感受

在看到他人受欺凌的时候，感到同情的学生占比最大，为92.1%，而对别人实施欺凌后感到无所谓的人占比最大，为28.3%，对别人实施欺凌后感到不高兴的人较多，为21.0%，其次感到很不高兴的人占比为14.9%，感到非常高兴的人占比最小，为9.8%。由此可见，作为旁观者，多数学生对于校园欺凌的伤害有一定了解，对别人实施校园欺凌的学生其对校园欺凌的伤害也有一定的认识，多数并不会从欺凌中得到快乐。

表5-45 贵州省农村中小学生对欺凌的感受

单位：份，%

	感受	样本量	占比
看到别人被欺凌时你的感受	同情	593	92.1
	快乐	13	2.0
	无所谓	38	5.9
欺凌别人后你的感受？	非常高兴	63	9.8
	比较高兴	83	12.9
	高兴	85	13.2
	不高兴	135	21.0
	很不高兴	96	14.9
	无所谓	182	28.3

2. **家长、教师调查数据的分析**

(1) 调查对象的基本情况

本次调查贵州省共收集家长问卷样本总量为305份，其中有效样本

282份。被调查对象男性比例高,主要是汉族家长。在学历上,以小学、初中学历为主。在职业方面,多数家长依旧以农民为主。总体来说,贵州省被调查家长样本学历整体水平较低,家长职业构成比例十分不平衡,差异较大。具体内容如表5-46所示。

表5-46 家长样本基本情况

单位:份,%

		样本量	占比
性别	男	203	72.0
	女	79	28.0
民族	汉族	191	67.7
	少数民族	91	32.2
学历	无	33	11.7
	小学	131	46.5
	初中	109	38.7
	高中	8	2.8
	大学	1	0.4
职业	农民	200	70.9
	工人	27	9.6
	公务员	12	4.3
	个体户	43	15.2

本次贵州地区调查的教师样本共计71份,有效问卷为71份。被调查对象中,女性教师占据较大比例,汉族教师占据较大比例。另外,年龄跨度为19~56岁,整体年龄分布较为分散,其中36岁占比最高为11.3%,其次是28岁、40岁、29岁,占比为9.9%、9.9%、7%。年龄段集中于26~30岁及40~42岁。

被调查教师学历主要为本科、大专,多数为普通教师。具体内容如表5-47所示。

表 5-47 教师样本基本情况

单位：份，%

		样本量	占比
性别	男	31	43.7
	女	40	56.3
民族	汉族	67	94.4
	少数民族	4	5.6
学历	中专	1	1.4
	大专	5	7.0
	本科	61	85.9
	硕士研究生	4	5.6
职务情况	普通老师	55	77.5
	中层管理干部	13	18.3
	校长或书记（含副校长/副书记）	3	4.2

（2）对欺凌的认知及态度

根据表 5-48 可知，98.9%的家长都认识到欺凌具有不好的影响，95.8%的教师认为欺凌对学生身心具有不良影响。但在对欺凌行为进行定义时，仍存在差异性。绝大多数教师和家长都认为身体伤害是欺凌，其次 22.5%的家长认为骂人、说坏话是欺凌，22.0%的教师则认为散布流言是欺凌，在家长眼中起绰号、散布流言是欺凌的占比最低，在教师眼中起绰号和吐口水是欺凌的占比最低。当自己的孩子欺凌别人后，51.1%的家长认为是不好的，45.6%的家长还会要求孩子道歉。由此可知，多数家长、教师对校园欺凌行为都是持反对态度的，但他们对于什么是校园欺凌的认识还不够全面。

表 5-48 教师、家长对欺凌的认知及态度

单位：份，%

		样本量	占比
家长：什么是欺凌？	起绰号	146	15.9
	身体伤害	262	28.6
	骂人、说坏话	206	22.5

续表

		样本量	占比
家长：什么是欺凌？	吐口水	168	18.3
	散布流言	135	14.7
当孩子欺凌别人后您的态度是？	此行为很好	4	0.8
	此行为不好	242	51.1
	应该道歉	216	45.6
	无所谓	12	2.5
教师：什么是欺凌？	起绰号	36	14.6
	身体伤害	63	25.6
	骂人、说坏话	53	21.5
	吐口水	40	16.3
	散布流言	54	22.0

（3）校园欺凌的预防措施内容

通过数据分析，90.1%的家庭都会教导孩子如何预防校园欺凌，所有的教师也会普及预防校园欺凌的知识。在预防校园欺凌的措施上，教师主要通过安全教育和集体活动预防校园欺凌，家长主要通过增强孩子自我保护意识和要求孩子以身作则的方式预防欺凌，整体而言，家庭教育和学校教育在预防校园欺凌上具有共通之处，都存在较为传统的特点（见表5-49）。

表5-49 教师、家长预防措施内容

单位：份，%

		样本量	占比
教师教导的预防措施内容	安全教育	71	50.4
	集体活动	66	46.8
	以暴制暴	4	2.8
家长教导的预防措施内容	自我保护意识	221	49.1
	不能欺负他人	212	47.1
	反击	17	3.8

由图5-3可知，在政策方面，所有教师均表示学校有相关的政策或管理措施来规制或预防校园欺凌行为的发生。在对学校预防欺凌的政

策或管理制度是否有效果的看法上，被调查教师间存在一定差异，44%的教师认为效果很明显，53%的教师认为有一定效果，认为效果不明显的教师占比最低，为3%。由此可见，学校已经有针对校园欺凌的措施政策，但有关校园欺凌的政策和管理制度还需进一步完善。

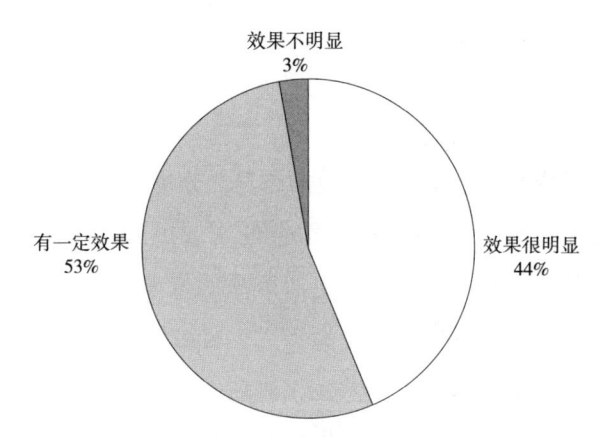

图 5-3 学校预防校园欺凌政策的实施效果

（4）当孩子遭遇欺凌后的应对措施

在孩子遭遇校园欺凌后，35.1%的家长会寻求老师帮助，一起解决问题。34.0%的家长会及时疏导孩子心态，并教授防御措施。而教师在处理校园欺凌时，42.8%的教师会及时阻止并安抚学生，31.7%的教师会同家长、领导沟通。由此可见，在孩子遭遇欺凌后，家长和教师都会倾向选择家校合作的方式处理欺凌问题。因此构建一个有效、便捷的家校合作桥梁十分重要（见表5-50）。

表 5-50 教师、家长在孩子遭遇欺凌后的应对措施

单位：份，%

	方式	样本量	占比
家长：孩子受到欺凌后您的处理方式？	息事宁人	14	2.2
	辅导安慰	217	34.0
	和老师一起解决	224	35.1
	报警	171	26.8
	让孩子反击	13	2.0

续表

方式		样本量	占比
教师:学生受到欺凌后您的处理方式?	息事宁人	1	0.7
	及时阻止并辅导	62	42.8
	通知家长、学校领导	46	31.7
	报警	35	24.1
	让受欺凌孩子反击	1	0.7

3. 贵州省农村中小学校园欺凌的差异性分析

通过描述性分析,调研组将学生性别、民族构成、是否为班干部、是否为独生子女、和谁一起生活等题项与学生遭受欺凌频次进行分析,发现在受欺凌频次上女生高于男生,少数民族学生高于汉族学生,非班干部学生高于班干部学生,非独生子女的学生高于独生子女的学生,与爷爷奶奶或外公外婆生活在一起的学生遭遇频次稍高于与父母生活在一起的学生,以及与其他人生活在一起的学生遭遇频次。通过 T 检验,发现学生性别、民族构成、是否为班干部、是否为独生子女、和谁一起生活在学生受欺凌频次上均不存在统计学意义上的显著性差异。

(1) 学生性别在遭遇欺凌频次上无显著差异

从表 5-51 中可以看出,在受欺凌频次上,男生、女生都遭遇欺凌,且男生比女生遭遇的欺凌更少。T 检验结果表明男女生受欺凌频次差异并没有达到统计学上显著意义水平($P>0.05$)。因此可以推断,男女生受欺凌频次没有显著差异。

表 5-51 学生性别在遭遇欺凌频次上的差异性分析

指标	男生	女生	T 值	P 值
受欺凌频次	2.72	2.84	-1.355	0.176

(2) 学生民族在遭遇欺凌频次上无显著差异

从表 5-52 中可以看出,在受欺凌频次上,汉族、少数民族学生都遭遇欺凌，且汉族学生比少数民族学生遭遇的欺凌更少。单因素方差检验结果表明汉族和少数民族学生受欺凌频次差异并没有达到统计学上显著意义水平（$P>0.05$）。因此可以推断，汉族和少数民族学生受欺凌频次没有显著差异。

表 5-52 不同民族学生在遭遇欺凌频次上的差异性分析

指标	汉族	少数民族	F 值	P 值
受欺凌频次	2.77	2.85	1.928	0.063

（3）学生是否为班干部在遭遇欺凌频次上无显著差异

从表 5-53 中可以看出，在受欺凌频次上，班干部、非班干部都遭遇欺凌。非班干部学生遭遇欺凌的频次高于班干部，T 检验结果表明班干部和非班干部学生受欺凌频次差异没有达到统计学上显著意义水平（$P>0.05$）。因此可以推断，班干部和非班干部学生受欺凌频次不存在显著差异。

表 5-53 学生是否为班干部在遭遇欺凌频次上的差异性分析

指标	班干部	非班干部	T 值	P 值
受欺凌频次	2.78	2.79	-0.060	0.952

（4）学生是否为独生子女在遭遇欺凌频次无显著差异

从表 5-54 中可以看出，在受欺凌频次上，独生子女、非独生子女学生都遭遇欺凌，且独生子女学生比非独生子女学生遭遇的欺凌更少。T 检验结果表明独生子女和非独生子女学生受欺凌频次差异没有达到统计学上显著意义水平（$P>0.05$）。因此可以推断，独生子女和非独生子女学生受欺凌频次不存在显著差异。

表 5-54 学生是否为独生子女在遭遇欺凌频次上的差异性分析

指标	独生子女	非独生子女	T 值	P 值
受欺凌频次	2.57	2.81	-1.703	0.089

(5) 学生与谁生活在一起在遭遇欺凌频次上无显著差异

从表 5-55 中可以看出，与父母生活在一起的学生和与爷爷奶奶或外公外婆生活在一起的学生，以及和其他人生活在一起的学生均较高频次地遭遇校园欺凌，其中与爷爷奶奶或外公外婆生活在一起的学生遭遇频次稍高于与父母生活在一起的学生，以及与其他人生活在一起的学生遭遇频次。进一步进行单因素方差分析检验（$P > 0.05$），可以认定学生与不同的人生活在一起在遭遇欺凌频次上没有显著差异。

表 5-55　学生与谁生活在一起在遭遇欺凌频次上的差异性分析

指标	父母	爷爷奶奶或外公外婆	其他人	F 值	P 值
受欺凌频次	2.75	2.91	2.85	1.009	0.365

（四）陕西省农村地区中小学校园欺凌情况分析

1. 学生的调查数据分析

（1）调查对象的基本情况

陕西地区学生样本总量为 1276 份，其中有效样本 1058 份，无效样本 218 份，样本有效率为 82.9%。本次学生样本为高中生群体，以汉族学生为主，在性别上分布较为均衡。年龄跨度从 14 岁到 19 岁，其中年龄为 17 岁的比例较大，占 34.8%。样本中多数学生未曾担任班干部，也不是独生子女，且 79.5% 的学生与父母生活在一起。具体情况如表 5-56 所示。

表 5-56　陕西省农村中小学生样本基本情况

单位：份，%

题目	选项	样本量	占比
学生性别	男	525	49.6
	女	533	50.4

续表

题目	选项	样本量	占比
民族构成	汉族	1056	99.8
	少数民族	2	0.2
是否为班干部	是	255	24.1
	否	803	75.9
是否为独生子女	是	233	22.0
	否	825	78.0
是否住校	是	508	48.0
	否	550	52.0
与谁一起生活	父母	841	79.5
	爷爷奶奶或外公外婆	137	12.9
	其他人	80	7.6

（2）陕西省农村中小学生对校园欺凌的认知

在对欺凌的认知上，被调查的对象中大部分都赞同身体伤害属于校园欺凌，较少的人赞成起绰号是校园欺凌行为的一种。其中，认为身体伤害和吐口水属于校园欺凌的学生占比较大，分别为29.1%和24.2%，而认为起绰号是校园欺凌的学生仅占9.4%。由此看来，在学生看来，造成身体直接伤害的更容易被认为是欺凌行为，而不易造成身体直接伤害的行为不太容易被认定为欺凌行为（见表5-57）。

表5-57 陕西省农村中小学生对校园欺凌的认知

单位：份，%

		样本量	占比
认为属于校园欺凌的行为的是？	起绰号	329	9.4
	身体伤害	1015	29.1
	说坏话	610	17.5
	吐口水	842	24.2
	在社交媒体上散布不好的信息	686	19.7

(3) 遭遇欺凌的频次

由图5-4可知，陕西地区调查样本中学生在遭受欺凌频次上存在一定差异，学生遭遇欺凌频次为一年一次或更少的比例较大，占46.90%，学生遭遇欺凌频次为每月一次及以上的比例次之，占26.80%，学生受欺凌频次为每周一次及以上的比例最低，占10.70%。由此可见，53.1%的学生每月内至少遭遇一次校园欺凌，校园欺凌情况较为普遍。

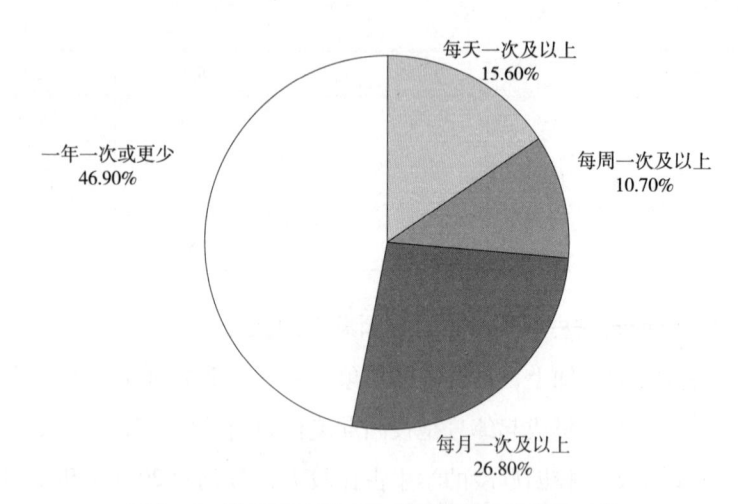

图5-4 陕西省农村中小学生遭遇欺凌频次统计

(4) 遭遇的欺凌类型及实施欺凌的类型

由表5-58可知，被调查的对象中大部分都遭受过被起绰号以及被说坏话的欺凌行为，占比分别为50.2%和23.7%，遭遇过被吐口水的最少，仅有4.5%。在所调查的样本中，对别人实施过欺凌的人数占比较大，占54.2%，从未对别人实施过欺凌的人数占比较小，为45.8%。对别人实施过欺凌的学生中，排在首位的欺凌行为是起绰号，占比56.3%，其次是说坏话和身体伤害，占比为17.9%和15.5%。由此可见，在校园欺凌中，较为普遍的欺凌行为是起绰号、说坏话等言语性欺凌。

表 5-58　陕西省农村中小学生遭遇及实施欺凌的类型

单位：份，%

	行为	样本量	占比
遭遇过哪些欺凌？	被起绰号	876	50.2
	身体伤害	220	12.6
	被说坏话	414	23.7
	被吐口水	78	4.5
	通过媒体散布不好信息	158	9.0
对别人实施过哪些欺凌？	起绰号	487	56.3
	身体伤害	134	15.5
	说坏话	155	17.9
	吐口水	45	5.2
	通过媒体散布不好信息	44	5.1

（5）被欺凌的原因和欺凌别人的原因

由表 5-59 可知，遭受欺凌的对象大部分都认为自身遭受欺凌主要是由于自身瘦弱力量小及好看遭嫉妒。其中，28.8%的学生认为被欺凌的原因是自身瘦弱力量小，23.4%的学生认为被欺凌的原因是好看遭嫉妒，被欺凌原因为家庭贫困或家庭富有的占比最低，均为 8.7%。而调查对别人实施欺凌的原因主要也是对方力量弱小及对方外貌的关系。其中，22.8%的学生因别人瘦弱力量小而实施欺凌，22.6%的学生因嫌弃对方难看而实施欺凌，18.0%的学生因对方好看而实施欺凌，由于别人贫穷和别人成绩好而对别人实施欺凌占比较低，分别为 8.2%和 6.5%。由此看来，在学生遭受校园欺凌的原因中，学生更容易由于弱小或是外貌而遭受欺凌，由于家境状况遭受欺凌的情况较少。

表 5-59　陕西省农村中小学生遭受和实施欺凌的原因

单位：份，%

	原因	样本量	占比
你认为自身遭遇欺凌的原因是？	好看遭嫉妒	323	23.4
	难看遭讨厌	138	10.0
	家庭富有	120	8.7

续表

原因		样本量	占比
你认为自身遭遇欺凌的原因是?	家庭贫困	120	8.7
	成绩差	130	9.4
	成绩好	151	10.9
	瘦弱力量小	397	28.8
你欺凌别人的原因是?	别人好看	94	18.0
	别人难看	118	22.6
	别人富有	54	10.3
	别人贫穷	43	8.2
	别人成绩差	61	11.7
	别人成绩好	34	6.5
	别人瘦弱力量小	119	22.8

（6）发生欺凌的场所及欺凌者来源

陕西地区调查样本中学生在容易受欺凌地点上存在一定差异，其中，厕所和教室为最容易受欺凌的地点，占比为46.2%和36.2%，操场和食堂发生欺凌行为的占比最低，分别为2.7%和1.7%。在欺凌者的构成情况中，同班同学和同年级不同班同学构成比例较大，分别为45.9%和34.6%，欺凌者为更低年级同学比重较低，仅有3.6%。在遭受其他人员欺凌情况上，84.1%的学生没有受到其他人员的欺凌。遭受过其他人员欺凌的学生中，受教师欺凌的学生比重较大，占11.3%（见表5-60）。在其他人员实施的欺凌行为中，骂学生或说学生坏话占较大比例，为40%，其次是其他人员对学生进行身体伤害比重较大，为28.3%，最后是给学生起绰号的行为，占比为27.8%。

由此可见，在遭受过欺凌的对象中大部分都遭受的是同班同学的欺凌或是同年级不同班同学的欺凌。学校其他人员的欺凌主要来自教师的欺凌，表现为骂学生或说学生坏话。

表 5-60 陕西省农村中小学校园欺凌发生的场所及欺凌者来源

单位：份，%

	题项	样本量	占比
欺凌发生的场所是何处？	教室	383	36.2
	厕所	489	46.2
	楼梯走廊	82	7.8
	食堂	18	1.7
	操场	29	2.7
	其他地方	57	5.4
实施欺凌者来自哪里？	同班同学	740	45.9
	同年级不同班同学	557	34.6
	高年级同学	257	15.9
	更低年级同学	58	3.6
还遭到过其他哪些人的欺凌？	教师	120	11.3
	后勤人员	20	1.9
	学校行政人员	29	2.7
	都没有	889	84.1

（7）遭遇欺凌后的应对措施

由表 5-61 可知，在遭受校园欺凌后，学生往往会主动寻求解决措施，而选择忍气吞声的较少。其中，72.4% 的学生会选择寻求外援，如向同学、亲人或老师、警察寻求帮助，19.8% 的学生会以相同方式对欺凌行为进行反击，选择忍气吞声的学生最少，为 7.8%。且绝大多数学生面对他人受欺凌的情况时，也会选择向老师或其他方面求助，占 51.7%，24.2% 的学生会选择阻止他人进行欺凌，只有 2.7% 的学生会加入欺凌。由此可见，在面对校园欺凌时，多数学生都有较为明确的应对措施。

表 5-61 陕西省农村中小学生遭遇欺凌后的应对措施

单位：份，%

	措施	样本量	占比
自身遭遇欺凌后的处理方式	向亲人求助	357	20.1
	向老师学校求助	337	19.0
	报警	201	11.3

续表

措施		样本量	占比
自身遭遇欺凌后的处理方式	向同学求助	389	22.0
	反击	350	19.8
	忍气吞声	138	7.8
看到别人遭遇欺凌后的应对措施	旁观	226	21.4
	一起欺负	29	2.7
	阻止欺负	256	24.2
	求助	547	51.7

（8）对欺凌的感受

在看到他人受欺凌的时候，感到同情的学生占比最大，为85.3%，而对别人实施欺凌后感到无所谓的人占比最大，为42.7%，对别人实施欺凌后感到不高兴的人较多，为16.0%，其次为感到很不高兴的人比重较大为14.6%，感觉到比较高兴的人占比最小，为5.3%。由此可见，多数学生对于校园欺凌的伤害有一定了解，但对别人实施校园欺凌的学生其对校园欺凌伤害的认知还有待提高（见表5-62）。

表5-62 陕西省农村中小学生对欺凌的感受

单位：份，%

感受		样本量	占比
看到别人被欺凌时你的感受？	同情	903	85.3
	快乐	25	2.4
	无所谓	130	12.3
欺凌别人后你的感受？	非常高兴	49	8.4
	比较高兴	31	5.3
	高兴	75	12.9
	不高兴	93	16.0
	很不高兴	85	14.6
	无所谓	248	42.7

2. 家长、教师调查数据分析

（1）调查对象的基本情况

本次陕西省共收集家长问卷样本总量为255份，其中有效样本214

份,无效样本 41 份,样本有效率为 83.9%。本次调查的家长样本全是汉族,女性家长更多,占 57.5%,年龄跨度为 21~70 岁,其中 41~50 岁的家长占据多数。被调查家长多数都是初中学历,以农民为主,符合农村地区的情况。具体内容如表 5-63 所示。

表 5-63 家长样本的基本情况

单位:份,%

题目	选项	样本量	占比
性别	男	91	42.5
	女	123	57.5
年龄	21~30 岁	8	3.7
	31~40 岁	88	41.1
	41~50 岁	110	51.4
	51~60 岁	5	2.3
	61~70 岁	3	1.4
学历水平	小学	13	6.1
	初中	132	61.7
	高中	47	22.0
	专科	16	7.5
	本科	5	2.3
	硕士及以上	1	0.5
职业	农民	149	69.6
	工人	19	8.9
	个体户	41	19.2
	公务员	5	2.3

本次陕西地区教师样本总量为 64 份,其中有效样本 63 份,无效样本 1 份,样本有效率为 98.4%。本次调查的教师样本其职务皆是普通教师,在民族构成上,以汉族为主;且女性教师占据多数,达到了 66.7%;教师的学历主要为本科,年龄集中于 31~50 岁。具体内容如表 5-64 所示。

表 5-64 教师样本基本情况

单位：份，%

题目	选项	样本量	占比
性别	男	21	33.3
	女	42	66.7
民族构成	汉族	62	98.4
	少数民族	1	1.6
年龄	21~30 岁	16	25.4
	31~40 岁	25	39.7
	41~50 岁	20	31.7
	51~60 岁	2	3.2
学历水平	专科	1	1.6
	本科	55	87.3
	硕士及以上	7	11.1

（2）对欺凌的认知及态度

根据表 5-65，93% 的家长都认识到欺凌具有不好的影响，所有教师均认为欺凌对学生身心具有不良影响。但在对欺凌行为进行定义时，仍存在差异性。绝大多数教师和家长都认为身体伤害是欺凌，其次 21.9% 的家长认为散布流言是欺凌，21.8% 的教师则认为吐口水、散布流言是欺凌，在家长和教师眼中起绰号是欺凌的占比最低，表明多数家长和教师对于欺凌的认识还不够全面。当自己的孩子欺凌别人后，49.3% 的家长认为是不好的，49.0% 的家长还会要求孩子道歉。由此可知，多数家长对校园欺凌行为是持反对态度的。

表 5-65 教师、家长对欺凌的认知及态度

单位：份，%

		样本量	占比
家长：什么是欺凌？	起绰号	66	10.5
	身体伤害	181	28.9
	骂人说坏话	126	20.1
	吐口水	117	18.7
	散布流言	137	21.9

续表

		样本量	占比
当孩子欺凌别人后您的态度是？	此行为很好	1	0.3
	此行为不好	179	49.3
	应该道歉	178	49.0
	无所谓	5	1.4
教师：什么是欺凌？	起绰号	31	12.3
	身体伤害	63	25.0
	骂人说坏话	48	19.0
	吐口水	55	21.8
	散布流言	55	21.8

（3）校园欺凌的预防措施内容

通过数据分析我们可以发现，73.4%的家庭都会教导孩子如何预防校园欺凌，88.9%的教师也会普及预防校园欺凌的知识。在预防校园欺凌的措施上，教师主要通过安全教育和集体活动预防校园欺凌，家长主要通过增强孩子自我保护意识和要求孩子以身作则的方式预防欺凌，整体而言，家庭教育和学校教育在预防校园欺凌上具有共通之处（见表5-66）。

表5-66 教师、家长预防校园欺凌的措施内容

单位：份，%

		样本量	占比
教师教导的预防措施内容	安全教育	165	52.4
	集体活动	148	47.0
	以暴制暴	2	0.6
家长教导的预防措施内容	自我保护意识	145	51.2
	不能欺负他人	129	45.6
	反击	9	3.2

在政策方面，95.2%的教师表示学校有相关的政策或管理措施来规制或预防校园欺凌行为的发生。但教师在对学校预防校园欺凌的政策或管理制度是否有效果的看法上存在一定差异，82.50%的教师认为有一定效果，11.10%的教师认为效果不明显，认为效果很明显及一点效果都没有的教师占比最低，分别为4.80%和1.60%（见图5-5）。由此

可见，学校有关校园欺凌的政策和管理制度还需进一步完善。

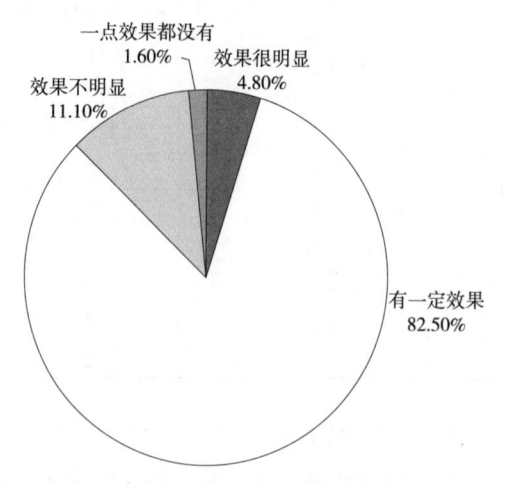

图 5-5　学校预防校园欺凌政策的实施效果

- 一点效果都没有 1.60%
- 效果很明显 4.80%
- 效果不明显 11.10%
- 有一定效果 82.50%

（4）当学生/孩子遭遇欺凌后的应对措施

在孩子遭遇校园欺凌后，37.9%的家长会寻求老师帮助，一起解决问题。33.5%的家长会及时疏导孩子心态，并教授防御措施。而在处理校园欺凌时37.5%的教师会及时阻止并安抚学生，32.1%的教师则会报警处理，29.2%的教师会同家长、领导沟通。因此，在学生/孩子遭遇欺凌后，家长选择的处理方式是辅导安慰以及家校合作，而教师则是及时阻止并辅导安慰以及引入强劲外援。由此可见，家长和教师对于孩子遭受欺凌后应对措施的不同，暴露出在处理校园欺凌问题上，家校间并未形成较为一致的处理方式。

表 5-67　教师、家长在学生/孩子遭遇欺凌后的应对措施

单位：份，%

	方式	样本量	占比
家长：孩子受到欺凌后您的处理方式？	息事宁人	8	1.7
	辅导安慰	160	33.5
	和老师一起解决	181	37.9
	报警	125	26.2
	让孩子反击	4	0.8

续表

方式		样本量	占比
教师：学生受到欺凌后您的处理方式？	息事宁人	1	0.6
	及时阻止并辅导安慰	63	37.5
	通知家长、学校领导	49	29.2
	报警	54	32.1
	让受欺凌学生反击	1	0.6

3. 陕西省农村中小学校园欺凌的差异性分析

本次调查将学生的性别、民族构成、是否为班干部、是否为独生子女、是否住校以及与谁生活在一起的基本信息与学生受欺凌频次的情况进行了差异性分析，通过进行 T 检验，发现学生住校与否、学生是否为班干部、学生性别在学生受欺凌的频次上具有显著差异性，而学生的民族、家庭子女数量（是否为独生子女）及与谁生活在一起在其受欺凌频次上并无显著差异。

（1）学生性别在遭受欺凌频次上有显著差异

在遭遇欺凌频次上，女生遭遇频次高于男生遭遇频次。通过进行 T 检验（$P<0.05$）可以推断，男女性别不同在遭遇欺凌频次上有显著差异（见表5-68）。

表5-68　学生性别在遭受欺凌频次上的差异性分析

指标	男生	女生	T 值	P 值
受欺凌频次	2.95	3.13	-2.438	0.015

（2）学生是否为班干部在遭受欺凌频次上有显著差异

在遭遇欺凌频次上，是班干部和非班干部的学生均较高频次地遭遇校园欺凌，其中是班干部的学生遭遇频次稍高于非班干部学生遭遇频次。通过进行 T 检验（$P<0.05$）可以认定，学生是否为班干部在遭遇欺凌频次上有极其显著的差异性（见表5-69）。

表 5-69　学生是否为班干部在遭受欺凌频次上的差异性分析

指标	班干部	非班干部	T 值	P 值
受欺凌频次	3.20	3.00	2.583	0.01

(3) 学生是否住校在遭受欺凌频次上有显著差异

在遭遇欺凌频次上，住校和不住校的学生均较高频次地遭遇校园欺凌，其中住校的学生遭遇频次稍高于不住校的学生遭遇频次。通过进行 T 检验（$P<0.05$）可以推断，学生是否住校在遭遇欺凌频次上有显著差异（见表 5-70）。

表 5-70　学生是否住校在遭受欺凌频次上的差异性分析

指标	住校	不住校	T 值	P 值
受欺凌频次	3.13	2.97	2.340	0.019

(4) 学生民族在遭遇欺凌频次上无显著差异

在受欺凌频次上，汉族和少数民族学生均较高频次遭遇校园欺凌，其中汉族学生遭遇频次稍高于少数民族学生遭遇频次。通过进行 T 检验，结果表明汉族和少数民族学生受欺凌频次差异并没有达到统计学上显著意义水平（$P>0.05$）。因此可以推断，汉族和少数民族学生受欺凌频次没有显著差异（见表 5-71）。

表 5-71　不同民族学生在遭遇欺凌频次上的差异性分析

指标	汉族	少数民族	T 值	P 值
受欺凌频次	3.05	3.00	1.489	0.137

(5) 学生是否为独生子女在遭遇欺凌频次上无显著差异

从描述信息可以看出，在受欺凌频次上，独生子女学生和非独生子女学生均较高频次地遭遇校园欺凌，其中是独生子女的学生遭遇频次稍高于非独生子女学生遭遇频次。通过进行 T 检验，结果表明独生子女学生和非独生子女学生受欺凌频次的差异没有达到统计学上显著意义水平（$P>0.05$）。因此推断，独生子女学生和非独生子女学生受欺凌频次不存在显著差异（见表5-72）。

表5-72　学生是否为独生子女在遭遇欺凌频次上的差异性分析

指标	独生子女	非独生子女	T值	P值
受欺凌频次	3.09	3.04	0.564	0.573

（6）学生与谁生活在一起在遭遇欺凌频次上无显著差异

在遭遇欺凌频次上，与父母生活在一起的学生和与爷爷奶奶或外公外婆生活在一起的学生均较高频次地遭遇校园欺凌，其中与爷爷奶奶或外公外婆生活在一起的学生遭遇频次稍高于与父母生活在一起的学生遭遇频次。通过进行T检验（$P>0.05$）可以认定，学生与不同的人生活在一起在遭遇欺凌频次上没有显著差异（见表5-73）。

表5-73　学生与谁生活在一起在遭遇欺凌频次上的差异性分析

指标	父母	爷爷奶奶或外公外婆	T值	P值
受欺凌频次	2.75	2.91	-1.327	0.185

注：未对"其他人"进行分析。

（五）甘肃省农村地区中小学校园欺凌情况分析

1. 学生的调查数据分析

（1）调查对象的基本情况

甘肃学生样本总量为718份，其中有效样本479份。调查对象年龄跨度为8~20岁，其中年龄以13岁的比例最高，为16.1%，其次是11岁、16岁，占比为13.8%、13.2%。本次调查样本在性别和是否住校上的分布相对均衡，在是否为班干部及独生子女的题项上区分较为明显。具体情况如表5-74所示。

表 5-74　甘肃省农村中小学生样本基本情况

单位：份，%

题目	选项	样本量	占比
学生性别	男	267	55.7
	女	212	44.3
民族构成	汉族	470	98.1
	少数民族	9	1.9
是否为班干部	是	115	24.0
	否	364	76.0
是否为独生子女	是	92	19.2
	否	387	80.8
是否住校	是	230	48.0
	否	249	52.0
与谁一起生活	父母	420	87.7
	爷爷奶奶或外公外婆	41	8.6
	其他人	18	3.8

（2）对欺凌的认知

被调查的对象中认为在社交媒体上散布不好的信息是校园欺凌的比例最低，为 6.3%，认为说坏话是欺凌的，占比 20.6%，认为起绰号是校园欺凌的比例最高，为 43.4%。由此可见，被调查对象对校园欺凌的认知还不够全面（见图 5-6）。

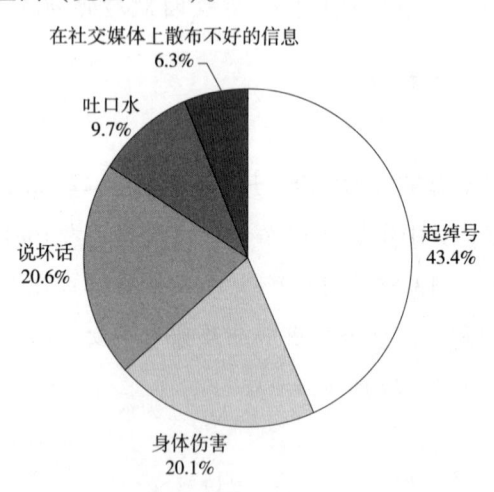

图 5-6　甘肃省农村中小学生对欺凌的认知

- 在社交媒体上散布不好的信息 6.3%
- 吐口水 9.7%
- 说坏话 20.6%
- 身体伤害 20.1%
- 起绰号 43.4%

(3) 遭遇欺凌的频次

通过数据分析，可以看出多数学生遭遇校园欺凌的次数为每周一次及以上，其次遭遇欺凌的频次为每月一次及以上。其中，每天都会遭遇至少一次校园欺凌的学生占比为18.6%（见图5-7）。具体到各个学段，在小学阶段，受欺凌频次按比重大小排序为每月一次及以上、每天一次及以上、每周一次及以上。在初中阶段，受欺凌频次按比重大小排序为每周一次及以上、只有一次、每月一次及以上，高中阶段则是只有一次、每周一次及以上、每月一次及以上。由此可见，校园欺凌情况较为普遍，多数学生都深陷校园欺凌的旋涡之中，且小学阶段的校园欺凌现象更为严重。

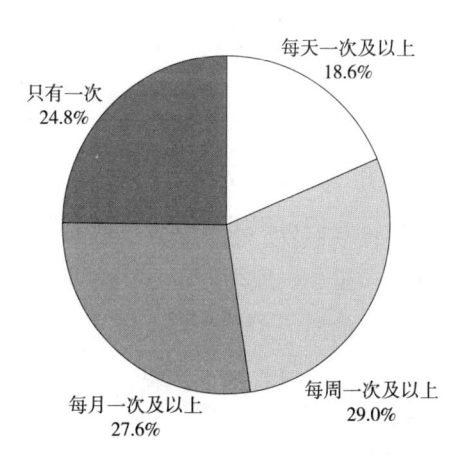

图5-7 甘肃省农村中小学生遭受欺凌的频次

（只有一次 24.8%；每天一次及以上 18.6%；每月一次及以上 27.6%；每周一次及以上 29.0%）

(4) 遭遇的欺凌类型及实施欺凌的类型

由表5-75可知，被调查对象遭受最多的欺凌行为是被起绰号，占比为43.4%，其次为被说坏话、身体伤害，占比分别为20.6%、20.1%，在社交媒体上被散布不好信息占比最低为6.3%。64.4%的学生并未欺凌过别人，而在对别人实施欺凌的学生中，主要进行了起绰号（16.9%）身体伤害（6.7%）、说坏话（6.3%）等欺凌行为，由此可见，甘肃省校园欺凌的欺凌行为主要是言语伤害和身体伤害，其中言语伤害占据主要地位。

表 5-75　甘肃省农村中小学生遭遇及实施欺凌的类型

单位：份，%

	行为	样本量	占比
遭遇过哪些欺凌？	被起绰号	337	43.4
	身体伤害	156	20.1
	被说坏话	160	20.6
	被吐口水	75	9.7
	在社交媒体上被散布不好信息	49	6.3
对别人实施过哪些欺凌？	起绰号	83	16.9
	身体伤害	33	6.7
	说坏话	31	6.3
	吐口水	15	3.1
	在社交媒体上散布不好信息	13	2.6
	均无	316	64.4

（5）被欺凌的原因和欺凌别人的原因

通过调查数据分析，我们可以发现在被欺凌者眼中，自身遭受欺凌的原因主要表现为瘦弱力量小、成绩好，其次为家庭贫困、成绩差。而在欺凌者眼中，欺凌别人的原因主要是别人瘦弱、别人富有，其次是别人成绩差、别人好看。由此可以看出，外貌、成绩、家境是产生校园欺凌的重要原因（见表 5-76）。

表 5-76　甘肃省农村中小学生遭遇和实施欺凌的原因

单位：份，%

	原因	样本量	占比
你认为自身遭遇欺凌的原因是？	好看遭嫉妒	49	7.6
	难看遭讨厌	35	5.4
	家庭富有	53	8.2
	家庭贫困	81	12.5
	成绩差	56	8.7
	成绩好	188	29.1
	瘦弱力量小	184	28.5

续表

	原因	样本量	占比
你欺凌别人的原因是?	别人好看	16	13.3
	别人难看	12	10.0
	别人富有	18	15.0
	别人贫穷	8	6.7
	别人成绩差	17	14.2
	别人成绩好	10	8.3
	别人瘦弱	39	32.5

(6) 欺凌发生的场所及欺凌者来源

通过描述性分析我们可以发现,欺凌发生的场所较为广泛,厕所、走廊等地方都会发生校园欺凌,其中厕所这类较为隐蔽、狭小的场所更容易发生校园欺凌,且欺凌者一般来自同班同学和同年级不同班的学生(见表5-77)。78.9%的学生未曾遭遇过学校其他人员的欺凌,在遭遇过其他人员欺凌的学生中,主要遭受来自教师的欺凌。欺凌表现为被辱骂(30.7%)、身体被伤害(29.9%)、被起绰号(28.3%)等。由此可见,欺凌的发生主要集中于熟悉的、有直接交流的人群中。

表5-77 甘肃省农村中小学校园欺凌发生的场所及欺凌者来源

单位:份,%

	题项	样本量	占比
欺凌发生的场所是何处?	教室	125	26.1
	厕所	197	41.1
	楼梯走廊	35	7.3
	食堂	59	12.3
	操场	52	10.9
	其他地方	11	2.3
实施欺凌者来自哪里?	同班同学	325	51.3
	同年级不同班同学	168	26.5
	高年级同学	115	18.2
	低年级同学	25	3.9

题项		样本量	占比
还遭到过哪些人的欺凌？	教师	55	11.5
	后勤人员	33	6.9
	学校行政人员	13	2.7
	都没有	378	78.9

（7）遭遇欺凌后的应对措施

由表5-78可知，在遭受欺凌后，多数学生会选择求助、报警等方式，其次会选择反击回去，只有少数学生会选择忍气吞声。其中，选择求助的学生偏向于向有话语权的对象求助，如35.9%的学生向亲人求助，25.3%的学生向警察求助，11.9%的学生向老师求助，只有9.5%的学生向同学求助。在看到其他人被欺凌时，绝大多数的学生依旧选择求助。

具体到各学段，初中、高中生在遭遇欺凌后，占比最低的应对措施为反击和忍气吞声，而小学生在遭遇欺凌后，占比最低的应对措施为报警和反击。由此可见，初中生和高中生除求助外，已经开始懂得用法律武器保护自己，而小学生的法律意识还不足，在被欺凌后除求助外，多选择忍气吞声。

表5-78　甘肃省农村中小学生对自己和他人被欺凌后的应对措施

单位：份，%

	措施	样本量	占比
自身遭遇欺凌后的处理方式	向亲人求助	193	35.9
	向老师学校求助	64	11.9
	报警	136	25.3
	向同学求助	51	9.5
	反击	47	8.8
	忍气吞声	46	8.6
看到别人遭遇欺凌后的应对措施	旁观	43	9.0
	一起欺负	13	2.7
	阻止欺负	109	22.8
	求助	314	65.6

(8) 对欺凌的感受

84.3%的学生在看到别人被欺凌时会感到同情，12.1%的学生会感到无所谓，而欺凌者在欺凌别人后，29.6%的学生会感到不高兴，其次为很不高兴和无所谓。由此可见，部分学生对校园欺凌的认识不够，还需不断加强校园欺凌危害知识的教育普及（见表5-79）。

表5-79 甘肃省农村中小学生对欺凌的感受

	感受	样本量	占比
看到其他人被欺凌你的感受？	同情	404	84.3
	快乐	17	3.5
	无所谓	58	12.1
欺凌别人后你的感受？	非常高兴	11	8.8
	比较高兴	6	4.8
	高兴	11	8.8
	不高兴	37	29.6
	很不高兴	30	24.0
	无所谓	30	24.0

2. 家长、教师调查数据分析

（1）调查对象的基本情况

甘肃家长问卷样本总量为38份，其中有效样本38份，无效样本0份，样本有效率为100%，本次家长调查样本全为汉族，年龄范围为31~42岁，其中33~35岁占比最高，占比42.1%。学历水平主要集中在初中、高中、专科阶段。部分内容如表5-80所示。

表5-80 家长问卷样本基本情况

单位：份，%

题目	选项	样本量	占比
性别	男	16	42.1
	女	22	57.9
学历水平	小学	2	5.3
	初中	13	34.2
	高中	8	21.1
	专科	8	21.1
	本科	7	18.4

续表

题目	选项	样本量	占比
职业	农民	8	21.1
	工人	6	15.8
	个体户	11	28.9
	公务员	13	34.2

甘肃教师问卷样本总量为60份，其中有效样本47份，无效样本13份，样本有效率为78.3%。本次调查对象全是汉族，年龄范围为28～55岁，主要集中于32～40岁，占比74.5%。男女样本分布较为均衡，学历水平以本科为主，部分内容如表5-81所示。

表5-81 教师问卷样本基本情况

单位：份，%

题目	选项	样本量	占比
性别	男	21	44.7
	女	26	55.3
学历水平	专科	6	12.8
	本科	39	83.0
	硕士及以上	2	4.3
职务情况	普通老师	44	93.6
	中层管理干部	3	6.4

（2）对欺凌的认知及态度

94.7%的家长认识到欺凌对孩子身心皆有不良影响，所有教师认为欺凌对孩子身心皆不好。在对什么是欺凌的认知上，家长和教师也具有共性，多数家长和教师都赞同身体伤害、骂人说坏话是欺凌行为，但在对散布流言是否为欺凌行为的认识上，家长和教师持不同态度，其中家长中较少部分认为散布流言是欺凌，但教师则认同比例更高一些。由此可见，家长和教师在对欺凌行为的认知上不够统一，不够深入（见表5-82）。

表 5-82 家长、教师对欺凌的认知及态度

单位：份，%

		样本量	占比
家长：什么是欺凌？	起绰号	27	18.1
	身体伤害	38	25.5
	骂人说坏话	35	23.5
	吐口水	28	18.8
	散布流言	21	14.1
当孩子欺凌别人后您的态度是？	此行为不好	36	63.2
	应该道歉	19	33.3
	无所谓	2	3.5
教师：什么是欺凌？	起绰号	29	16.9
	身体伤害	40	23.3
	骂人说坏话	36	20.9
	吐口水	32	18.6
	散布流言	35	20.3

（3）预防欺凌的措施内容

通过调查，家长有预防欺凌措施的和没有措施的各占50%。而教师有针对校园欺凌的预防措施的比例高，为97.9%。在预防措施的内容上，家长以增强学生自我保护意识为主，教师则以安全教育为主。由此可见，在预防措施的内容上，教师和家长都是从学生自身出发来采取预防措施的，外部环境上的预防措施还有待加强（见表5-83）。

表 5-83 家长、教师预防欺凌的措施内容

单位：份，%

		样本量	占比
教师教导的预防措施内容	安全教育	43	50.6
	集体活动	37	43.5
	以暴制暴	5	5.9
家长教导的预防措施内容	自我保护意识	32	47.8
	不能欺负他人	29	43.3
	反击	6	9.0

在政策方面，97.9%的教师所在学校有相关政策措施来预防校园欺凌。在对于学校预防欺凌的政策或管理制度是否发挥了效果的调查上，教师间观念存在一定差异，68.1%的教师认为这些政策制度有一定效果，17.0%的教师认为效果很明显，14.9%的教师则认为效果不明显。由此可见，学校有关校园欺凌的政策和管理制度还需进一步完善（见图5-8）。

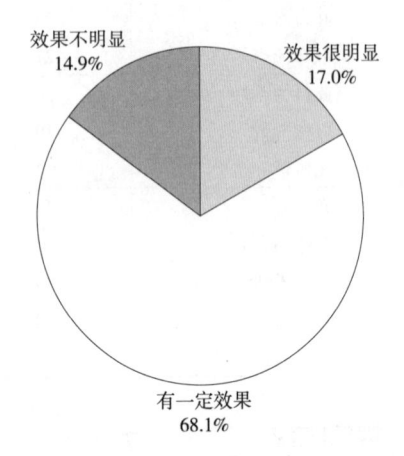

图5-8 学校政策在预防校园欺凌上的效果

(4) 当孩子/学生遭遇欺凌后的应对措施

通过调查发现，当孩子/学生遭遇欺凌后，多数家长和教师都会选择家校合作的方式解决问题，并及时安慰学生，对学生进行心理辅导。报警也成为教师、家长一个选择率较高的选项。由此可见，在孩子遭遇欺凌后，家长、教师的处理方式已经较为妥帖。

表5-84 教师、家长在孩子/学生遭遇欺凌后的应对措施

单位：份，%

	方式	样本量	占比
家长：孩子受到欺凌后您的处理方式？	息事宁人	8	9.9
	辅导安慰	25	30.9
	和老师学校一起解决	26	32.1
	报警	18	22.2
	让孩子反击	4	4.9

续表

方式		样本量	占比
教师：学生受到欺凌后您的处理方式？	息事宁人	3	3.0
	及时阻止并辅导安慰	46	45.5
	通知家长、学校领导	32	31.7
	报警	19	18.8
	让受欺凌孩子反击	1	1.0

3. 甘肃省农村中小学校园欺凌的差异性分析

本次调查将学生的性别、民族构成、是否为班干部、是否为独生子女与学生受欺凌频次的情况进行了差异性分析，通过进行 T 检验，发现学生民族构成在学生受欺凌的频次上具有显著差异，而学生的性别、班级职务、家庭子女数量（是否为独生子女）在其受欺凌频次上并无显著差异。

（1）学生民族构成在遭受欺凌的频次上具有显著的差异

从表 5-85 中可以看出，在受欺凌频次上，少数民族学生比汉族学生遭遇的欺凌更少。T 检验结果表明汉族和少数民族学生受欺凌频次差异达到统计学上显著意义水平（$P<0.05$）。因此可以推断，汉族和少数民族受欺凌频次存在显著差异（见表 5-85）。

表 5-85　学生民族在遭遇欺凌频次上的差异性分析

指标	汉族	少数民族	T 值	P 值
受欺凌频次	2.60	1.67	2.657	0.008

（2）学生性别在遭遇欺凌的频次上无显著差异

由表 5-86 可知，在受欺凌频次上，男生比女生遭遇的欺凌更少。T 检验结果表明男女生受欺凌频次差异并没有达到统计学上显著意义水平（$P>0.05$）。因此可以推断，男女生受欺凌频次没有显著差异。

表 5-86 学生性别在遭遇欺凌频次上的差异性分析

指标	男生	女生	T 值	P 值
受欺凌频次	2.58	2.60	-0.229	0.819

（3）学生是否为独生子女在遭遇欺凌的频次上无显著差异

由表 5-87 可知，在受欺凌频次上，独生子女、非独生子女学生都很少遭遇欺凌，且非独生子女学生比独生子女学生遭遇的欺凌更少。T 检验结果表明，独生子女和非独生子女学生受欺凌频次差异没有达到统计学上显著意义水平（P＞0.05）。因此可以推断，独生子女和非独生子女学生受欺凌频次不存在显著差异。

表 5-87 学生是否为独生子女在遭遇欺凌频次上的差异性分析

指标	独生子女	非独生子女	T 值	P 值
受欺凌频次	2.65	2.57	0.662	0.508

（4）学生是否为班干部在遭遇欺凌的频次上无显著差异

由表 5-88 可知，在受欺凌频次上，班干部、非班干部学生都很少遭遇欺凌，且班干部学生比非班干部学生遭遇的欺凌更少。T 检验结果表明，班干部和非班干部学生受欺凌频次差异没有达到统计学上显著意义水平（P＞0.05）。因此可以推断，班干部和非班干部学生受欺凌频次不存在显著差异。

表 5-88 学生是否为班干部在遭遇欺凌频次上的差异性分析

指标	班干部	非班干部	T 值	P 值
受欺凌频次	2.58	2.59	-0.047	0.963

四 调查结果分析

（一）校园欺凌行为发生的基本情况

通过抽取部分西部农村中小学的学生、家长、教师进行问卷调查，我们发现西部农村地区中小学校园欺凌现象较为普遍。其中，在学段上，初中学校发生校园欺凌的频率最高，有56.3%的初中学生对其他人实施过欺凌，而小学和高中学段校园欺凌现象相对较少；住校生高于非住校生，与父母之外的亲人一起生活的学生更容易遭到欺凌。在欺凌频次上，学生遭遇欺凌频次为只有一次的占37.3%，28.7%的学生遭遇欺凌频次为每月一次及以上，17.2%的学生受欺凌频次为每周一次及以上，16.8%的学生受欺凌频次为每天一次及以上。在性别差异方面，男女生人数之间并没有产生较大的差异，但女生遭遇校园欺凌的频次高于男生遭遇频次。在民族构成方面，少数民族学生遭遇欺凌的频次稍高于汉族学生遭遇频次。是班干部的学生遭遇欺凌频次稍高于非班干部学生，非独生子女遭遇欺凌的频次高于独生子女。

（二）对校园欺凌的认知及态度

通过调查我们可以发现，较多的学生、家长及教师对校园欺凌的认知存在偏差，仅有16.6%的学生、15.0%的家长认为在社交媒体上散布流言是欺凌，16.9%的教师认为起绰号是欺凌。这种对校园欺凌行为的认知偏差，会影响其对校园欺凌的处理方式和态度，极易出现对校园欺凌重视程度不足的情况，助长校园欺凌之风。而在对校园欺凌的态度上，仍有部分学生在看到别人受欺凌时，选择旁观、加入欺凌，仍有家长在自己孩子欺凌别人后表示无所谓，仍有教师在校园欺凌发生后进行消极处理。由此可见，需要进一步加强学生、家长及教师对校园欺凌危害的认识，纠正其认知偏差。

（三）校园欺凌行为的类型及发生场所

调查结果显示，目前西部地区农村中小学校园欺凌行为主要涉及起绰号、说坏话、身体伤害、吐口水、散布流言五种类型，其中起绰号、说坏话这种言语性的校园欺凌是目前西部地区农村中小学最常见的两种校园欺凌行为，但身体伤害也占据着较高的比例，不容忽视。校园欺凌事件发生的场所多为厕所、教室等不易被监控观察到的地方，使得欺凌行为不能被及时发现。

（四）校园欺凌产生的原因及欺凌者来源

通过对校园欺凌中欺凌者和被欺凌者的调查，校园欺凌发生的原因围绕外貌、成绩、家境三个方面展开，其中身体瘦弱、力量弱小是遭遇欺凌的主要原因，而长相的美丑、成绩的好坏则成为被欺凌的次要原因，而因为家境情况被欺凌的学生相对较少。欺凌者主要来自同班同学和同年级不同班同学，部分欺凌者来自学校工作人员，主要集中于教师、行政人员的辱骂等。

（五）校园欺凌发生后的应对措施

在遭受校园欺凌后，多数学生应对意识较高，会通过求助、引入外援对抗欺凌，在遭受欺凌后选择忍气吞声的学生较少。在求助方面，多数学生会优先选择向教师求助，其次向家长、同学求助。具体到各个学段，初、高中学生在求助外，还会选择通过报警的方式来寻求帮助，或者进行反击。而小学生群体，因为其自身心理较为稚嫩，主要以求助的方式应对校园欺凌。而在孩子遭遇校园欺凌后，36.8%的家长会选择同教师、学校沟通，31.6%的教师也会积极地联系家长。由此可见，在校园欺凌的应对措施上，学生、家长及教师形成了一个较为稳固的三角支撑，家校合作是处理校园欺凌最主要的方式。

（六）校园欺凌的预防与治理

通过调查发现，95.1%的教师有预防校园欺凌的措施，从安全教育、集体活动、以暴制暴三个方面展开，其中安全教育和集体活动为主要预防措施，72.4%的家庭有预防措施，主要通过教导孩子产生自我保护意识、不欺负他人、反击等去预防欺凌。由此可见，有关校园欺凌的教育活动形式较为单一，内容缺乏系统性。

在学校预防欺凌的政策和制度方面,96.8%的教师表明学校有相关的预防政策及制度,但在其预防校园欺凌的成效上,13%的教师认为非常有效果,79.9%的教师认为有一定效果,7.1%的教师认为效果不明显或一点效果没有。由此可见,西部农村地区中小学有关校园欺凌的预防和防治的政策制度有待进一步完善。

(七)学校领导对校园欺凌防治重视程度不够,学校政策形同虚设

通过访谈发现,西部农村中小学的学校领导对校园欺凌的认知存在一定的偏差,对校园欺凌防治重视程度不够,尽管大部分学校领导比较了解国家及地方有关校园欺凌的政策,学校也出台了本校的校园欺凌防治政策。但是,学校出台这些政策更多是为了应付行政上的检查,在实践中,这些政策并没有起到应有的作用。

A:我也是最近几年才听说校园欺凌。在农村嘛,小孩子之间打打闹闹很正常,我不觉得那就是欺凌,只是孩子们之间的玩笑罢了。

B:我最开始主要是通过电视新闻知道校园欺凌的,后来就是上面出台了相关的政策,上面也要求我们下面进行防治。说句实话,我现在还是不知道什么是校园欺凌,尽管政策文件里有说明,但是现实中你很难去判断哪种行为才是真正的校园欺凌,所以我们在管理过程中,一般只认为是学生之间的小矛盾,小孩子哪里有那么大的深仇大恨嘛,调解调解就好了。

C:作为管理者,我还是比较了解国家及地方有关校园欺凌的政策的,我们学校自己也有这方面的政策。但是,你也知道,在我们这种小地方那些宏观的政策也起不了什么作用,我们制定的那些政策,都是上面要求的,没有办法,本来精力就不够,上面要求,

我们就必须得做。

　　D：对于校园欺凌，你说不重视嘛也可以说不重视，要说重视嘛也很重视。毕竟国家和地方都出台了一些政策，并且也要求我们每个学校出台本校的政策，我们这个县，每个学校都有自己的政策，但都是拼凑的。那些宏观的政策包括我们本校的政策，说实话没啥用，农村的家长你应该了解，他们也不会太当回事。至于欺凌，这个不好说，现在没有谁就能判断哪些行为真的是欺凌，周瑜打黄盖，这种现象也多得是。总之，这个事情（校园欺凌）很难从根上去掉，我们的文化就是这样啊！

第六章
校园欺凌与学生个体发展：基于五人的回溯访谈

校园欺凌无疑对学生个体发展具有重要影响，当前国内外学者在探讨校园欺凌与学生发展的关系时，大多倾向于讨论校园欺凌与学业成绩及情绪的关系，关于这方面的研究至今也未达成统一。比如，中本冲（J. Nakamoto）和施瓦茨（D. Schwartz）就认为同伴关系是儿童学业成绩的重要预测因素，并且发现亚洲样本中同伴侵害对学业成绩的负面影响显著大于欧洲样本[1]；而斯金纳（K. Skinner）等人在收集了9~10岁不同种族的儿童（177名女孩，179名男孩）的欺凌数据后发现，欺凌发生后，学生的焦虑—抑郁情绪增加，校园欺凌会给学生造成学业困难[2]；伍兹（S. Woods）和沃克（D. Wolke）运用标准的访谈方式，单独采访了1016名小学儿童，了解他们受欺负的经历。研究发现，直接欺凌行为与学业成绩下降之间没有关系。[3] 我国学者马帅等人采用多维同伴侵害问卷、儿童抑郁量表、应对策略量表对1646名4~6年级小学生进行问卷调查。他们发现，校园欺凌造成的侵害一方面会直接影响学

---

[1] J. Nakamoto, D. Schwartz, "Is Peer Victimization Associated with Academic Achievement? A Meta-analytic Review," *Social Development*, 2010(2): 221-242.

[2] B. Kochenderfer-Ladd, "Skinner Children's Coping Strategies: Moderators of the Effects of Peer Victimization," *Developmental Psychology*, 2002(38): 267-278.

[3] S. Woods, D. Wolke, "Direct and Relational Bullying among Primary School Children and Academic Achievement," *Journal of School Psychology*, 2004(2): 135-155.

业成绩,另一方面则会通过抑郁情绪间接影响学业成绩。① 研究结果的多样性表明,校园欺凌与学业成绩之间的关系较为复杂,其他变量可能在发挥作用。

一 研究方法与案例描述

校园欺凌事件的发生具有较强的时空性,现有研究大多采用问卷调查来测量校园欺凌对学生的影响,这虽然能很快获取相关数据,但却忽略了校园欺凌对学生影响的持续性。为了进一步探讨校园欺凌对学生发展的影响性与持续性,本书首先进行目的性抽样,然后采用回溯式半结构化访谈法对五位曾经欺凌过别人或被别人欺凌过的当事人进行访谈,每次访谈时间为半个小时到 1 个小时不等。研究样本来源有两类:第一类是研究者工作单位的大学生,由于研究者兼做学生工作,通过学生工作者身份,了解到一些大学生在过去某个成长阶段被欺凌的经历,这些大学生现已成年,能够回忆起校园欺凌事件的发生与发展,而且他们能够从成人与学生的双重视角来看待校园欺凌。第二类是研究者的中小学同学和发小,他们早已成年,能够对早期欺凌经历对其成长的影响进行理性反思。研究者的这两种身份容易与案例主体建立较为信任的关系,他们可以毫无保留地讲述欺凌问题及成长经历。

案例:

欺凌者与被欺凌者 1:D 男,1982 年出生,非独生子女,家中排行老二,以打工为生。父母感情一般,父亲是上门女婿且爱饮酒,哥哥带点残疾,自己从小得到父母的偏爱。农村孩子比较多,自小接触很多比自己大的男生,以及当时村里有关男女之事的歌谣,在上学或放学的路上都会唱这种歌谣,所以小学三年级便知道男女之

---

① 马帅等:《同伴侵害对学业成绩的影响机制:有调节的中介模型》,《中国特殊教育》2021 年第 5 期,第 66~72 页。

事。小学三年级后，便跟着比自己大的男孩（主要是自己家的表哥等）一起去欺负其他同学，骂别人父母、打架、说脏话，起绰号；同时，自己也被别的同学打过、骂过、起过绰号……初一因学习成绩差辍学回家，出门打工。

欺凌者与被欺凌者2：Z女，1983年出生，非独生子女，家中排行老大，从事销售行业。父母感情一般，吵架是家常便饭之事。长相漂亮，初一早恋，初二与男友发生性关系。早恋以及与男友发生性关系被同学知道后，同学当面或背后骂其"不正经""狐狸精"等，生气后找人殴打同学。父母知道情况后，其与父母大吵了一架，并离家出走了三天。初中毕业后辍学打工，现从事手机销售工作。

被欺凌者1：W男，2002年出生，独生子女，大二学生。从小家里贫穷，父母外出打工，5岁开始与爷爷奶奶在农村老家生活，直到上大学才到过省城。从小学四年级开始到初中二年级，经常被邻居和同学嘲笑家里穷。初中住校期间，同学曾用冷水浇过自己的被子，同学东西丢了，被误认为是自己干的，后来向老师反映后，欺凌事件没有再发生。

被欺凌者2：N女，2001年出生，非独生子女，大三学生。家中排行老大，自小父母外出务工，与爷爷奶奶一起生活，并帮助他们带弟弟。上初中的时候，曾被男生性骚扰（主要是言语骚扰，强行被抱过一次），本想告诉老师，同学劝其忍耐，之后对男生有点怨恨；上高中时，因理科中单科成绩差，被老师说"坐这个位置简直就是浪费"，之后非常抗拒学习该学科，转而学文。

被欺凌者3：J男，1982年生，独生子女，县城派出所民警。6岁时父母离异，与母亲一起生活。从小家境不好，母亲经常遭到邻居的奚落和嘲笑，家中曾经被偷，导致母子二人几乎三个月没吃过肉。由于家境贫困，自己有点自卑、内向，在学校与同学交流不多，只有两三个好朋友。初中时，由于营养不良，自己很瘦小，同学给其起绰号"猴子"，并经常被要求帮同学值日、打扫卫生。高中后,家境好转,决定报考警校,表示以后不再受欺负。

二 结果分析

班杜拉的交互决定论认为,人的内部因素、行为和外部环境三者之间是相互影响、相互决定的。[①] 校园欺凌行为的发生既可能受外部环境的影响,也可能是人本身的问题引起的。交互决定论为我们对访谈结果的分析和总结提供了指导方向。通过与每位案例当事人三次回溯性半结构式访谈,并对访谈结果进行整理分析,有如下发现。

(一)资源的获取是欺凌者实施欺凌行为的主要原因

欺凌者实施欺凌的原因有很多,但归根结底都是为了获取一定的资源,这种资源可以是物质的获得,也可以是虚荣心、占有欲、社会权力、人际的维护等。罗素认为,人与动物最大的区别在于,动物只有需求而没有欲望,而人既有需求又有欲望。想象是人类欲望的边界,也是驱使人类在基本的需求得到满足之后,再继续奋斗的一种力量。在无尽的欲望中,人的欲望主要有权力欲和荣誉欲。而亚当·斯密也认为,人类真正的欲望并非来自对物质享受的爱好,而是对权力和荣誉的追求,当适度的物质生活有了保障之后,个人和社会所追求的是权力,而不是财富。儿童或者青少年作为社会个体,在社会环境等的影响下,他们会学习过去的社会经验以适应新的社会生活。欺凌的发生,往往受社会经验潜在的影响,这种过去的社会经验主要来自原生家庭和成长环境。

> D男:之所以会对别人说那些脏话,一是因为父母经常说脏话,自己无形之中知道了那些脏话的意思;二是因为与自己一起长

[①] 阿尔伯特·班杜拉:《社会学习理论》,陈欣银等译,中国人民大学出版社,2015,第168~185页。

大的孩子当时也说脏话，自己不说感觉不合群。我表哥也教了我很多脏话，并叫我一起去打别人，当时真的是不懂事，没有自己的判断，现在绝对不会了。再后来，我表哥他们上初中去了，我就成了村里比较大的孩子，后来一群孩子跟着我玩，有点当"大哥"的意思，而且他们愿意跟着我干一些"坏事"，当时感觉挺好，现在觉得挺幼稚的。

Z女：早恋的事情被同学知道后，同学当面或背后经常说我坏话，感觉是在故意排挤我，我的好朋友与我越来越疏远，心理会感觉被排挤。后来我结交了一些社会上的朋友，并请他们"修理"了那些说我坏话的人。

孟德斯鸠在《论法的精神》中指出，"有权势的人倾向于侵犯无权势的人，这是人类生活的一大特点"。在校园欺凌中，这种权势更多指人际上的优势。从以上两位欺凌者的讲述中，我们可以发现，成长的环境（同伴关系等）会潜在影响欺凌者做出欺凌的行为，D男早期因为有亲戚表哥撑腰，在同辈的人际关系中处于优势，因而敢做出欺凌行为；而"大哥"身份也让欺凌者的虚荣心得到满足，同时"大哥"这种身份赋予的权力是其实施欺凌行为的内在动力；配合同伴做出欺凌行为可能是为了维持良好的伙伴关系（社交）。而Z女原本是被欺凌者，但是为了维持社交最后转变成了欺凌者。

（二）人际上的优势与弱势是校园欺凌行为的触发条件

萨顿（J. Sutton）、史密斯（P. K. Smith）的研究表明，欺凌者通常需要良好的社会认知和心智理论技能，才能操纵和组织他人，以微妙和破坏性的方式造成痛苦，同时避免自己被发现。[①] 也就是说，欺凌者的社会技能较强，在感知和理解别人的想法、欲念、情绪、感觉等的能力

---

① Jon et al., "Bullying and Theory of Mind: A Critique of the Social Skills Deficit View of Anti-Social Behaviour," *Social Development*, 1999(1): 117-127.

上相比被欺凌者而言要好得多。欺凌并不是一开始就存在，在实施欺凌行为之前，欺凌者利用自己的人际优势识别潜在的欺凌对象，而那些被欺凌的人往往身上都有多重"弱势身份"，比如胖瘦、家境贫穷等。这种弱势身份被欺凌者加以利用，欺凌者开始以污名化的方式进行试探性的欺凌，如果被欺凌者对这种弱势身份抗争无效或者失败，那么就会强化欺凌者的欺凌行为。

D男：我表哥比我大四岁，当时感觉他知道很多我们不知道的事情，比如青春期以及男女之事等方面的事情。由于好奇，或者说是想跟表哥的关系更好，就让表哥讲述那些现在看起来十分社会的事情。比如给女孩子写情书，那时候我才十岁，现在想起来多么幼稚。给别人起绰号或者说脏话，我们当时觉得那人看起来就像那样或者说比较好欺负吧，我们也不敢给比我们大的人起绰号或者去骂他，更别说打了，那样我们自己就会被打。比如比较胖的，我们就给起名"熊"或者"死胖子"，比较瘦的就叫"猴子""豇豆"等。

W男：他们冤枉我偷别人的东西主要是因为我家里穷吧，觉得我买不起。还有当时我比较老实、内向，可能觉得比较好欺负，又没有多少朋友帮忙，所以才敢在我的被子上浇水。

从上面的访谈中可以看出，欺凌者有比较强的社会交往技能和技巧，在人际弱势识别方面比较强，"当时觉得那人看起来就像那样或者说比较好欺负吧，我们也不敢给比我们大的人起绰号或者去骂他，更别说打了，那样我们自己就会被打"。从对被欺凌者的访谈中，我们同样可以发现人际弱势会导致被欺凌的机会增加，"当时我比较老实、内向，可能觉得比较好欺负，又没有多少朋友帮忙，所以才敢在我的被子上浇水"。人际交往是个体社会化的重要内容，个体可以通过人际交往学习社会道德、规则等来提升个人的人际交往技巧和能力。欺凌者并不会盲目地选择被欺凌对象，而是选择那些在人际交往上看上去有困难的个体。

（三）重要事件的冲击或认知行为的转化是校园欺凌行为终止或延续的条件

有关生命历程的研究表明。个体的生命历程与社会生活中的生命事件息息相关，生命事件往往会影响个体的发展轨迹。"生命事件一般包括接受教育、离开父母独立生活、结婚或离婚、生养子女、参加工作或辞职、居住地的迁徙、退休等事件；通常考察的角色或地位大致包括阶级或家庭成员资格，教育、婚姻和受雇的状况，有时还包括政党成员资格、宗教归属、志愿者团体及活动的参与等。"① 校园欺凌并不会自动终止，除非欺凌者与被欺凌者经历了某些重要的生命事件。对于欺凌者而言，这些生命事件包括在实施欺凌行为过程中遭到了强烈的反抗，自己比较害怕从而终止行为；欺凌者被教师、父母等长辈教育后认识到欺凌行为是错误的，会受到一定的惩罚等。对于被欺凌者而言，这些生命事件包括被欺凌者主动获取了某种资源，这种资源威慑到欺凌者，从而导致欺凌行为终止；被欺凌者改变了原有的人际交往技巧，获得了欺凌者的认可；被欺凌者找到了"靠山"，欺凌者不敢再欺凌。

尽管欺凌者经历了某些影响欺凌行为继续的生命事件，但并不表示欺凌行为就会终止，除非被欺凌者做出某种行为的改变。无论欺凌者与被欺凌者经历了哪些生命事件，这些生命事件都构成了校园欺凌行为终止或延续的转折点。

Z女：同学知道我早恋的事情后，到处说我的坏话，我非常生气。我没有招惹她们，她们却说我坏话，所以我也得教训她们，让她们知道嚼舌根的后果。

W男：他们在我被子上浇水我忍了也就算了，但是冤枉我偷东西我不能容忍，所以我就直接找老师来处理这件事情。因为冤枉

---

① 李强等：《社会变迁与个人发展：生命历程研究的范式与方法》，《社会学研究》1999年第6期，第1~18页。

我偷东西是对我人格上的侮辱，我实在忍不了。老师还我清白之后，那些同学被老师批评教育了，加上后来我也放狠话，谁再来欺负我，我就"弄死他"，我还带了把水果刀在身上，实际上我也不敢杀人，只不过是吓吓他们。现在想想，"人善被人欺"是有道理的，所以该反抗的时候就要反抗。

（四）校园欺凌对学生的学习成绩有正反两方面的影响

1. 校园欺凌会间接降低学生的学习成绩

根据马帅等人的调查研究发现，校园欺凌会通过抑郁情绪间接影响学业成绩。根据访谈发现，校园欺凌会影响学生的情绪，包括注意力的转移，心情压抑、郁闷等，而根据心理学相关知识，注意力不集中影响学生的学习效果，从而降低学生的学习成绩；而情绪的压抑、郁闷更加会影响学生的学习效率，导致学习结果不令人满意。

> Z女：自从我早恋的事情被同学知道后，特别是那些与我关系不好的女生四处散播谣言，说我怀孕了，我当时心情特别郁闷。要知道，在农村未婚先孕是一件极其败坏门风的事情，父母也会在乡里乡亲面前抬不起头。虽然我没有怀孕，但是这些风言风语令我特别烦恼，心情一度抑郁，导致我上课不能认真听讲，经常走神，一个多月的时间，我的成绩就急速下降，慢慢地我也没有了学习兴趣。

> N女：男生对我说的那些污言秽语，非常讨厌。由于自己发育得较早，有些男生在上课特别是上自习课时，在教室后面就对我的身体说三道四，令人非常气愤，自习课也不能专心学习，经常分心去怼他们，在那段时间里，我的学习成绩很不稳定。

2. 校园欺凌也可能促进学生学习成绩提高

访谈表明，积极发展的学生拥有积极发展的愿望，这是学生积极发展的动力和保证。校园欺凌发生后,积极的学生会想办法扭转局面,不让欺凌过多影响到自己。学生这种积极发展的愿望大多来自家庭、教师和自身的期望。这种积极发展的愿望使校园欺凌变成其成长愿望的一个动力源泉。

J男:父母离婚后,我与母亲的生活有一段时间非常艰苦,经常遭到邻居的奚落和嘲笑,这就导致我小时候内心比较自卑。在学校里也经常想起家里的事情,上课有时候会分心,同学见我瘦小,就给我起绰号,有段时间学习成绩下滑的厉害。妈妈知道后,找老师问情况,回家后给了我一顿暴打,主要是我妈妈也没什么文化,又老实,不懂得怎么教育孩子。我就说在学校被欺负了,妈妈抱着我哭了一场,然后叫我要争气,将来要有出息,不能让人看不起,说"妈妈以后只能靠你了"之类的话。之后,我妈总是省吃俭用,把好吃的留给我。再后来,妈妈因为邻居家的鸡吃了我家的青菜,与邻居大吵了一架,邻居家的丈夫还差点打我妈,幸好当时其他邻居拉住了。看着我妈受欺负的样子,心理实在难受,从那以后,我就发誓以后一定要保护好妈妈,于是就努力学习,最后考上了警校。现在回到县城老家在派出所工作,没有人敢再欺负我妈了!

W男:我家小时候有点穷,父母很早就外出打工,我一直跟爷爷奶奶生活。虽然家里穷,但是爷爷奶奶、爸爸妈妈对我的关心并不少,在小学阶段经常被别人嘲笑是穷鬼,内心一度比较自卑,到小学五六年级的时候,爸妈省吃俭用在省城给我买了学习机,给我讲大城市的发展与繁荣,并叮嘱说我是家里唯一的希望,叫我不要在乎别人的看法,"人穷志不穷",自己努力学习。到了初中,家里的条件并没有改善很多,相比县城的孩子,我家要穷很多,住校期间他们甚至冤枉我偷东西,后来我告诉了老师,请老师查清楚并还我清白。虽然遭到同学欺负,但是老师还是比较公平公正的,被冤枉以后,老师跟我谈话,说相信我,说我以后肯定会出人头地，不会让人看不起。父母和老师的鼓励让我慢慢恢复了信心，认真学习，到后来考上了重点大学。

3. 校园欺凌可能并不会降低学生的学习成绩

学生学习成绩的提高或降低是多方面因素综合作用的结果，学生的学习成绩大多与教学质量、学习方法、学习效率等有关，目前并没有相关证据证明校园欺凌一定会降低学生的学习成绩。

> D男：我觉得我不读书的根本原因在于不是读书的料，尽管现在我知道知识很重要。在外面打工，没有知识是非常吃亏的，有时候老板欠钱不发都不知道该怎么办，没有知识也找不到像样的工作，只能干苦力。上学的时候只怪自己不认真不努力，当时也因为家里人说读那么多书不如出去早点挣点钱来的现实，到初一的时候，实在学不会英语，对学习更加没兴趣了。我不认为我们小时候那些行为是欺凌，真的只是一种开玩笑，心里真没有说要去害谁。我自己也被其他人说过脏话，被其他人打过，我现在觉得对我的心理也没有产生什么影响。我成绩不好，不是因为你说的"欺凌"，更多是自己和家里的原因吧。

三 讨论与建议

学生个体发展受多种因素的影响，校园欺凌是其中之一。从上面的访谈结果分析来看，校园欺凌对个体发展的影响并不都是消极的，也可能有积极的一面。从个体发展的视角，面对校园欺凌，我们有如下建议。

（一）激发个体积极成长的愿望

通过访谈表明，那些拥有积极成长愿望的个体受校园欺凌影响最小。个体积极成长的愿望大多来自社会期望，当个体感知到身边重要的人对自己的期望时，便会将这一期望内化为自己积极成长的愿望。因此，在预防校园欺凌过程中，家庭、学校和社会都要不断激发学生积极成长的期望。在现实中，家长和老师一般都是通过无声的行为传递他们的期望的，很少有和学生个体在语言上的直接沟通，而且传递的期望都是指向学习的，很少涉及其他方面。在访谈过程中我们发现，语言上的直接沟通对于激发学生个体积极成长的愿望有很大的作用，也可以使个体在面对校园欺凌行为时提高其抗逆力，使校园欺凌的负面影响降低。比如访谈中"人穷志不穷""妈妈以后只能靠你了"等直接话语，让个体直接明白了家人的期望，尽管这种期望比较朴素，但是比较有力量。学校应该在激发个体积极成长愿望中发挥重要作用，可以通过生涯教育的方式来进行。研究表明以"人生导航""未来取向""自我同一性"等主题开展的具有一定强度和持续时间的生涯教育能够有效地塑造个体的成长愿望。[1] 生涯教育应重点定位于生命意义的探索和人生之路的谋划，而不仅仅限于个人特点与职业需求发展的分析，这样才能激发学生更深刻的思考，使这种积极成长的愿望更持久。

（二）为个体创设积极发展的环境

根据班杜拉的交互决定理论，人虽然不完全受环境的控制，但是环境对人的行为具有潜在性影响，环境有利于建立自我调节功能，从而建立和发展自我反应的能力。面对校园欺凌，家庭、学校和社会应为个体创建积极发展的环境。

家庭方面：家长要创建爱与规则平衡的家庭环境，建立支持性的亲子关系。民主的教养方式会让孩子感受到父母的爱与信任，有利于个体形成"积极乐观""独立自主"等良好的心理品质。支持性的亲子关

---

[1] M. A. Busseri et al., "A Longitudinal Examination of Breadth and Intensity of Youth Activity Involvement and Successful Development," *Developmental Psychology*, 2006(6): 1313–1326.

系，有利于在孩子遇到困难与挫折时努力坚持，获得成功的体验。如果孩子身上发生了校园欺凌事件，这种积极的家庭环境有利于孩子积极、正确地面对欺凌，以及处理好欺凌事件。

> Z女：我在学校恋爱的事情被父母从老师那里知道后，回家就被爸妈劈头盖脸地骂了一顿，而且骂得很难听，他们觉得这是一件非常丢脸的事情。他们只知道骂我，也不问问我在学校里的遭遇，当时非常难过，便与父母大吵了一架，还离家出走了三天。现在如果我女儿在学校里发生了这样的事情，我并不会觉得这是一件丢人的事情，更不会骂她那些难听的话，毕竟孩子是有自尊的。我会给她讲早恋的坏处，并积极与老师沟通，与学校一起来解决这个事情。

学校方面：学校要通过以学生为中心的教育方式，树立积极的榜样，创建安全文明的校园环境。以学生为中心的教育方式，一方面有助于学生学习兴趣的培养，另一方面也有利于积极心理品质的形成。虽然父母是学生直接的榜样，但是教师、同伴等也可能成为学生积极发展的榜样。学生在社会化的过程中，很多行为是在模仿家庭成员、教师及同伴的特殊气质中逐渐形成的。在预防校园欺凌过程中，学校一方面要以以学生为中心的教育方式为主，另一方面也要形成一种反校园欺凌的氛围，让学生感觉教师可以信任，学校是可以放心学习的安全的地方。

> W男：当我的被子被同学用冷水浇了以后，我感觉学校宿舍特别不安全，随时都要防备同学。幸好我给老师反映情况，老师给我调了宿舍，并对我进行了安慰，才不至于有更极端的事情出现。我特别感谢我的初中班主任，他像家人一样关心我。

> N女：其实我特别不喜欢我的初中和高中生活，初中时被骚扰，同学劝我容忍，而老师以及学校管理者根本不知道那些情况，

让我觉得学校有点不安全；而高一时，我因为物理差，坐在第二排，有一次月考我没及格，但是我其他理科都不错，也许是老师"恨铁不成钢"，才说"坐在这个位置简直就是浪费"。当时我感觉受到莫大的侮辱，此后我就不喜欢物理课，上课也不认真，到高二分科，我直接转学文科。幸好遇到的文科老师都不错，给了我很多鼓励，加上我同桌文科很好，经常帮助我，是我学习的对象，才有了后来上大学的可能。

社会方面：形成积极健康向上的风俗习惯，营造有正面影响的氛围或环境。在现实生活中，人们的生存方式会受到风俗习惯的影响和制约，风俗习惯是影响个体道德行为选择的重要因素。"习俗通过某种方式赋予道德行为以特有的尊重。即使并不是所有社会习俗都合乎道德，所有道德行为也都依然是习俗行为。无论谁拒绝这种习俗行为都得冒公然违抗道德的风险。"[1] 积极健康向上的风俗习惯有利于个体养成良好的道德修养和品质，也有助于欺凌行为的转化。

  D 男：当时我会说那些脏话，基本上都是从自己家人以及村里人那里学的，整个村子都是这样的风气，其实那些都是荤段子，比如那个有关性方面的歌谣。只是当时自己小不懂事，不知道哪些话该说哪些话不该说，慢慢就成了我父亲那种样子，被人叫作"天棒"（方言里有吊儿郎当的，行为不太正经，不务正业，爱说荤段子的人等意思）

  N 女：我虽然是无神论者，但是我奶奶信佛。她总是告诉我要与人为善，吃亏是福，尽管受到了欺负，但是善恶总有因果报应。奶奶的那些朴实话语慢慢让我觉得无论如何应该与人为善，不应该去祸害别人。

---

[1] 爱弥尔·涂尔干：《道德教育》，陈光金等译，上海人民出版社，2001，第29页。

（三）校园欺凌的干预应注意社会技能与情感技能的结合

社会情感技能是个体与外部世界交往的综合能力，它有助于个体理解和管理情绪、设定并达成积极的目标、有同理心、与他人建立和保持良好的关系，以及做出负责任的决定，已经成为发达国家人才培养质量的重要指标。提升个体的社会情感技能对于个人的学业成就、就业以及幸福感等有重大影响，而且在提高受教育程度、就业能力、工作表现以及社会参与等方面也发挥了重要作用。[①] 根据相关研究，社会情感技能的提升可以降低反社会和犯罪行为的发生概率。[②] 在校园反欺凌方面，也有研究表示，社会技能和情感技能结合起来可能为校园欺凌问题提供一种有效的干预手段。[③] 社会情感技能在校园欺凌防治过程中主要通过培养校园欺凌中欺凌相关主体所缺失的能力来实现，教师要经常使用社会情感语言，用激励的话语肯定学生，增强学生的自信心；对学生要表现出关心，尽量做到公平，让学生感受到来自教师的温暖与支持；鼓励学生多进行小组学习，与他人合作，并为学生创造愉快安全的课堂环境。

D男：上初中后，我对学习没啥兴趣，成绩也不太好。老师对我就是那种无所谓的态度，男生嘛总是会调皮些，加上成绩不好，又经常跟同学打闹，是老师眼中的"问题"学生，对我们也不管不问。上课无聊的话，我就会去逗其他人，比如用脚踢前排同学的屁股，拨弄其他女生的头发等。没有认真听课，成绩自然不好，所以后面直接不读了。

[①] 郭忠辉等：《经合组织社会情感技能测评框架及其对我国的启示》，《教育测量与评价》2021年第2期，第21～26、35页。

[②] OECD, "Personality Matters: Relevance and Assessment of Personality Characteristics," http://dx.doi.org/10.1787/8a294376-en.

[③] M. H. Hussein, "The Social and Emotional Skills of Bullies, Victims, and Bully Victims of Egyptian Primary School Children," *International Journal of Psychology*, 2013(5): 910-921.

J男：班主任比较了解我家的情况，无意间他听到同学给我起的绰号，批评了给我起绰号的同学，在班会上还让我们同学之间要互相尊重，说起绰号是一种侮辱别人的行为，每个人都要做一个有礼貌有教养的人。班主任教了我们很多为人处世的道理，我觉得很受益。也许是老师批评的效果，班级后来很少有人给同学起绰号，尽管现在同学见面，他们知道我初中时候的绰号，但是都没有再叫过我的绰号。

第七章
校园欺凌的预防与干预实践

如果学校发生校园欺凌事件，无论是对学校还是对校园欺凌的当事人都会造成一定的伤害和影响。在构建平安和谐校园、维护学生身心健康的要求下，学校应重视对校园欺凌的预防和干预。本章首先介绍世界上两个影响最大且效果显著的校园欺凌预防与干预项目，然后分享课题组在国内西部三省进行的校园防欺凌干预实践经验，最后为学校制定预防与干预方案提出建议。

一 发达国家校园欺凌预防与干预方案

（一）挪威奥尔韦斯欺凌防范项目

挪威是世界上最早研究校园欺凌问题并制定反欺凌措施的国家之一，制定了许多校园欺凌防范项目，经验丰富且效果明显，其中以奥尔韦斯欺凌防范项目影响最大。奥尔韦斯是挪威著名校园反欺凌专家，他被誉为校园欺凌研究的鼻祖，他的校园欺凌防范项目（OBPP）经过30多年的研究和成功实践，已被证明可以有效防止或减少校园欺凌问题。OBPP应用于学校、教师和个人层面，包括向家长和社区寻求参与与支持的方法。学校管理人员、教师和其他工作人员主要负责介绍和实施该项目。这些努力旨在改善同伴关系，使学校成为学生学习和发展的一个更安全、更积极的地方。

1. 项目背景

奥尔韦斯从20世纪70年代就开始研究校园欺凌，分别于1973年和1978年在瑞士和美国出版了《学校中的攻击：恶霸和替罪羊》（*Aggression in the Schools: Bullies and Whipping Boys*），该书被誉为系统研究校园欺凌问题的开端。1983年，挪威北部三名青少年因被欺凌而自杀，引起了政府的高度重视，挪威教育部发起了一场反对校园欺凌的全国性运动，奥尔韦斯有关校园欺凌的研究也受到国家的关注。后来奥尔韦斯在挪威教育部的委托下开始设计和实施校园反欺凌项目，该项目在挪威42所学校的4万名学生中进行，经过仔细评估，并在两年半的时间内进行跟踪后，该计划得到了完善、扩展，并在挪威的另外5个大型项目中取得了成功。挪威政府于2001年开始在全国中小学推广该项目，并取得了显著的效果。

2. 项目的目标与对象

OBPP的目标是减少学生中现有的欺凌问题，防止新的欺凌问题的发生，在学校实现更好的同伴关系。OBPP面向中小学生。所有学生都参与该项目的大部分内容，而被认定为欺凌者或被欺凌者的学生则会接受额外的个性化干预。

3. 项目实施的基本流程

奥尔韦斯欺凌防范项目经过多年的研究和实践，并不断地修正，从项目的前期准备到实施过程的每个步骤，都有十分完善成熟的、具有科学严谨性的操作流程。为了更好地预防校园欺凌事件发生，该项目要求全校的每个人都参与，包括教师、学校管理者以及其他非教学人员（包括食堂工作人员、图书馆工作人员、医护人员等），以达到最好的防治效果。

第一，评估学校的欺凌现状。

在项目开始前以及项目实施后的每隔一段时间（最好是每年）采用奥尔韦斯欺凌调查问卷（Olweus Bullying Questionnaire）对学校的欺凌现状进行评估总结，有针对性地进行欺凌防治布置。问卷的问题主要涉及欺凌与被欺凌的概率、类型及原因，还包括遇到欺凌时学生如何应对等方面，这样可以了解学校整体的欺凌现状，也为下一步欺凌的防治提供工作思路。

第二，成立欺凌预防协调委员会。

在评估完学校的欺凌现状后，学校应立即建立专门的组织机构来统筹校园欺凌预防活动，这个组织就是欺凌预防协调委员会（Bullying Prevention Coordinating Committee，BPCC）。这个组织是为指导全校行动而成立的，组织成员主要由学校的校长、相关行政人员、医疗人员、部分教师及家长和社区代表等组成，他们负责整个学校欺凌治理项目的实施和推进。同时，该项目还要认证校园欺凌项目培训师，项目培训师须由获得奥尔韦斯欺凌防范项目认证的培训师担任，项目培训师的主要责任是为学校的欺凌干预提供指导和咨询服务，以便学校的欺凌防治工作顺利进行。项目培训师既可以由奥尔韦斯研究中心指派，也可以由经过培训获得资质的学校教师承担。

第三，制订学校反欺凌政策与活动实施计划。

奥尔韦斯欺凌防范项目建议学校制定明确的行为规范来应对校园欺凌，这些规则主要包括：不主动欺凌他人；对于被欺凌的学生，尽可能地提供帮助；接纳被孤立的学生，结为同伴；当知道某人处于欺凌情境时，主动告诉学校和家里的成年人。[①]

第四，进行校园欺凌干预。

奥尔韦斯欺凌防范项目主要从学校、班级、个人以及社区四个核心层面有针对性地分工并进行欺凌防范干预，其目的是增强各个群体对校园欺凌的认知，共同参与校园欺凌防治。在项目实施过程中，每个层面都有自己需要完成的工作。

学校层面：成立欺凌预防协调委员会；进行委员会和员工培训；设计奥尔韦斯校园欺凌问卷；召开员工讨论小组会议；介绍禁止校园欺凌的校规；检讨并完善学校监督制度；举办一个学校活动来启动这个项

---

① 孙锦露：《校园欺凌的形成机制与测评方法》，冶金工业出版社，2021，第107页。

目；鼓励家长参与反欺凌活动。

班级层面：发布并执行全校范围内反对欺凌的规定；定期召开班会，增加学生对欺凌的学习和讨论；召开家长会等。

个人层面：监督学生的活动；当校园欺凌发生时，确保所有员工在场干预；与涉嫌欺凌的学生举行会议；与参与的学生家长举行会议；为参与的学生制订个人干预计划。

社区层面：让社区成员参与欺凌预防协调委员会；与社区成员建立伙伴关系，以支持学校的计划；在社区传播反欺凌信息和最佳实践原则。①

以上四个层面相辅相成、相互作用，互相支持和补充，其总体要求如表 7-1 所示。

表 7-1　奥尔韦斯校园欺凌防范项目四个核心层面的基本要求

学校层面	个人层面
成立欺凌预防协调委员会 进行委员会和员工培训 设计奥尔韦斯校园欺凌问卷 召开员工讨论小组会议 介绍禁止校园欺凌的校规 检讨并完善学校监督制度 举办一个学校活动来启动这个项目 鼓励家长参与反欺凌活动	监督学生的活动 当校园欺凌发生时，确保所有员工在场干预 与涉嫌欺凌的学生举行会议 与参与的学生家长举行会议 为参与的学生制订个人干预计划
班级层面	社区层面
发布并执行全校范围内反对欺凌的规定 定期召开班会，增加学生对欺凌的学习和讨论 召开家长会等	让社区成员参与欺凌预防协调委员会 与社区成员建立伙伴关系，以支持学校的计划 在社区传播反欺凌信息和最佳实践原则

资料来源："Olweus Bullying Prevention Program Scope and Sequence Report," https://www.violence-preventionworks.org/public/olweus_scope.page。

4. 奥尔韦斯欺凌防范项目的实施效果

到目前为止，OBPP 得到的评估比其他任何预防/减少欺凌的项目都

---

① "Olweus Bullying Prevention Program Scope and Sequence Report," https://www.violence-preventionworks.org/public/olweus_scope.page.

要多。6 项涉及 4 万多名学生的大规模评估记录了其效果：学生被欺负和欺负他人的报告平均减少了 20%~70%；同学和老师对欺凌问题的评分也得出了大致相似的结果；学生报告的一般反社会行为，如故意破坏、打架、偷窃和逃学明显减少；课堂气氛明显改善，课堂的秩序和纪律得到改善，学生拥有更积极的社会关系，以及对学业和学校更积极的态度。①

（二）芬兰 KiVa 反欺凌项目

芬兰与挪威毗邻，受挪威反欺凌工作的影响，芬兰学者在 20 世纪 80 年代就开始了对校园欺凌的研究，但是其对欺凌的干预工作是从 2006 年才正式开始的。KiVa 反欺凌项目是由芬兰教育与文化部发起，芬兰图尔库大学开发和实施的全国性校园反欺凌项目。"KiVa"全名为"Kiusaamista Vastaan"，在芬兰语中指"反抗欺凌"；另外这个词的发音与芬兰语中的"善良"相似。KiVa 反欺凌项目将欺凌视为一种群体现象，该项目注重改变旁观者的态度和行为，以预防校园欺凌个案产生，通过专业人士指导、外界干预、旁观者的辅助等方式降低校园欺凌事件的发生率。此项目覆盖范围广、干预效果良好，芬兰境内 90% 以上的中小学在学校课程中都实施了 KiVa 项目。欧洲的其他国家比如英国、德国、西班牙、意大利等 20 多个国家都先后引入该项目到该国的校园欺凌治理实践中。

1. 项目背景

随着芬兰学者对校园欺凌关注度的提高，芬兰的立法机关也开始关注校园安全问题并出台相关的政策。1998 年《芬兰基础教育法案》规定，学校对校园欺凌不仅有责任制定策略和行动方案，也有责任执行和监督行动方案的实施。2003 年，芬兰新修订的《基础教育法》更加明确地指出学校需要在相关课程中制定与实施具体项目来保护学生免受骚扰、欺凌等，以显示出校园欺凌治理的重要性与紧迫性。2005 年，芬

---

① "Olweus Bullying Prevention Program Scope and Sequence Report," https://www.violence-preventionworks.org/public/olweus_scope.page.

兰教育与文化部设立学校福利委员会（School WelfareCommittee），设立该委员会的目的之一就是建立一个全国性的反欺凌项目。2006 年，由芬兰教育与文化部提供研究经费，以图尔库大学心理系和学习研究中心（Center of Learning Research）萨尔米瓦利教授（Salmivalli）为首的研究团队开始开发和实施一个适合在芬兰全国开展的校园反欺凌项目，这个项目就是后来的 KiVa 反欺凌项目。

2. 项目内容与实施措施

KiVa 反欺凌项目的内容主要由覆盖行动（universal action）和焦点行动（indicated action）两部分组成（见表 7-2）。其中，覆盖行动主要是指对整个学校的学生及教职工的预防性活动计划，通过采取一系列学校层面和班级层面的预防措施来规范同伴群体内的行为，并在宣传教育活动中引导学生对自己的行为负责，鼓励学生之间互相抵制欺凌行为与尽可能地帮助被欺凌者。

表 7-2　KiVa 项目实施内容：覆盖行动和焦点行动

	覆盖行动	焦点行动	
对象	所有学生	欺凌者与被欺凌者	挑选的同学
目的	• 影响班级规范 • 减少欺凌行为 • 增加同伴对被欺凌者的支持 • 提高认识、换位思考、有效干预	• 停止正在进行的欺凌行为 • 支持被欺凌者	• 增加同伴对于被欺凌者的支持
实现途径方式	• 学生课程	• 明确指出欺凌是不能容忍的，必须立刻停止 • 引起欺凌者的共情，使他们停止伤害 • 个人和小组 • 讨论和后续行动	• 将地位高的同伴作为保护性朋友和其他人的学习榜样 • 小组讨论
处理人	• 班级教师	• 干预小组成员	• 班级教师

注：陈光辉等：《芬兰反校园欺凌项目 KiVa 及其实践启示》，《中国特殊教育》2018 年第 9 期，第 80~85 页。

覆盖行动主要从以下三个方面来实施。

第一，实施反欺凌课程。KiVa 项目反欺凌课程强调每个人都应该对校园的安全与健康负起责任来，课程目的在于影响欺凌事件发生过程中旁观者的态度和行为。KiVa 项目反欺凌课程主要包括面向小学生的主题课程（theme lessons）和面向初中生的主题日（theme days）学习计划。主题课程主要涉及通用性话题和具体性话题，通用性话题主要包括人际关系中尊重的重要性、团体交往、欺凌的群体压力等；具体性话题主要包括欺凌、欺凌运作机制、欺凌的后果等。主题日学习计划主要涉及一系列活动，比如团体活动（讨论以不同方式帮助和支持被欺凌者）、观看欺凌视频材料、角色扮演练习等。学生学习完所有课程后，每个学生每学年都要和学校签署 KiVa 项目合同，以形成班规等条约。[1]

第二，构建反欺凌的网络虚拟学习平台。网络虚拟学习平台主要包括反欺凌电脑游戏（小学生的单机游戏）和 KiVa 街（初中生的网络论坛）[2]，平台学习内容与学生学校课堂学习的反欺凌主题密切相关，旨在强化学习过程、巩固知识，通过这些虚拟情境学习促进学生对反欺凌技巧的领会和掌握。

第三，营造全校全员参与的整体反欺凌氛围。通过面对面或网络授课的方式对学校的教职工展开有关校园反欺凌知识和技能的培训，并建立教师反欺凌网络资源信息共享的平台；鼓励学生家长学习反欺凌指导手册并参与反欺凌行动，与此同时，在学校比较醒目的地方张贴反欺凌宣传标语和材料。

焦点行动主要是指对欺凌事件的当事人（欺凌者与被欺凌者）的

---

[1] Antti Kärnä, "Effectiveness of the KiVa Ant Bullying Program," *Journal of Educational Psychology*, 2013(2): 535 – 551.

[2] E. Poskiparta et al. , "Anti – bullying Computer Game as Part of the KiVa Program: Students' Perceptions of the Game," edited by A. E. Costabile, B. E. Spears, *The Impact of Technology on Relationships in Educational Settings: International Perspectives*, New York: Routledge, 2012, pp. 158 – 168.

直接干预计划。在 KiVa 项目实施过程中,焦点行动主要由本校的三名教师或学校职工组成防欺凌干预小组,该小组与班级教师一起处理他们所关注到的欺凌事件。在具体干预过程中,干预小组通过个别交流或小组交流来了解和制止欺凌事件,并由专门干预小组来教育引导欺凌者并对被欺凌者提供后续的帮助与支持。干预流程如图 7-1 所示。①

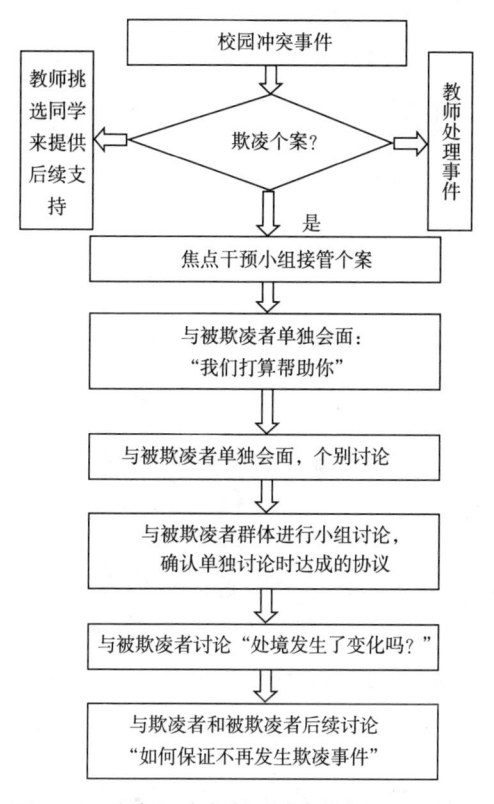

```
                        ┌─────────────┐
                        │ 校园冲突事件 │
                        └──────┬──────┘
                               │
  ┌──────────┐          ┌──────▼──────┐         ┌──────────┐
  │教师挑选同│◄─────────┤  欺凌个案?  ├────────►│教师处理事│
  │学来提供后│          └──────┬──────┘         │    件    │
  │  续支持  │                 │是                └──────────┘
  └──────────┘                 │
                               ▼
                    ┌─────────────────────┐
                    │ 焦点干预小组接管个案 │
                    └──────────┬──────────┘
                               ▼
                    ┌─────────────────────┐
                    │ 与被欺凌者单独会面: │
                    │  "我们打算帮助你"   │
                    └──────────┬──────────┘
                               ▼
                    ┌─────────────────────┐
                    │与被欺凌者单独会面,个别讨论│
                    └──────────┬──────────┘
                               ▼
                    ┌─────────────────────┐
                    │与被欺凌者群体进行小组讨论,│
                    │ 确认单独讨论时达成的协议 │
                    └──────────┬──────────┘
                               ▼
                    ┌─────────────────────┐
                    │与被欺凌者讨论"处境发生了变化吗?"│
                    └──────────┬──────────┘
                               ▼
                    ┌─────────────────────┐
                    │与欺凌者和被欺凌者后续讨论│
                    │"如何保证不再发生欺凌事件"│
                    └─────────────────────┘
```

图 7-1　焦点行动中个别讨论和小组讨论的流程

3. 项目的实施效果

KiVa 反欺凌项目不仅在芬兰取得了成功,在其他国家诸如英国、意大利、荷兰、新西兰等也取得了很好的效果。目前,芬兰 90% 的学

---

① 陈光辉等:《芬兰反校园欺凌项目 KiVa 及其实践启示》,《中国特殊教育》2018 年第 9 期,第 80~85 页。

校都在实施 KiVa 反欺凌项目，2013 年，芬兰学者凯尔内（A. Kärnä）指出，1~9 年级欺凌事件的数量平均减少了 20%。[1] 来自 200 多所芬兰学校的数据显示，在实施的第一年，该项目显著减少了各种形式的欺凌事件。KiVa 反欺凌项目还减少了学生的焦虑情绪，对学生对同伴氛围的感知有积极影响。在那些被学校 KiVa 团队关注的受欺凌学生中，98% 的人觉得自己的处境有所改善。在实施的第一年后，已经有报告称欺凌和被欺凌现象都有所减少。图 7-2 显示了所有使用该项目的芬兰学校在 2009~2018 年校园欺凌事件的发生率。[2]

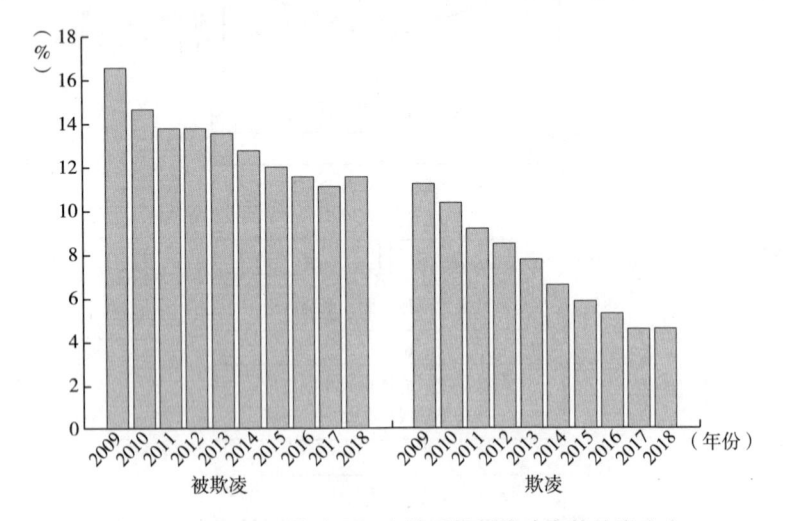

图 7-2　KiVa 反欺凌项目实施后校园欺凌事件的发生率

二　西部三省校园防欺凌干预实践案例

课题组在完成西部五省农村中小学校园欺凌调查后，了解到西部农村中小学校园欺凌的状况不容乐观，于是在 2021 年 2 月至 7 月间发起

---

[1] Christina Salmivalli, "The Implementation and Effectiveness of the KiVa Ant Bullying Program in Finland," *European Psychologist*. 2013(2): 79-88.

[2] 图表资料来源于 https://www.kivaprogram.net/kiva-is-effective/。

了一项叫作"校园反欺凌联合行动"的干预项目。该项目在借鉴挪威和芬兰反欺凌项目的基础上，结合我国国情，在活动内容及开展形式上进行了本土化创新。

首先，招募志愿学校和心理咨询机构。先后有三所农村中小学参与，其中两所为初中，一所为小学，超过 8000 名学生和教职工参与该项目。另外，一个志愿心理咨询机构和 3 名志愿心理咨询师也加入进来。

其次，干预活动准备。与志愿学校沟通，讨论干预活动的实施内容、途径；与志愿心理咨询机构沟通，协商干预活动中的心理咨询、干预事项等。

最后，实施为期一个学期的校园防欺凌干预活动，对其结果进行评价反馈。

（一）"校园反欺凌联合行动"干预项目的内容

1. 校园欺凌问卷调查

在学期初始设计一份有关校园欺凌的问卷（主要调查学生校园欺凌的情况：是否受到欺凌以及被欺凌的频次），在学期末即校园欺凌干预项目结束后以同样的问卷再次对学生进行调查，以考察欺凌干预的效果。

2. "校园反欺凌联合行动"宣言

内容如下：

我们正在与教职员工、学生和家长合作，创建一个不容忍校园欺凌行为的平安校园。

学校会做到（概要）：

　　第一，定期讨论、监督及检讨学校及上级教育主管部门的反欺凌政策；

　　第二，学校支持教职员工促进师生积极的关系，识别和处理校园欺凌行为；

第三，我们会确保学生意识到所有欺凌问题都将得到有效的处理；让学生觉得学校是安全的，确保学生遵守校园反欺凌政策；

第四，迅速向家长（或其他监护人）汇报学校对欺凌的关注，并迅速处理投诉；家长（或其他监护人）与学校合作，落实校园反欺凌政策；

第五，力图从其他地方学习校园反欺凌的良好做法，并在适当的时候利用当地或相关组织的支持。

学生应做到（概要）：

第一，欺凌行为是一种违法行为，必须遵守校园反欺凌相关政策和法律法规；

第二，同学之间是一种亲密友好关系，应互相尊重、友爱、和善；

第三，不欺负其他同学，不让欺凌毁了我们宝贵的青春；

第四，被欺凌后应立即向老师或其他学校工作人员求助，而不是沉默容忍；

第五，主动配合学校、家长及社区工作人员共同维护学校安全，拒绝校园欺凌。

3. "反欺凌"主题班会活动

学期内至少召开三次以"反欺凌"为主题的班会活动，活动开展形式主要有角色扮演、小组讨论、同伴教育与故事分享四种形式。其目的在于加深学生对"欺凌"的印象，以形成如何识别与预防欺凌的技巧，同时，也以这种活动逐渐去影响和改变旁观者的态度。

4. 心理咨询与干预

专业的心理咨询人员每学期提供不低于三次心理咨询活动。心理咨询人员在提供心理咨询活动的同时，对欺凌事件当事人做有针对性的心理咨询与干预，使欺凌事件的影响尽快结束。

(二)"校园反欺凌联合行动"干预项目的步骤

1. 评估学校的欺凌状况

主要通过编制的校园欺凌调查问卷，了解学校整体情况。问卷调查主要在项目实施前和实施后分别进行。前期的问卷调查主要涉及欺凌频次，而不考虑欺凌的类型、易发生的地点等，主要是因为欺凌类型通常有身体欺凌、言语欺凌、关系欺凌、网络欺凌、基于性/性别的欺凌五种。但志愿学校都是农村学校，农村学校除了周末，上学时间基本都禁止学生带手机入校园，通过对志愿学校历史上发生的欺凌事件的了解，小学生和初中生利用网络实施欺凌的概率几乎为零，所以并未考虑网络欺凌。

2. 营造全员参与校园反欺凌的氛围

基于班杜拉的三元交互决定理论，人的认知、行为与环境因素三者相互联系、相互作用，是一个交互决定的过程，即环境是决定行为的潜在因素，人和环境交互决定行为，行为是三者交互作用的结果。根据张桂蓉等人的研究，在校园欺凌治理过程中，学校反欺凌氛围对教师是否关注欺凌行为没有显著影响，但对教师教育行为有正向显著影响。[①] 因此，我们认为反欺凌氛围对于校园欺凌的防治是具有帮助作用的。我们把"校园反欺凌联合行动"宣言制作成海报和宣传单，在校园比较显眼的地方（比如办公室、楼道走廊，厕所附近的墙壁上、教室黑板两边，学校食堂等地方）张贴，并向每个学生、教职工以及家长等相关群体发放这些宣传单（见图7-3至图7-7）。

---

① 张桂蓉等：《学校反欺凌氛围对教师预防型干预行为的影响：干预信念的中介作用》，《广州大学学报》（社会科学版）2022年第2期，第5~17页。

图 7-3　志愿学校 1 的反欺凌海报

图 7-4　志愿学校 2 的反欺凌海报

图 7-5 志愿学校 3 的反欺凌海报

图 7-6 贴在过道走廊里的"校园反欺凌联合行动"宣言及告示

(1)

(2)

图7-7 贴在办公室、教室里的"校园反欺凌联合行动"宣言

3. 开展"反欺凌"主题班会

主题班会可以提高学生对"欺凌"问题的认识能力以及自我教育能力,同时还可以增强班级凝聚力。主题班会可以使用角色扮演的形式,也可以是辩论会等形式,主要目的在于加强学生对校园欺凌的识别与预防,以及使欺凌事件的旁观者态度发生转变(见图7-8)。

(1)　　　　　　　　　　　　　(2)

(3)

图 7-8　"反欺凌"主题班会

4. 提供心理咨询与干预

由专门的心理咨询机构派出志愿心理咨询师对志愿学校提供免费的心理咨询服务，服务对象是全体师生。服务内容主要有两个：一是对非心理专业教师提供相关的心理咨询服务，以便在校园欺凌事件发生后，教师能为欺凌事件当事人提供及时的心理援助和辅导；二是对学生提供心理咨询服务，主要内容为当自己遭遇欺凌事件后，如何调适自己的心理状态以及如何应对校园欺凌的技巧等（见图7-9）。

(1)

(2)

图 7-9　志愿心理咨询师提供心理咨询与干预服务

5. 鼓励家长与社区参与学校反欺凌活动

由于志愿学校都是农村学校，有相当多的学生是留守儿童，家长参与学校的反欺凌活动频次非常低，因此建议学校，一旦发生欺凌事件后，应及时向家长反馈学校的处理方式以及当事人的状态，让家长相信自己孩子在学校是安全的；农村虽几乎不存在社区这一概念，但是农村学校与当地政府的关系却十分密切，政府许多活动都需要当地学校参与，比如当地政府的消防演习等活动需要当地学校的支持，因此建议学校联系当地的政府工作人员,到学校开展普法活动,宣传《未成年保护法》等与校园欺凌相关的法律法规,让学生意识到欺凌行为是一种违法行为,这样一来可提高学校周边人群的反欺凌活动参与度,也可借此提升学生对校园欺凌的认识,以维护自身权益,在思想上提高反欺凌的参与度,也改变旁观者的围观态度。

(三)"校园反欺凌联合行动"干预项目的效果

"校园反欺凌联合行动"的干预项目经过半年的实践,三所志愿学校的校园欺凌发生率分别降低了15.4%、16.3%、18.2%,总体而言,该项目的实施效果良好,受到学校、教师和学生的好评。项目组随机访谈了部分学生、教师和家长,学生的反馈:

> 我们召开的"反欺凌"主题班会,让我感受到同学之间要互相尊重、友爱,不能欺负他人。
>
> 通过这个学期对校园欺凌相关知识的学习,我对自己有了进一步的反思,不能随便骂他人,更不能打别人,说别人坏话,和同学之间要和平相处,要彼此尊重和友爱。
>
> 通过角色扮演活动,我觉得被别人欺负心里很难受,所以现在很讨厌别人欺负人,我也不会去欺负别人,别人欺负我的话我会告诉老师,请老师帮忙。
>
> ……

教师的反馈:

> 通过一个学期的项目实践活动,虽然实践时间短了点,但是我觉得效果还是蛮好的,班级同学似乎比以前更团结了,管理起来比之前更容易一点……
>
> 项目实施过程中,志愿服务的那位老师的讲座让我深受启发,通过"学生多样性与教育"的讲座,我觉得我已经换了一个视角

来看待学生了，之前一直关注成绩中上的学生，现在我会去关注那些调皮捣蛋的学生了……

这个项目的实施，对我而言，改变最大的就是关注点有些变化，之前我一直关注学生的学习成绩，对欺凌关注得很少，现在我觉得其实学生身心健康才是最重要的，所以我会在以后的课堂中不定时地教育学生怎么做到互相尊重和友爱……

家长的反馈：

学校举行这样的活动当然很好，只要别耽误了学习就行，通过儿子电话中给我说的内容，也改变了我之前的很多看法，比如骂人，我觉得只是小事，但是现在我不这么认为了。

上次陈老师给我打电话说，我家小孩在学校被别人打了，当时我心里非常着急，但是陈老师告诉我小孩没有什么问题，而且也请打人的同学给我小孩道歉了，后来我与小孩打电话问究竟怎么回事，小孩说只是他们之间的打闹，我才放心。但是这么件小事，老师还打电话给我，我觉得把小孩交给他们教育比较放心……

三 我国农村学校校园反欺凌项目的实践反思

"校园反欺凌联合行动"干预项目实践时间比较短，虽然效果比较显著，但是其运行过程中仍出现诸多问题，我们把这些问题提出来，以供其他反欺凌项目参考。

第一，反欺凌项目没有得到足够重视。"校园反欺凌联合行动"干预项目得以实施，更多得益于私人关系，志愿学校的负责人基本都是项目领导的学生或朋友，而真正想延长项目时间时，却遭到了许多学校的拒绝，主要原因是学校领导认为学校的主要精力应投在教学上，校园欺凌只是学校管理中非常微小的一部分，而且国家及地方政府层面也出台了相关政策，学校的声誉并不会因为校园欺凌事件而受影响。而从国家层面来看，我国也并没有真正重视校园欺凌的系统治理，到现在都没有全国性或者较大规模的反欺凌项目，尽管出台了许多防止校园欺凌方面的政策，但这些政策的效果并不理想，校园欺凌事件仍然频繁地被媒体曝光。因此，我们建议应该在政府层面对校园欺凌给予足够的重视与支持，这样才会有更多的反欺凌项目实施。

第二，教师应对校园欺凌问题的能力有待提高。不管是在理论界还是在实践一线，在有关校园欺凌防治的研究与实践中，人们把目光更多地投向如何提升学生的防范力以及健全校园防范机制上，而对教师解决问题的能力却鲜有关注。在项目实施过程中我们发现，当下中小学教师在防治校园欺凌方面普遍存在知识比较匮乏，态度不鲜明的现象，对校园欺凌仍然持"小事一件"不重视的态度，更别说有何防治校园欺凌的技能了。学校其他职工有关校园欺凌防治的知识、态度和技能更加贫乏。"中小学应该向教师提供相关培训，旨在提升教师处理反欺凌事件的能力。在反欺凌能力提升培训中，着重向教师讲解校园欺凌和校园暴力相关的知识和技能，使教师深入了解学生身心健康管理的规律，掌握学生身心健康管理的科学性、系统性和规范性。"① 因此，不管是之后反欺凌项目的构建，还是对校园欺凌的防治工作，应该更加注重提升教师应对校园欺凌问题的能力。

第三，应对初中阶段学生、女生以及寄宿生给予更多关注。很多研究的调查数据显示，男生受欺凌比例高于女生。② 而对西部五省农村学校的调查数据显示却是女生遭受的欺凌比例及频次要高于男生，初中阶

---

① 韩婷芷、沈贵鹏：《芬兰校园反欺凌项目 KiVa：内涵、路径及其启示》，《外国中小学教育》2019 年第 2 期，第 15~20 页。
② 参见滕洪昌、姚建龙《中小学校园欺凌的影响因素研究——基于对全国 10 万余名中小学生的调查》，《教育科学研究》2018 年第 3 期，第 5~11、23 页；王祈然等《我国校园欺凌事件性别参与差异分析及治理对策研究》，《教育科学研究》2018 年第 10 期，第 47~53、69 页；张宝书《中小学校园欺凌行为的四种类型及其相关因素》，《教育学报》2020 年第 3 期，第 70~79 页。

段学生以及寄宿生被欺凌的比例与其他调查数据一样要高于其他学段学生和非寄宿生的比例。女生遭受欺凌的比例高于男生，当得到这个数据时我们颇感意外，即使不调查，常人大多数时候也会认为校园欺凌中男生的比例应该高于女生，因为人们普遍认为男性更具有攻击性，欺凌发生的概率自然会更高。即使是对全国10万余名中小学生的调查数据都显示男生遭受欺凌的比例高于女生。我们有点怀疑调查数据，后来经过仔细翻阅这些研究资料才发现是样本差异导致研究结果的不同，那些研究结果显示男生高于女生比例的样本抽样都是城市与农村均有，而本研究的样本都来自农村学校，这也能解释两者结果为何不一样。

在实施干预项目的过程中，我们通过访谈了解到，女生间的欺凌行为更多是言语欺凌和关系欺凌，学生认为这两种欺凌方式对人的心理伤害更大；而初中生的欺凌发生率高于其他学段的欺凌发生率以及寄宿生也更容易遭受欺凌。因此，农村学校在防治校园欺凌过程中，应重点关注这些人群，有的放矢，才会事半功倍。

第四，改变校园欺凌治理的手段。在校园欺凌治理手段方面，许多人认为，杜绝校园欺凌现象的根本出路是进行榜样教育。① 避免校园欺凌，应该以教育预防为主、处分惩罚为辅。② 但是我们认为，学生法律法规意识的淡薄、法治教育的低效以及现有法律法规对未成年人的过分保护与迁就，是校园欺凌治理困难重重的重要原因。因此，校园欺凌治理不能仅仅依赖传统调解、教育、感化、挽救等人性化手段，更需要社会控制和法律规制相结合。③ 特别是在农村地区，情感关系型是其典型的社会特征，由于大部分人的文化水平相对较低，法制观念比较淡薄，对校园欺凌的认知也比较浅薄，如果仅仅依赖传统的人性化手段，可能收效甚微甚至毫无效果。因此，学校有必要加强法治教育，强化青少年

---

① 陈志华：《改善教育杜绝校园欺凌》，《中国教育学刊》2017年第5期，第105页。
② 夏国栋：《校园欺凌重在教育预防》，《中国教育学刊》2017年第5期，第105页。
③ 邓凡：《"校园欺凌"治理的法律困境与出路——基于法社会学的视角》，《教育学术月刊》2019年第10期，第71~77页。

自觉抵制校园欺凌的法律意识。也有调查显示,"法治教育对减少男生、中职二年级学生、不住校学生及父母没在外打工的学生被欺负状况的作用较大,对减少男生、中职二年级学生、高中二年级住校生和父母没在外打工学生实施欺负状况的作用较大"。① 因此,农村学校的校园欺凌治理需要根据实际情况,调整治理手段。

---

① 滕洪昌、姚建龙:《中小学校园欺凌的影响因素研究——基于对全国10万余名中小学生的调查》,《教育科学研究》2018年第3期,第5~11、23页。

第八章
校园欺凌治理的国际经验与启示

欧美发达国家在校园欺凌研究方面比我国早近三十年,其治理策略有许多值得借鉴的地方。本章以美国、英国、日本、挪威、芬兰等发达国家为参照,总结它们在校园欺凌治理方面的经验,以为我国校园欺凌治理在实践上提供相关参考。

一 美国校园欺凌治理的经验

美国社会作为多种族、多元文化的大熔炉,由于其巨大的种族差异与文化差异,美国校园欺凌现象十分普遍。根据美国教育网站（Admissionsly.com）统计,在 12~18 岁年龄段的学生中,每 5 名学生中就有 1 人受到过言语欺凌,约有 16 万名青少年因害怕被欺负而逃学。而对于身体欺凌,每个月都有数以千计的学生面临身体攻击,而且关于校园欺凌的统计数据每个月都在增长。[①] 美国从 20 世纪末期开始,通过立法等方式对校园欺凌采取治理措施,并取得了一定成效。美国教育统计中心的调查显示,美国校园欺凌发生率（12~18

[①] "Bullying Statistics: Breakdown by the Facts and Figures," https://admissionsly.com/bullying-statistics/.

岁)已经从 2003 年的 28%①下降至 2017 年的 20.2%。② 美国校园欺凌发生率的明显降低,得益于美国采取了以下几个方面的行动。

(一) 立法保障,建立完善的校园欺凌法律体系

联邦政府对校园安全问题的重视促使各州都建立起校园安全法律体系。1999 年,佐治亚州第一个通过反校园欺凌法,随后各州也相继立法。到 2015 年 3 月,美国有 50 个州都制定了反校园欺凌法。各州建立起了对校园欺凌的界定、预防、报告、应对和处理、协同治理等机制。③ 下面我们以美国对校园欺凌的界定为例展开讨论。

美国各州的反校园欺凌法案对"欺凌"的界定虽不统一,但基本都包括身体欺凌、言语欺凌、精神欺凌、同伴欺凌、网络欺凌 5 种类型。④ 其中,网络欺凌较为特殊,网络欺凌是由于近年互联网的发展与手机的频繁使用,而出现的新的欺凌形式。网络欺凌是指:"由一个团体或个人使用电子的联系方式,反复和长期针对难以轻松保护自己的受害者实施的故意的攻击性行为。"⑤ 传统的校园欺凌行为主要发生在校园内或者校园周边,时间上也主要发生在在学校上学期间,主要是面对面(face to face)的形式。与传统校园欺凌不同的是,网络欺凌以互联网为传播工具,传播不受学校时间与空间的限制,且施暴者具有隐匿性。因此,美国除阿拉斯加州与威斯康星州尚未对网络欺凌专门立法外,其他 48 个州均已从不同角度将网络认定为欺凌行为可能发生的重

---

① Espelage et al. , "Relations between Peer Victimization Subtypes, Family Violence, and Psychological Outcomes during Early Adolescence," *Psychology of Violence*, 2012(4): 313 – 324.
② National Centerfor Educational Statistics, "Student Reports of Bullying: Results From the 2017 School Crime Supplement to the National Crime Victimization Survey," https://nces. ed. gov/pubs2019/2019054. pdf.
③ 孟凡壮、俞伟:《美国校园欺凌法律规制体系的建构探析》,《比较教育研究》2017 年第 6 期,第 43 ~ 49 页。
④ 马焕灵、杨婕:《美国校园欺凌立法:理念、路径与内容》,《比较教育研究》2016 年第 11 期,第 21 ~ 27 页。
⑤ K. Peter et al. , "Cyberbullying: Its Nature and Impact in Secondary School Pupils," *Journal of Child Psychology and Psychiatry*, 2007.

要场域。① 即使阿拉斯加州与威斯康星州没有专门对网络欺凌立法，但仍有适用网络欺凌的刑事处罚。

以美国第一个颁布反校园欺凌法的佐治亚州为例，佐治亚州的法案规定的欺凌行为包括：任何对他人的故意伤害或者威胁、可见的身体伤害、力量展示造成的潜在伤害、对正常教学造成不良影响的行为、网络欺凌等。② 佐治亚州是美国众多已有欺凌法案州的一个典型，其法案经历了数次修正，对欺凌行为的定义也在一次次修正中不断扩大范围，同时更加具体化。对"欺凌"定义的不断扩充，说明了美国社会认识到了校园欺凌的严重性，更认识到了欺凌行为的复杂多变，进而逐步构建、完善了校园欺凌法律体系。

（二）治理主体多元化

构建校园欺凌法律体系只是治理校园欺凌的第一步。仅仅依靠学校的力量是不够的，美国采取了多元主体治理方法，从而使校园欺凌不再仅仅是学校的难题，更是社会各界需要积极参与治理的全社会问题。经过数年发展，美国逐步形成一个由政府、学校、家庭与社会各界多方参与的校园欺凌治理模式。各相关主体共同参与，多元治理体系的建立和不断完善是美国校园欺凌治理取得较好成效的关键所在。

1. 州政府——校园欺凌治理的指导者

州政府作为校园欺凌治理的指导者，通过设立专门的校园欺凌部门，对州内学校校园欺凌治理情况进行指导、监督与评估。如新泽西州成立反欺凌专项部门（Anti-Bullying Task Force，ABTF）来统领校园欺凌工作。ABTF 的主要工作是向学校提供必要的指导与资源，帮助学校落实反欺凌法案要求，制定自己的反欺凌政策。同时，为学校培训反欺凌专员，定期统一开展全员性质的反欺凌培训。另外，ABTF 协助学

---

① "Bullying Laws across America,"http://cyberbullying.org/bullying-laws.
② 李先军、苏明明：《美国佐治亚洲校园欺凌干预体系探析》，《比较教育研究》2018 年第 3 期，第 32~38 页。

校调查校园欺凌事件。当学校对于发生的欺凌事件难以处理时，可以申请学区乃至州的 ABTF 专员协助处理。ABTF 定期对学校的反欺凌工作落实情况开展检查，检查学区内学校反欺凌政策的推进情况，检查结果与学校的考核评级相挂钩。

2. 学校——校园欺凌治理核心

学校作为学生的主要活动场所与校园欺凌的高发地，在校园欺凌治理中处于核心地位。在课程设置上，美国中小学通过开展专门的课程对学生进行引导，如社会与情绪学习（Social and Emotional Learning，SEL）课程。SEL 课程旨在培养学生的社会情感技能、情绪管理能力、同情心等，对于学生个体发展而言，个体习得了理解他人与表达自己的能力、调节负面情绪的能力，增强了反欺凌意识，也能够更好地与他人交往合作；对于学校整体而言，该课程能营造团结友爱的校园氛围与更安全的校园环境。

同时，学校加强对教师的反欺凌培训。教师是校园欺凌治理的一线人员，教师作为与学生接触最密切的人，最容易发现学生的异常。一旦出现校园欺凌事件，教师是发现校园欺凌事件并直接向上报告、对施暴者进行行为纠正、对受害者进行安抚与保护等重要环节的执行者。因此，增强教师的反校园欺凌意识与能力至关重要。学校定期开展对教师的培训，可帮助教师明确校园欺凌的内涵、理解校园欺凌的危害、了解校园欺凌的诱发因素、熟知预防校园欺凌的策略等。

3. 家庭——家校共治

家校共治已经是世界教育发展的共识，家庭在校园欺凌治理中扮演着重要角色。以新泽西州为例，家长参与到校园反欺凌政策的制定，校园欺凌防治小组、学校的反欺凌教育培训中，可使家长具备关于校园欺凌的常识性知识。一旦家长发现自己的孩子涉及校园欺凌事件时，无论孩子是施暴者、被欺凌者还是旁观者，家长知道应采取什么策略来进行有效干预。

如果有学生在学校欺凌其他同学，学校会及时通知家长，并视具体情况进行干预。第一，当学生的欺凌行为对他人的身体和心理造成消极影响，但情节相对轻微时，父母必须承担相应的民事责任并进行民事赔偿。第二，如果学生的欺凌行为情节严重，性质恶劣，欺凌者将被送至青少年法院，家长也会因为监护不当随欺凌者一起进入司法程序。①

4. 社会团体——校园欺凌的预防与宣传

社会团体是参与预防和反欺凌教育宣传的主体，美国政府积极鼓励各类社会团体和第三方组织共同参与反校园欺凌项目的开展。在众多的参与防治校园欺凌的社会团体中，影响力最大、号召力最强的就是"欧米茄人"（Omegaman & Friends）。② 欧米茄人采取演讲、表演情景剧、校园集会等多样的活动形式，将娱乐性与反校园欺凌相结合，帮助学生识别欺凌行为以及掌握反欺凌的知识和策略。另一个例子是"不要嘲笑我"（Don't Laugh at Me）项目。该项目由"彼得、保罗和玛丽演唱团"的亚罗（P. Yarrow）创立，该项目利用戏剧、活动、诗歌、文学、视觉艺术等手段探索课程主题，帮助学生发展社会与情感的核心能力。该项目帮助学生接受不同观点，引导学生在受到他人言行伤害时维护自身利益；同时要求教师定期与家长交流，分享课程的材料和内容。③

二 日本校园欺凌治理的经验

校园欺凌一直是日本一个比较严重的社会问题。日本的社会氛围追求集体主义，崇尚融入集体，强调人人成为集体的一分子，反对个体的特立独行。因而在校园中，学生们同样追求融入群体，个体展现出不一样的性格特点或者不同的行为举止，都容易招致群体的排斥甚至是孤

---

① 周冰馨、唐智彬：《防治校园欺凌的国际经验及其启示》，《外国中小学教育》2017 年第 3 期，第 39~44、17 页。
② 王祈然、蔡娟：《美国第三方组织反校园欺凌实践研究——以"欧米茄人"组织为例》，《比较教育研究》2018 年第 10 期，第 68~75 页。
③ 李朝阳：《美国校园反欺凌项目的层级、内容与实施》，《比较教育研究》2018 年第 3 期，第 26~31、38 页。

立,这时校园欺凌就容易发生,甚至有学生因被欺凌而自杀。日本从 20 世纪 80 年代开始几乎每隔 10 年便发生一次校园欺凌的高潮,且每次均有中小学生因被欺凌而自杀①,于是整个社会开始重视校园欺凌并采取了一系列措施,但是即便到了 2018 年,全国被学校识别、发现的欺凌事件仍达到 32.3 万件,其中事态较为严重的约 400 件。②

日本与我国同属东亚文化圈,在社会文化、思维模式等方面与我国比较相似。因而日本的校园欺凌治理对我国具有一定借鉴意义。日本的校园欺凌治理措施有以下亮点。

(一) 构建专门性法律体系

日本的法制化水平位于亚洲国家前列,在预防和治理校园欺凌问题上其同样采取了法制化的手段。目前,日本已经建立了针对校园欺凌比较系统的法律体系。日本针对校园欺凌问题单独制定了《校园欺凌防止对策推进法》,与此同时还有《少年法》《儿童福利法》《教育基本法》《学校教育法》等一整套的法律法规体系,以便系统应对和处理校园欺凌问题。这表明了日本政府治理校园欺凌的法治理念、法治思维和法治路径。日本的反校园欺凌综合性立法体系优点在于:第一,制定了一部专门的《校园欺凌防止对策推进法》,这是该法律体系的基点和核心;第二,有效治理校园欺凌还需要其他法律的配合,比如与未成年人有关的《少年法》《儿童福利法》,以及相关的教育法;第三,基本法与其他法合理分工、密切配合,这是日本治理校园欺凌的重要法制基础。③

---

① 尾木直树『いじめ問題をどう克服するか』岩波書店、2013、2~14 頁。
② 総務省『いじめ防止対策の推進に関する調査結果に基づく勧告』、https://www.mext.go.jp/component/a_menu/education/detail/__icsFiles/afieldfile/2018/10/02/1409383_002.pdf。
③ 任海涛、闻志强:《日本中小学校园欺凌治理经验镜鉴》,《复旦教育论坛》2016 年第 6 期,第 106~112 页。

（二）强化道德教育

尽管日本学界对于校园欺凌问题产生原因的看法不同，但是大多数学者赞同校园欺凌的产生是日本长期忽视道德教育所致。以升学为中心的教育观扭曲了学校教育，特别是弱化了道德教育、法制教育和规则教育。以知识学科为中心的评价体系和应试体制忽视了对学生其他方面能力的培养，导致其容易产生逆反心理和偏差行为。① 因此，日本文部科学省提出要提高道德教育在学校教育中的地位，以降低校园欺凌事件的发生。

2015年3月，日本文部科学省公布了修订后的部分中小学《学习指导要领》，正式确立道德教育的学科地位。"道德教育的指导内容要运用到学生实际生活当中，努力杜绝校园欺凌，确保安全的学习生活。"② 根据该目标，《学习指导要领》充实了道德教育内容，通过在不同年级要求中增设关键词的方式，凸显要求的重要性。其中针对校园欺凌问题，低年级和中年级增加了"公正、公平、社会正义"，中年级增加了"相互理解、宽容"，高年级增加了"更好地生存的喜悦"。另外，指导方法也做出相应调整，由原来以"阅读教材"为主的单一方式转变为"问题解决型"和体验式学习相结合的综合型模式，使学生将与校园欺凌相关的问题作为自己的事情进行多角度、多方位思考。③

（三）构建多元预防治理体系

在社会层面，政府设置了电话热线与网络咨询机制。各市教育委员会设置了24小时免费的儿童SOS热线电话，让被欺凌的儿童或其家长，

---

① 高晓霞：《日本校园欺凌的社会问题化：成因、治理及其启示》，《南京师大学报》（社会科学版）2017年第4期，第100~108页。
② 文部科学省『小学校学習指導要領』文部科学省、2017、98頁。
③ 文部科学省『小学校学習指導要領』文部科学省、2017、76頁。

或者发现有欺凌事件的其他儿童或大人能顺利求助和上报。在网络咨询方面，公众可以利用SNS（Social Networking Service）在网络上进行咨询。

在学校层面，除了加强道德教育，日本还通过加强校园安全建设来预防校园欺凌事件的发生，包括制定校园安全检查标准、校外活动措施安全计划及欺凌防治方针与指导计划，配置相关安全设施，设置学校安全管理与监督的专职职员。同时，学校也注重与警察的联系，通过少年警察入校的方式，开展与学生的对话，整顿学校周围的社会环境，为学校安全提供了保障。① 一旦发现校园欺凌事件，校方会成立紧急调查小组，根据情节严重程度，对欺凌者采取相应惩戒。

在家庭层面，日本强调监护人与孩子的情感交流，要求监护人在与孩子接触的过程中观察其言行上的细微变化，如果孩子表现出被欺凌的迹象，要及时通知学校，并把握孩子的心理状态。学校设立家长教师协会以促进家庭与学校的沟通，同时向家长普及家庭防范欺凌对策，并为被欺凌者及其监护人提供帮助。

三 欧洲发达国家校园欺凌治理的经验

（一）挪威校园欺凌治理的经验

校园欺凌的现代研究始于挪威，挪威是世界上最早对校园欺凌采取治理与干预措施的国家。挪威政府对校园欺凌的关注源于一起学生自杀事件。1983年，挪威3名小学生因遭受严重校园欺凌而自杀，全国上下一片哗然，新闻媒体对该事件进行了大量报道，使得校园欺凌成为社会关注的热点问题。受社会舆论影响，挪威教育部发起了一场全国性的反对校园欺凌的运动，由奥尔韦斯作为领军人物。

---

① 王莉平：《中日校园欺凌的比较研究》，硕士学位论文，华中师范大学，2018。

挪威卑尔根大学的奥尔韦斯是研究校园欺凌的权威人物。他对校园欺凌的定义是：校园欺凌是指一名学生或一群学生对另一名无力反抗的学生发起的具有明确伤害意图的攻击性行为。该行为呈反复性或持续性，且形式不一，从直接的身体和言语攻击到间接的孤立和排斥，以及随着现代通信技术的广泛使用而流行的网络欺凌。该定义也是唯一被各国际组织使用的定义。[1] 校园欺凌行为由来已久，人们往往忽略或轻视校园欺凌给儿童带来的长期伤害，有的视之为小打小闹，有的视之为孩子早晚会面对的挫折，并没有认识到校园欺凌的严重性，更没有对校园欺凌的深入研究与治理措施。直到1973年，奥尔韦斯对这种特殊的攻击行为展开系统研究，并提出"校园欺凌"这个概念，他于1973年发表专著《学校中的攻击：恶霸和替罪羊》，该书的出版被视为系统研究校园欺凌问题的开端。[2]

1. 奥尔韦斯欺凌防范项目

挪威在全国开展校园欺凌预防宣传活动的同时，还组织专家学者在全国进行调查，从总体上把握中小学校园欺凌具体状况，奥尔韦斯为调查活动的负责人。其于1983年发起了世界上第一次针对校园欺凌的大型干预，形成了第一个校园欺凌防范项目——奥尔韦斯欺凌防范项目（OBPP）。OBPP是专门为学校设计，并且由学校教职工来实施的欺凌干预和防治项目，目的在于减少学校中已经存在的欺凌问题，预防新的校园欺凌事件的发生，建立更好的同伴关系。项目通过改善孩子在学校的环境，减少学生参与校园欺凌的机会以及从欺凌行为中获得的反馈，鼓励积极的亲社会行为，从而达到目标。

OBPP制定了一系列针对整个校园生态系统的干预措施。主要在学校、班级和个体、社区四个层面展开。在学校层面，学校成立欺凌预防

---

[1] 张倩等：《校园欺凌的综合治理何以实现——来自现代校园欺凌研究发源地挪威的探索》，《教育研究》2020年第11期，第70~82页。

[2] 杨婕、马焕灵：《挪威校园欺凌防范机制研究——以奥维斯欺凌防范项目为例》，《现代教育管理》2017年第12期，第119~123页。

协调委员会。委员会成员来自学校和社区，通常由 8~15 名成员组成，包括学校行政人员、每个年级的老师、学校辅导员和/或校内心理健康专业人士、非教学人员的代表（如公交车司机、监护人或食堂工作人员）、一两位父母、社区代表（例如青年组织的工作人员），以及可能带来特定专业知识的其他学校人员。委员会成员需要参加专向培训，制订在学校实施 OBPP 的计划；将计划传达给工作人员、家长和学生；从教职员工、家长和学生那里获得关于 OBPP 实施情况的持续反馈，并根据需要对学校计划进行调整。

在班级层面，教师与学生详细讨论学校关于欺凌行为的规则，确保学生清楚地了解它们的含义，使得反欺凌规则被所有学生知晓和遵守；同时，每周开展班会，旨在建立班级凝聚力，讨论关于欺凌的规则以及不遵守规则的负面后果，帮助学生理解他们在预防和制止欺凌中的作用，以及解决欺凌的策略。在班会上，学生参与角色扮演，帮助学生建立同理心和换位思考能力，帮助学生在面对欺凌时采取积极的行动。另外，举办家长会，帮助家长了解与欺凌相关的问题，并征求家长的意见。

在个体层面，要求所有教职工在欺凌事件发生时进行即时干预，并且关注已参加或可能会参加校园欺凌的学生。如果发生了欺凌事件，鼓励学校与家长和心理健康专家合作，制定针对该事件的解决方案，为被欺凌的学生提供支持和帮助，并纠正欺凌其他学生的行为。

在社区层面，挪威教育者认识到，校园欺凌并不会因为在学生走出校门后停止，委员会成员鼓励让一名或多名社区成员加入到委员会中，探索社区成员支持学校欺凌预防计划的方式，并共同合作将欺凌预防信息和策略传播到学校以外的社区环境中，使儿童和青少年都能受益。①

---

① D. Olweus, S. P. Limber, "The Olweus Bullying Prevention Program: Implementation and Evaluation over Two Decades," *American Journal of Orthopsychiatry*, 2010(1): 124-134.

根据抽样调查，OBPP 实施一年后，项目学校的欺凌发生率下降了 50%~70%。① 奥尔韦斯欺凌防范项目在挪威取得的成功，引起了多个国家的效仿，美国、瑞典、英国、意大利、荷兰等十几个国家先后将该项目引入国内，均取得了很好的效果。后来挪威还开展了零容忍欺凌预防项目、儿童行动挪威中心的预防项目、学校仲裁所项目等反欺凌项目②，均取得了良好成效。

2. 建立综合治理校园欺凌体系

在法律法规上，挪威政府于 2002 年发布了《反欺凌宣言》(The Norwegian Manifesto against Bullying)，对校园欺凌的性质做出了界定，指出校园欺凌是侵犯儿童基本人权的社会问题，是对社会公共健康、安全和社会道德准则的威胁，是整个社会的问题，由此统一了全社会对校园欺凌问题的基本认识。随后挪威又颁布了《校园环境法案》，建立了欺凌防治工作的责任体系和问责机制，建立了校园欺凌防治的国家法制系统。法案确立了挪威校园欺凌防治的三级问责机制，地方最高行政长官（郡长）——地方政府（郡、市政府）——学校（校长和教职工），确保有法必依。③

法案在明确校园欺凌防治事权的同时，也对欺凌防治工作的各个环节，包括事前预防、事中干预和事后处罚等做出了细致的程序性规定。对于事前预防，法案要求学校建立关于校园欺凌的宣传、沟通和调研机制等；在事中干预阶段，法案对个案的处理程序、响应时间都做出了规定。学校必须在一周内对学生上报的个案展开调查并制订书面行动计划。对于事后处罚，法案重点提出了针对欺凌者的两种处罚——转学和

---

① 张倩等：《校园欺凌的综合治理何以实现——来自现代校园欺凌研究发源地挪威的探索》，《教育研究》2020 年第 11 期，第 70~82 页。
② 陶建国、王冰：《挪威中小学校园欺凌预防项目研究》，《比较教育研究》2016 年第 11 期，第 9~14 页。
③ 张倩：《校园欺凌治理的"三驾马车"——对挪威校园欺凌防治制度与实践的考察》，《教育学报》2020 年第 6 期，第 51~61 页。

停学，并分别规定了处罚的适用行为和条件。①

在学校执行上，政府大力推广校园反欺凌项目，并开展对校园欺凌防治的专项培训。除了对于教师的培训，还加强了对于地方心理服务团队的培训。教育部要求各校建立一个以校长为首的社会心理资源团队来开展全校的欺凌防治工作，尤其是对个案的干预工作。团队成员都被鼓励参加国家和地方组织的反欺凌实践研讨会和工作坊，而各校校长和心理辅导教师作为核心骨干则必须接受教育部委托研究中心和国家能力建设中心组织的专业培训。

挪威教育部每年定期收集校园欺凌防治数据，根据数据结果对全国校园欺凌防治工作进行绩效分析，以便及时调整相关政策，科学分配资源，对薄弱地区和薄弱环节加以重点监督与扶持。挪威教育部也要求所有地区和学校必须将本地和本校当年的学生问卷调查统计结果在相关网站公开，邀请社会各界对其欺凌防治工作进行绩效监督。学校应及时就相关问题与家长沟通，邀请他们和教师一起讨论和设定学校欺凌防治工作的后续目标和绩效改进措施。

（二）英国校园欺凌治理的经验

从20世纪80年代开始，校园欺凌问题得到了英国社会的广泛关注。同时受到挪威的影响，英国也较早开始了对校园欺凌的研究。时至今日，英国已经建立了较为完善的校园欺凌治理体系。

1. 建立反校园欺凌法律体系

英国通过法律确定了反欺凌的重要地位。如《1989年儿童法》（Children Act 1989）规定，欺凌事件应作为一个儿童保护项目被予以关注。在《1993年教育法案》（Education Act 1993）中，英国首次明确确立了学校处理学生偏差行为的政策架构。随后，在一系列法律文件中政

---

① 张倩：《校园欺凌治理的"三驾马车"——对挪威校园欺凌防治制度与实践的考察》，《教育学报》2020年第6期，第51~61页。

府对学校反欺凌的权力（Power）和职责（Responsibility）进行了规定。学校的权力主要包括教师有权训导问题学生；允许教职工在合理情况下没收、保留或处置学生的物品；学校有权责令学生留校；教师有权惩罚学生的校外不当行为。学校反欺凌职责主要包括：制定并落实行为规范政策，学校的行为规范制度必须在其网站上进行公布；学校要根据实际情况制定适合于学校自身的反欺凌措施，以促进欺凌问题的有效预防与解决。①

2. 建立校园欺凌监测机制

英国政府会对各个学校的校园欺凌治理工作进行检查和督促，其中关注度较高的当属英国教育标准局（Ofsted）组织的检查。检查的范围包括学校、学院等各类教育机构，儿童保护、教师培训等，调查结果会公开发布，并向政府报告。② 其中，校园欺凌是 Ofsted 的检查中必须包含的内容，这项内容要求学校详细说明它们治理校园欺凌行为的举措，并且学校要证明它们制定的校园欺凌治理措施是有效的。关于治理校园欺凌的检查内容集中在学生对欺凌的理解以及切身经历上，检查员会与学生讨论是否在当前学校中遭受欺凌，了解学生如果在学校遭受欺凌时应采取的举措，以及要求学生评价学校处理校园欺凌行为的有效性。③

3. 学校的预防与干预

英国开展了多种反校园欺凌项目，其中最著名的是谢菲尔德反欺凌项目。早在 1991 年，英国就开始实施谢菲尔德反欺凌项目，该项目受到挪威反欺凌项目的启发，其核心是采用全校政策（whole–school policy）来治理校园欺凌。④ 全校政策是用文件明文规定学校对于欺凌行为

---

① 董新良等：《英美两国欺凌防治比较研究——基于学校的视角》，《外国教育研究》2018 年第 8 期，第 68~78 页。
② "Ofsted About Us", https://www.gov.uk/government/organisations/ofsted/about.
③ 付玉媛、韩映雄：《多元主体参与：英国校园欺凌治理实践与启示》，《比较教育学报》2021 年第 4 期，第 60~74 页。
④ P. K. Smith et al., "Interventions to Reduce School Bullying," *Can J Psychiatry*, 2003(9): 591–599.

应采取哪些举措，规定教师处理欺凌事件的具体步骤以及如何评估反欺凌工作的成效。全校政策需要全校的系统和程序响应反欺凌文件的要求，以确保其反欺凌目标和策略得到有效实施、监测、维护和审查。

另外，英国重视校园氛围的营造，使学生感到在校园中是安全的、包容的。让学生知道，即使性取向与主流不同也是可以的，观点与别人不同也是可以的，让学生感到暴露自己是安全的，欺凌者是会被惩罚的。学校为学生提供的援助举措：一是让被欺凌者知道学校时刻准备为他们提供援助服务；二是让被欺凌者明白，只有讲出来，欺凌事件才能得到立刻或适当处理；三是让被欺凌者知晓发生欺凌事件不是他的错，不要自责，要及时寻求援助；四是为迫于压力不敢或不愿直接反映欺凌事件的学生提供援助。譬如为被欺凌者提供援助电话、留言、短信服务或在校长办公室外放置"信任箱"或"烦恼箱"等。[①] 同时，充分发挥家庭的作用。学校会让家长知晓学校处理校园欺凌的步骤与程序，如果家长认为自己的孩子受到了欺凌，校方会认真对待任何有关欺凌的投诉，而且将以保护学生的方式处理校园欺凌。同时，学校加强对学生的反欺凌教育，并使学生明白，如果发生了校园欺凌事件，不要做沉默的旁观者。学校为教师提供有效培训，确保所有教职工了解学校反校园欺凌的原则和宗旨、学校在反校园欺凌方面的法律责任以及处理校园欺凌的具体措施，以便对校园欺凌事件进行及时处理，及时对受欺凌学生给予帮助。

（三）芬兰校园欺凌治理的经验

芬兰的基础教育以优质、均衡、公平闻名于世界，芬兰的教育经验也被世界各国学习与借鉴。在校园欺凌治理方面，芬兰最具特色的是在全国范围内开展了 KiVa 反欺凌项目。KiVa 反欺凌项目在降低校园欺凌

[①] 张宝书：《英国中小学反校园欺凌政策探析》，《比较教育研究》2016 年第 11 期，第 1~8 页。

上有明显成效,被欧洲其他国家如意大利、荷兰、比利时、西班牙等引入。意大利、荷兰学者追踪研究发现,引入 KiVa 反欺凌项目后,校园欺凌事件与被欺凌者受害程度均有不同程度的降低。[①]

KiVa 反欺凌项目由萨尔米瓦利及其同事在芬兰图尔库大学开发,针对 7~15 岁(芬兰综合学校的年龄范围)的儿童。[②] KiVa 反欺凌首先在芬兰 234 所学校试点,降低了多种形式的欺凌行为,包括口头欺凌、关系欺凌、物理欺凌和网络欺凌。于是由芬兰政府出资在全国推广,现在芬兰 90% 以上的综合学校都实施了 KiVa 反欺凌项目。KiVa 反欺凌基于广泛的研究证明,当旁观者不提供帮助时,受害者会十分痛苦,而欺凌者往往会表现得咄咄逼人,以获得更高的地位,并因旁观者的冷漠或鼓励而得到强化。当旁观者介入时,欺凌行为往往会停止。KiVa 反欺凌项目教孩子们识别和适当应对欺凌行为。

KiVa 反欺凌包含三个主要要素:预防、干预和年度监测。第一,预防上采取的措施主要是专门设计的 KiVa 课程。KiVa 课程是面向所有学生的,既包括学生课程,也包括在线游戏,KiVa 课程是 KiVa 反欺凌项目的支柱。第二,KiVa 反欺凌项目的干预行动是对已经发生的欺凌采取措施。具体措施例如组建防欺凌干预工作组,该工作组由至少三名教师或其他成人(如心理咨询师、教育心理学家等)组成,且工作组成员均接受过反校园欺凌培训。当校方接到报告可能发生了校园欺凌事件时,首先,反校园欺凌工作组对发生的事件是否属于欺凌事件及欺凌的严重程度进行认定;如果属于欺凌事件,工作组会与欺凌事件双方分别进行谈话。其次,对于被欺凌者,工作组通过心理咨询、家庭支持、为被欺凌者班级配备具有亲社会倾向的同龄人等举措,帮助被欺凌者提升社交技能,恢复和重建自尊、自信及信任等能力;同时,也对欺凌者

---

① S. Clarkson et al., "The UK Stand Together Trial: Protocol for a Multicentre Cluster Randomised Controlled Trial to Evaluate the Effectiveness and Cost – effectiveness of KiVa to Reduce Bullying in Primary Schools," *BMC Public Health*, 2022(22): 608.

② "What is KiVa," http://www.kivaprogram.net/.

进行相应的心理辅导、家庭教育，使其认识到欺凌行为的危害，及时停止欺凌行为。最后，当欺凌者与被欺凌者做好身心准备后，双方之间再进行会面及直接接触，以确保欺凌事件得到妥善处理。① 第三，年度监测。KiVa反欺凌项目通过对学生和教职员工的年度在线调查，以了解校园欺凌情况，学校会根据调查反馈来继续改进反欺凌工作。

KiVa反欺凌项目与其他反校园欺凌项目的不同之处在于，首先，它为学生、教师和家长提供了具体材料。KiVa反欺凌项目就像一个工具箱，提供齐全的解决工具，包括教师手册、家长指南、面向学生和教职员工的在线调查等。其次，提供虚拟在线游戏来增强反欺凌教育效果。游戏通过设计欺凌场景（如校园角落、走廊、楼梯、餐厅、洗手间等），让学生分别体验作为欺凌者、被欺凌者及旁观者等角色，对学生采取的行为后果进行分析，让学生学会换位思考。最后，KiVa反欺凌项目能增强学生同理心和自我效能感，并支持受害的同龄人②，而不是成为沉默的旁观者，从而形成反欺凌的校园氛围。

四 启示

（一）提高全社会对校园欺凌事件的重视，增强反欺凌意识

校园欺凌不仅仅是学校内部的问题，也不仅仅是教育系统要面对的问题，而是整个社会需要解决的问题。无论是欧美国家还是日本，其对校园欺凌的治理重视较早，普遍从20世纪八九十年代就开始建立相应的治理体系。反观我国，学界对于校园欺凌问题直到2012年才开始逐渐关注，而社会大众直到最近几年因相关校园欺凌的电影上映，才对校

---

① 覃丽君：《发挥多元主体参与的力量：芬兰中小学反校园欺凌计划的实施及启示》，《外国中小学教育》2017年第9期，第48~53页。
② S. Clarkson et al., "Introducing KiVa School – based Anti – bullying Programme to the UK: A preliminary Examination of Effectiveness and Programme Cost," *School Psychology International*, 2019(4): 347 – 365.

园欺凌有了广泛关注。因此，我国公众整体上对校园欺凌的危害性认识不足，容易误以为不过是小孩子间的打闹；对校园欺凌的表现形式不够了解。现在的网络欺凌具有隐蔽性，不容易被他人察觉，因此难以对受欺凌者提供必要及时的帮助与支持。校园欺凌需要全社会形成共识，从上至下，由家庭、学校、社区以及政府形成合力来预防和治理。

（二）建立完善的政策法规体系

我国在2021年新修订施行的《中华人民共和国未成年人保护法》中，首次对学生欺凌进行了法律定义，即"发生在学生之间，一方蓄意或者恶意通过肢体、语言及网络等手段实施欺压、侮辱，造成另一方人身伤害、财产损失或者精神损害的行为"，而新修订施行的《预防未成年人犯罪法》第三十三条则通过具体列举的方式划定学生欺凌的行为有"殴打、辱骂、恐吓、强行索要财物等"。这是我国法律首次对校园欺凌行为进行界定，并且对网络欺凌也有所涉及。这是我国构建完备的反欺凌法律体系的第一步，也是一大步。但是相关法律对于网络欺凌的界定仍然模糊，在校园欺凌的预防、报告、协同治理等方面仍然存在法律空白。对比法治体系完备的欧美国家，我国还有一段距离。

（三）改革德育制度

日本在对德育课程的改革中，明确了要加强对于校园欺凌的预防。我国可以参考日本的经验，将反欺凌教育加入德育教育中。通过直接德育课程，增强学生的反欺凌意识，帮助学生识别欺凌行为，让学生了解学校的反欺凌政策，让学生熟悉如果发现欺凌行为，可以采取哪些报告路径，如果学生是受害者，可以如何获得帮助等。通过丰富的间接德育活动，比如戏剧表演等多种活动形式，让学生在活动中发展同理心，培养社会情感能力，从而营造安全、友爱的校园文化。在这方面，欧美开展了大量的反欺凌项目，每个项目中活动形式丰富，其中KiVa反欺凌项目的线上游戏最具借鉴意义。线上游戏项目既不会引发学生的抵触心理，又能达到显著的降低欺凌行为的效果，我国可因地制宜，研发属于自己的线上反欺凌项目。

（四）建立校园反欺凌制度

当有校园欺凌事件发生时，学校应该采取哪些措施进行处理，对待欺凌者应该执行哪些惩罚，对待受欺凌者如何提供心理疏导，学校平时又该采取哪些措施进行预防，这些关键环节并没有文件做统一规范。各地教育部门需要因地制宜制定并落实欺凌事件的报告程序、调查步骤、应急反应机制、心理辅导、定期培训等规定，并监督学校严格执行，定期对学校进行考核。

第九章
我国校园欺凌治理的策略

一 我国校园欺凌治理的法律及政策依据

校园欺凌的发生对未成年人的身心健康造成巨大的伤害和影响，一直是国内外校园安全领域中难解的问题之一。1978 年，挪威著名教授奥尔韦斯最先提出了"欺凌"概念，此后他便从《学校中的攻击：恶霸和替罪羊》一书开始了对校园欺凌的专门研究，强调需从学校、社区、班级和个人方面进行全方位治理。而我国对校园欺凌的研究开始较晚，对校园欺凌的概念定义也长久处于一种模糊状态，多数家长及教师对校园欺凌的认识仅停留在暴力、斗殴等行为上。国家政策在对校园欺凌的预防和治理上关注度不够，未有专门的反校园欺凌政策法律出台，仅在一些基本法中提及对未成年人教育引导等方面的守则和内容。直至近几年，随着全民网络时代的发展，我国恶性校园欺凌事件不断被揭露，欺凌事件的视频被曝光，"校园欺凌"的概念才逐渐进入人们的视野。

上海政法学院姚建龙教授对全国 29 个县市的 104825 名中小学生进行了抽样调查，调查结果表明，当前我国校园欺凌的发生率达到了 33.6%，其中偶尔被欺负的比例为 28.66%，4.7% 的学生经常被欺负。① 且根据 2016 年和 2017 年的数据，全国校园暴力案件的比重虽呈降低趋势，但其中死于校园暴力案的受害者比重仍然高达 11.59%②，这个数字让人触目惊心。此外，最高人民法院工作报告显示，2019 年审结的校园欺凌相关案件亦高达 4192 件。③ 由此可见，校园欺凌问题不是单独的案件，而是涉及中小学各个阶段，涉及全国各个地方的学生。且随着社会形态的迅速变化，校园欺凌的种类、行为等越来越多样化、复杂化。2015 年国务院教育督导委员会出台的《关于开展校园欺凌专项治理的通知》，首次明确提出了校园欺凌的内涵，将校园欺凌概括为，"发生在学生之间蓄意或恶意通过肢体、语言及网络等手段，实施欺负、侮辱造成伤害"等行为。2017 年 11 月，教育部等十一部门印发《加强中小学生欺凌综合治理方案》，将校园欺凌更改为学生欺凌，并进一步明确了学生欺凌的定义，包含欺凌发生的范围、对象群体、欺凌的方式及次数等。此后，校园欺凌开始从社会热点问题逐渐上升为国家的意志与政府的行动，整顿、防治校园欺凌的政策条例相应出台，并不断发展完善。

（一）我国校园欺凌政策法规的发展历程

根据对以往政策法律的梳理我们可以发现，我国有关校园欺凌治理的法律政策出台与完善过程与我国对校园欺凌危害性的认识程度与重视程度紧密相关，大致可以分为政策萌芽期、政策探索期、政策的发展完善期三个阶段的内容。

1. 校园欺凌治理政策的萌芽期（2001 年之前）

通过对学者研究内容的搜索可知，我国有关校园欺凌的最早研究为

---

① 《加快〈反校园欺凌〉立法》，实况新闻百度百家号，2018 年 3 月 7 日，https://baijiahao.baidu.com/s?id=1594237476625947699。
② 《最高法发布的校园暴力司法大数据专题报告显示 2015 年至 2017 年年均审结百起校园暴力致人死亡案》，人民网，2018 年 9 月 6 日，http://legal.people.com.cn/n1/2018/0906/c42510-30275708.html。
③ 《聚焦两高报告十大看点》，中国新闻网，2020 年 5 月 26 日，http://www.chinanews.com/gn/2020/05-26/9194699.shtml。

2001年，在2001年之前，我国对于校园欺凌的认识和重视程度都比较低，对校园欺凌的概念并未有明确的说法，也未有专门的校园欺凌防治政策。已出台的政策法律文本的主要目的是强调对未成年人行为的教育引导，仅捎带了一些关于预防和惩治校园暴力及欺凌的相关规定，暂时只是对未成年人的故意伤害、寻衅滋事和侮辱等违法行为进行惩处，遏制重大伤害事件发生。且当时出台的政策法律文本主要集中于对未成年人犯罪者的保护和行为规范，不曾对受害者有着明确的关注（见表9-1）。

表9-1 校园欺凌治理政策萌芽期颁布的政策

时间	政策法律名称	主要内容
1987年	《中华人民共和国民法通则》	公民、法人享有名誉权，公民的人格尊严受法律保护，禁止用侮辱、诽谤等方式损害公民、法人的名誉
1991年	《中华人民共和国未成年人保护法》	以预防青少年违法犯罪为主，"对未成年人的全面保护"
1993年通过	《中华人民共和国教师法》	教师应履行义务：制止有害于学生的行为或者其他侵犯学生合法权益的行为
1995年通过	《中华人民共和国教育法》	提到结伙斗殴、寻衅滋事，扰乱学校秩序等行为将受到治安管理处罚
1997年修订	《中华人民共和国刑法》	已满十二周岁不满十四周岁的人，犯故意杀人、故意伤害罪，致人死亡或者以特别残忍手段致人重伤造成严重残疾，情节恶劣，经最高人民检察院核准追诉的，应当负刑事责任（2020年刑法修正案）
1999年通过	《中华人民共和国预防未成年人犯罪法》	从国家、社会、学校和家庭几方面强调对未成年人的预防犯罪教育

其中，《中华人民共和国未成年人保护法》以预防青少年违法犯罪为主，强调从家庭、学校、社会、司法四个维度为未成年人提供全面的保障，同时也指出家长需要对未成年人的系列不良行为负责，并对伤害了未成年人的行为制定了相应的惩罚措施。《中华人民共和国教师法》

则对教师的权力和应履行的职责与义务进行了详细的说明，其中，教师的义务中强调教师需要对校园安全担负责任，并对学生有着保护其不受伤害的义务。而《中华人民共和国教育法》则将学生在受教育活动中不被伤害、侵犯的权利纳入法条，强调了学校及其他行政部门应保护学生的身心健康。同时规定因斗殴、滋事破坏校园教学秩序和学校财产的，视情节轻重分别给予治安处罚或刑事处罚。《中华人民共和国预防未成年人犯罪法》则从国家、社会、学校和家庭几方面强调对未成年人的预防犯罪教育，并一一列举了未成年人的不良行为，厘清了具体定义范围，包括打架、斗殴、侮辱他人以及其他一切违反法律及道德的行为，明确了未成年人不良行为引发犯罪的法律责任。由于校园欺凌主要发生于未成年人中，且严重的校园欺凌多表现为暴力及身体伤害，因此以上针对未成年人行为规范的法律规定，在一定程度上遏制了校园欺凌问题。此外，当学生之间的打架斗殴使得学生的人身安全、生命安全受到威胁时，当未成年人的不良行为触及法律条例时，当以侮辱、诽谤、诋毁等形式侵犯受害者的人格权时，我国的刑法、民法通则等基本法就为严重的校园欺凌行为的惩罚处理措施提供了依据。

总体来看，在我国校园欺凌防治政策萌芽阶段，较为重视全面保护未成年人的权益，我国对校园欺凌的概念认识较为模糊，未明确提及校园欺凌的治理和惩罚措施，仅仅是立足于暴力、打架斗殴等学生不良行为、失范行为探讨未成年人的惩戒与教育。该阶段家长、教师等群体对严重身体伤害以外的其他类型的校园欺凌重视不够，仅将其看成学生间的玩耍打闹，缺乏足够的关注和教育引导，多以大事化小、小事化了的态度处理欺凌事件。而对于严重危害学生生命安全的校园欺凌事件，因为未成年人保护法中基于责任年龄的限定，多数校园欺凌行为并不会上升到法律惩处的阶段，该阶段《中华人民共和国刑法》《中华人民共和国民法通则》等基本法对校园欺凌的防治效果十分有限。

2. 校园欺凌治理政策的探索期（2001~2015年）

从2001年开始，教育界各学者开始关注校园欺凌问题，并开始探讨校园安全立法的必要性及实施原则等。各级政府逐渐发现了校园安全管理的隐患与问题，开始将校园安全整治作为政府工作的重要内容，通过开展校园安全教育、实施校园安全整治行动等措施，不断推进中小学校园安全管理政策法律的出台。

2001年，教育部办公厅发出关于开展中小学"校园安全"主题教育活动的通知，以促进中小学校园教育，增强中小学校园安全管理意识，保证中小学生在全面发展的过程中安全、健康地成长。而为了进一步预防、妥善处理在校学生伤害事故，保护学生、学校的合法权益，2002年，教育部细化了学生伤害事故的类型及场所，并颁布了《学生伤害事故处理办法》，明确了学校校园安全管理的内容、范畴，也在一定程度上明确了学校的责任权限。该办法强调"学生如果采取危害他人的行为，将被追究相关责任"。同时若情节严重，属于重大伤亡事故的，应层层上报，以便教育行政部门更好地指导、协助学校进行事故的处理工作。且因未成年的特殊性，在事故发生后，其监护人应承担赔偿等责任。

2004年，教育部等八部门联合发布了《中小学幼儿园及少年儿童安全管理专项整治行动实施方案》，推动强化学校内部治安管理，不断提高学生的法制意识、安全意识和自我防护能力，这在一定程度上遏制了校园欺凌的发生。2005年，《中华人民共和国治安管理处罚法》也明确提到，侵犯人身权利、财产权利，妨害社会管理，具有社会危害性等行为也将由公安机关依照本法给予治安管理处罚。2006年开始，国家陆续修订了《中华人民共和国义务教育法》，颁布了《中小学幼儿园安全管理办法》，对做好中小学安全教育工作提出了明确的法律要求。《中小学幼儿园安全管理办法》不仅强调社会各级需加强校园安全事故的预防，同时也关注到学生部分不当行为潜在的危险性，要求教师"发现学生行为具有危险性的，应当及时告诫、制止，并与学生监护人沟通"。这充分表明，政府等部门已经开始从只关注伤害事故的学生行为转向关注存在潜在危险性的其他失范行为，并在法律中通过家校合作的方式，有意识地规范学生不当行为（见表9-2）。

表 9-2　校园欺凌治理政策探索期颁布的政策

时间	部门	政策法律名称
2002 年	教育部	《学生伤害事故处理办法》
2004 年	教育部等八部门	《中小学幼儿园及少年儿童安全管理专项整治行动实施方案》
2005 年	全国人民代表大会常务委员会	《中华人民共和国治安管理处罚法》
2006 年	教育部会同公安部等九个部委	《中小学幼儿园安全管理办法》
2008 年	教育部会同财政部、中国保监会	《关于推行校方责任险 完善校园伤害事故风险管理机制的通知》
2013 年	教育部	《中小学校岗位安全工作指南》
2014 年	教育部	《义务教育学校管理标准（试行）》
2015 年	公安部和教育部	《中小学幼儿园安全防范工作规范（试行）》

针对校园伤害事故呈现的多样性、复杂性特点，为减轻学校安全管理工作的负担，2008 年教育部和财政部等部门印发了《关于推行校方责任险 完善校园伤害事故风险管理机制的通知》，以便防范和妥善化解各类校园安全事故责任风险，保障学生的权益。此外，2012 年以来，公安部、教育部、中央综治办每年都联合开展"护校安园"专项行动，组织开展校园安全防范工作暗访督查，大力强化校园安保工作，整改消除了一大批安全隐患，进一步规范和提升了校园安全管理的水平，在一定程度上减少了校园伤害事故的发生，震慑了学生不良行为的蔓延。2013 年和 2014 年，教育部先后出台了《中小学校岗位安全工作指南》和《义务教育学校管理标准（试行）》等文件，进一步分解细化学校安全管理职责，促进了学校安全管理长效机制的建构。其中，《中小学校岗位安全工作指南》明确了学校领导在校园安全管理、校园事故防治机制层面的主体责任。要求各校因地制宜、因时制宜分化校园安全管理的工作与责任。2015 年 3 月，公安部和教育部颁布了《中小学幼儿园安全防范工作规范（试行）》，对各校处理安全防范工作进行了更加详细

的指导，它总结概括了发生在学校的安全事故类型，并从宏观层面上给出了针对性的解决对策，为学校处理校园安全事故提供了可参照的模型。

总的来看，在此阶段，政府已经充分地认识和了解了我国当前的青少年学生校园安全工作中所存在的隐患。我国所出台的政策文件皆是围绕维护学生的校园学习生活安全这一核心目标，从社会各部门的支持职责、学校事故的赔偿处理、学生伤害情况的界定、学校校园安全管理的分工等维度展开，致力于构建一个校园安全管理的长效机制。虽然在此阶段，国家仍未明确提出校园欺凌的概念，但校园欺凌行为包含于此阶段所谈到的各类校园安全的事件之中，且政府相关部门意识到学生伤害事故的严重性并重点进行治理防范，也意识到学生失范行为的危险性和潜在危害，并借助家校合作、思想教育引导、法制宣传教育等方式，强化学生的法律及道德意识，努力做到提前预警、全面关注、及时制止，减少同学间的伤害。不过此阶段相继出台的一系列维护校园安全稳定的政策法律，多为指导性意见，在实际操作上还有所欠缺。虽然学校安全形势趋于稳定，但我国学校伤害事故的治理体系还不完善，法律法规建设有待加强。

3. 校园欺凌防治政策发展完善期（2016年至今）

2016年以来，有关校园欺凌的事件频频在网络上被爆出，"资阳乐至初中女生遭扒光羞辱""甘肃女生6分钟被打38记耳光""安徽怀远火星小学逼学生喝尿事件"等引起了社会关注与网络舆论。社会公众及政府开始意识到频繁发生的校园欺凌对学生健康成长的巨大威胁，各学者开始呼吁校园欺凌立法，政府相关部门也开始在现有法律基础上，探讨研究专门的校园欺凌防治政策。校园欺凌的防治政策内容也从单一的惩戒暴力伤害覆盖到涉及语言欺凌、心理欺凌、网络欺凌等方面的欺凌惩处教育。在此阶段，我国校园欺凌治理政策的目标在于打击校园欺凌现象，维护受害者的心理健康，保障学生在校园中安全健康的学习。同时管理部门结合实际情况，在实践中不断修正和完善校园欺凌防治政策

（见表9-3）。

表9-3 校园欺凌治理政策发展完善期颁布的政策

时间	部门	政策法律名称	主要内容
2016年4月	国务院教育督导委员会办公室	《关于开展校园欺凌专项治理的通知》	要求针对校园欺凌事件开展专项治理，这是国家层面第一次将校园欺凌治理作为一项突出性问题予以对待
2016年11月	教育部等九部门	《关于防治中小学欺凌和暴力的指导意见》	学校、社会、家长以及各级行政部门都应进入到校园欺凌问题的处理中来，构建多主体共同参与预防与解决问题的长效机制
2016年12月	国务院教育督导委员会办公室	《中小学（幼儿园）安全工作专项督导暂行办法》	在整治校园安全的过程中将校园欺凌作为单独内容进行调查
2017年4月	国务院办公厅	《关于加强中小学幼儿园安全风险防控体系建设的意见》	构建重点针对校园欺凌的风控指标
2017年11月	教育部等十一个部门	《加强中小学生欺凌综合治理方案》	首次把"校园欺凌"这一问题的整治作为主要工作目标写入政策标题
2018年4月	国务院教育督导委员会办公室	《关于开展中小学生欺凌防治落实年行动的通知》	推动形成学生欺凌防治工作长效机制，有效遏制学生欺凌事件发生
2020年10月	全国人大常委会	新修订的《中华人民共和国未成年人保护法》	将校园欺凌问题纳入未成年人法治保护的范畴
2020年12月	全国人大常委会	《中华人民共和国预防未成年人犯罪法》（修订）	进一步强调建立欺凌防控制度，并可采取相应的管理教育措施

续表

时间	部门	政策法律名称	主要内容
2021年1月	教育部办公厅	《防止中小学生欺凌专项治理行动工作方案》	从全面排查、及时消除隐患、依法依规严肃处理、规范欺凌报告制度、加强教育引导、健全长效工作机制六个方面开展专项治理
2021年6月	教育部	《未成年人学校保护规定》	强调应高度重视校园欺凌问题，并规定教师对欺凌行为的制止责任

2016年4月国务院教育督导委员会办公室印发了《关于开展校园欺凌专项治理的通知》（以下简称《通知》），这是我国从国家层面，首次将校园欺凌治理作为一项突出性问题予以对待。《通知》要求各校要集中对学生开展以校园欺凌治理为主题的专题教育，制定完善校园欺凌的预防和处理制度、措施，建立起校园欺凌事件应急处置预案，明确相关岗位教职工预防和处理校园欺凌的职责，并强调从心理健康教育与心理咨询服务等方面构建校园欺凌的预防机制。《通知》的发布意味着校园欺凌对校园安全产生的潜在威胁逐渐进入决策者的视野，且政府也开始积极采取法律手段应对欺凌问题。同年11月，教育部、中央综治办、最高人民法院、最高人民检察院、公安部、民政部、司法部、共青团中央、全国妇联等九部门联合印发了《关于防治中小学生欺凌和暴力的指导意见》（以下简称《意见》），《意见》重视并认真对待学生欺凌伤害事故，维护学校安全及稳定。从积极有效预防、健全制度措施、实施教育惩戒、形成预防合力等方面入手，指出学校、社会、家长以及各级行政部门都应进入到校园欺凌问题的处理中来，其中政府部门进行法律保障，学校确保行政执行，家长进行学生教育与生活关怀，社会及媒体等进行外部监督。值得注意的是，《意见》中指出"要保护遭受欺凌和暴力学生身心安全"，这是我国政策法律中第一次明确强调对受害者的关注与保护。同年12月，国务院教育督导委员会办公室颁布的《中小学（幼儿园）安全工作专项督导暂行办法》，将校园欺凌防治列入督导行

动之中，在整治校园安全的过程中将校园欺凌作为一项单独内容进行调查。此行为进一步扩大了校园欺凌被关注的范围，强化了校园欺凌治理的紧迫性。

由于校园欺凌的预防和干预涉及家庭、学校、政府、全社会多方的责任和义务，也涉及民事、行政、刑事多个层面，为将防范校园欺凌的专题教育作为常态化教学要求，中央青年工作委员会在2017年2月还提交了建议制定"中华人民共和国校园安全法"的提案。而后，为进一步加强和改进学校安全工作，2017年4月，国务院办公厅《关于加强中小学幼儿园安全风险防控体系建设的意见》明确表示要建立党委领导、政府主导、相关部门和单位参与的科学系统、切实有效的学校安全风险防控体系，构建防控学生欺凌和暴力行为的有效机制，让每个学生牢固树立尊重生命、保障权利的意识。2017年11月，教育部等十一个部门印发了《加强中小学生欺凌综合治理方案》，要求按照属地管理、分级负责的原则，以教育为先、预防为主、保护为要、法治为基的原则，综合治理校园欺凌现象。同时再次明确了学生欺凌的概念："发生在校园（包括中小学校和中等职业学校）内外、学生之间，一方（个体或群体）单次或多次蓄意或恶意通过肢体、语言及网络等手段实施欺负、侮辱，造成另一方（个体或群体）身体伤害、财产损失或精神损害等的事件。"并按照情节严重程度，将欺凌事件分为四个档次进行处理。同时，该方案明确了学生欺凌综合治理中，教育部等十一个部门和学校的职责，开启了规范防治校园欺凌的新进程。

2018年4月，为切实推动相关法律规定的政策措施落到实处，有效防治校园欺凌，国务院教育督导委员会办公室印发了《关于开展中小学生欺凌防治落实年行动的通知》，决定开展中小学生欺凌防治落实年行动。进一步明确欺凌概念，落实工作机构，强化日常管理，建立健全学生欺凌防治工作责任体系和制度体系，基本形成学生欺凌防治部门齐抓共管、预防措施有效、处置程序规范的工作局面，为建设安全健康的校园管理机制打下坚实基础。2020年先后修订的《中华人民共和国未成年人保护法》《中华人民共和国预防未成年犯罪法》，将校园欺凌问题纳入未成年人法治保护的范畴，进一步强调建立校园欺凌预防治理机制，并表明在处理欺凌时需采取相应的管理教育措施。2021年1月，为了持续做好校园欺凌的防治工作，教育部办公厅印发了《防止中小学生欺凌专项治理行动工作方案》，以六个方面和三个时间段进行逐步治理，不断提升校园欺凌防治能力。2021年6月，教育部公布了《未成年人学校保护规定》，再次明确了欺凌认定的方式，并要求学校及时制止学生的欺凌性行为，从预防欺凌教育、提供欺凌援助、定期进行调查等方面，开展校园欺凌治理防护的专项保护行动，保障未成年人合法权益。

在该阶段，我国校园欺凌防治问题进入了政策决策者视野，并作为一项工作目标单独进入政策议程之中。有关校园欺凌的政策文件开始起草发布，并随着学校安全管理制度的发展，逐步成为校园安全建设的主要内容。在此阶段出台的校园欺凌防治政策，不仅从宏观层面指出校园欺凌治理的内涵，也从中观层面明确了多部门协作分工的防治措施，此后更是通过"落实行动年活动"，迅速让校园治理的政策要求在各级各地落实落细，并不断根据行动年治理反馈修订政策文本，极大地提升了政策文本的操作适切性。而且，此阶段的校园欺凌治理政策关注群体也逐渐扩大，在强调依法教育惩处欺凌者的同时，也开始关注保护受欺凌者的心理健康和发展，为受害者提供心理援助，实现长效追踪。

（二）我国校园欺凌治理政策发展的特点

校园欺凌是世界各国青少年成长过程中的常见现象。校园欺凌事件多发，危害深重，对欺凌者和被欺凌者的生理、心理都有着难以挽回的负面影响，严重危害着广大青少年的健康成长，也阻碍着社会的正常和谐发展，因此，有效预防和治理校园欺凌迫在眉睫。

回顾我国校园欺凌治理政策发展变迁的过程，可以发现，校园欺凌治理政策呈现以下五个特点：校园欺凌的概念越来越明晰，政策范围逐渐细化，由校园安全、暴力伤害逐渐转为学生欺凌；校园欺凌的对象主体开始被全面关注，由只关注犯罪者开始转向关注受害者的心理健康；校园欺凌的惩戒教育作用不断强化，由模糊不清的教育批评到逐渐系统的法律惩戒教育；校园欺凌治理的主体不断明确，充分发挥各部门协同联动作用，形成教育合力；校园欺凌治理的专项活动开始展开，不断促成完善系统的校园欺凌治理管理机制。

萌芽期的相关法律仅强调对学生暴力、斗殴等行为的关注，并以全体未成年人为目标主体。为了对未成年人实现全面的保护，该阶段对未成年犯罪的惩罚多数表现为"雷声大、雨点小"的特征，仅有少数极为严重的暴力犯罪行为会承担刑事责任。相关工作主要由教育部单个部门负责，其余各部门职责不明，管理制度凌乱、交杂，未有明确有效的应对措施，政策文件以倡导、建议等弹性方式为主，政策治理举措也以建议、鼓励为主，未有实际操作的内容要求。

探索期的政策法律围绕校园安全展开，政策范围从全体未成年人逐渐聚焦到校园其他领域，政府部门已经开始意识到存在潜在危险性的学生的其他失范行为，关注学生在校园内遭受的暴力及不良行为，出现了专门关于"校园安全"的相关治理政策。随后出台的相关校园安全管理政策条例，也极大强化了学校内部治安管理。同时，政府开始在法律中明确学校、社会、家庭三个层面的责任，意图以家校合作、教育部门监管的方式规范学生不当行为。不过，在此阶段相继出台的一系列维护校园安全稳定的政策法律，多为指导性意见，在实际操作上还有所欠缺。

在发展完善期，"校园欺凌"的概念正式进入政府视野，并出台了专项防治政策。在政策内容上，不仅关注暴力的欺凌行为，也开始关注语言欺凌、心理欺凌、网络欺凌等。同时建构校园欺凌受害者的心理咨询、教育服务援助平台，实现双线关注。该阶段，政府对于防治校园欺凌也有更详细的对策，以较为强硬的治理措施和详细的惩戒方案，管控校园欺凌行为。此外，政策法律中也进一步明确了学生综合治理中政府部门和学校的责任，权责划分清晰，建立了多元主体治理体系。同时不断开展校园欺凌专项保护行动，确立了较为具体的考核评价指标和问责方案，建立起了一个全面具体、可操作性强的校园欺凌治理政策体系。

二 校园欺凌治理的法律及政策：以北京、天津为例

自 2016 年国务院教育督导委员会办公室发布《关于开展校园欺凌专项治理的通知》后，全国各地积极响应，相继召开了立足本地校园欺凌实情的一系列校园安全、校园欺凌等专项整治行动。而随着教育部等九部门颁布《关于防治中小学欺凌和暴力的指导意见》后，各地为全面落实此意见，因地制宜地颁发了一些预防校园欺凌的政策法规。政策类型以"方案""通知""意见"为主，治理措施具有中央指导下的地方创新的政府决策特征。天津、北京作为我国政治文化经济中心，其有关校园欺凌的防治政策和法律文本，具有先导性特点。以北京市、天津市为例，探究其有关校园欺凌的防治政策及法规，能更清晰地了解我国地方性校园欺凌防治的内容及路径。

（一）北京市校园欺凌治理的法律及政策

自教育部等部门联合印发《加强中小学生欺凌综合治理方案》后，北京市随即召开中小学校园安全工作会暨校园欺凌整治工作部署会，会议要求全市教育工作者进一步加强责任担当，积极关注学生成长，不断加强对学生的法制教育、思想道德教育，维护学生心理健康，充分发挥各项教育积极引导作用。北京市教委进一步细化了教育部《加强中小学生欺凌综合治理方案》。教育部等部门在发布的《加强中小学生欺凌综合治理方案》中，要求各级学校在启动调查处理程序 10 日内须完成调查，而在此次北京市各区公布的实施方案中，强调对已发生的欺凌事件，学校须于 10 分钟内向上级部门做出口头汇报，且情节严重的学校需直接与司法部门对接；同时要求设置校级欺凌事件举报电话，并对学生在校时间进行"无缝隙监管"，对重点时段及重点位置实现交叉覆盖管理，做到有监管、有记录，发现问题及时处置和反馈。此后，北京市

又下发了《关于在中小学进一步开展防治学生欺凌和暴力教育的通知》，明确要求学校必须将防治中小学生欺凌工作列入学校工作计划，每学期需召开三次"防欺凌"教育，以增强学生法制意识、道德意识。还通过强化学校管理，拓展学校德育内容，发扬和谐家风、校风，专项督导检查等方式，主动营造校园欺凌防治工作的舆论氛围，树立起各群体的危机干预意识，进一步建立健全防治校园欺凌和暴力的相关工作制度，从源头防止中小学生欺凌和暴力事件的发生。

2017 年，为应对层出不穷的校园欺凌事件，弥补现存法规的缺漏，市教委等发布《关于防治中小学生欺凌和暴力的实施意见》（以下简称《实施意见》），从加强学校教育管理，强化学校周边治安综合治理，落实家长监护责任，提供社会干预和法律援助等方面入手，建立健全预防教育、协同配合、督查指导、舆论研判、应急处置等标本兼治的校园欺凌防治制度。北京教委发布的这一项实施意见，体现了教育主管部门对中小学生身心健康的重视，也体现了其遏制校园欺凌的决心。一方面，《实施意见》把解决校园欺凌问题责任到区、责任到校、责任到人，这使得校园欺凌的整治更加精细化，能够更快发现问题并更早介入处理；另一方面，分区分点的管理，对于解决本区域校园欺凌现象更有针对性。此外，《实施意见》强调了学校、家长、社会三位一体的预防格局，并引入法律援助和专业社会组织的帮助，关注网络欺凌、游戏欺凌的特征，不断推进"平安校园"的建设。这一定程度上凸显了北京市有关校园欺凌防治政策的实操性和创造性，促进了教育部《加强中小学生欺凌综合治理方案》的地方适应性，深化了其对社会网络舆情的监控和应对力（见表 9-4）。

表 9-4 北京市校园欺凌治理政策法律

时间	政策法律名称	主要内容
2016 年	《关于在中小学进一步开展防治学生欺凌和暴力教育的通知》	主动营造校园欺凌防治工作的舆论氛围，从源头防止中小学生欺凌和暴力事件的发生

续表

时间	政策法律名称	主要内容
2017 年	《关于防治中小学生欺凌和暴力的实施意见》	加强学校教育管理，强化学校周边治安综合治理，落实家长监护责任，提供社会干预和法律援助
2018 年	《关于全面推进中小学依法治校工作的实施意见（试行）》	依法防范和治理校园欺凌行为
2018 年	《关于推进中小学幼儿园平安校园建设工作的意见（试行）》	加强安全综合防控体系建设，做好预防和处置中小学生欺凌与暴力工作
2019 年	《北京市中小学校幼儿园安全管理规定（试行）》	构建学校安全风险防控体系，促进学校安全规范化管理，维护学校正常教育教学秩序
2020 年	《北京市中小学校幼儿园学生伤害事故处理办法》	以服务学校、服务学生为原则，全面规定伤害事故发生后的系列措施
2021 年	《关于开展防范中小学生欺凌专项治理工作的通知》	积极开展防范中小学生欺凌专项治理工作，维护中小学生身心健康，有效遏制中小学生欺凌事件的发生

2018 年，北京市教育委员会等部门发布了《关于全面推进中小学依法治校工作的实施意见（试行）》，该意见将指导性与可操作性相结合、科学性与实践性相结合，力求健全全市中小学依法治校工作体系，不断增强师生法治意识；依法防范和治理校园欺凌行为，采取有效措施，保障学生权益；在提出"学生处分与行为过错相适应"的同时，明确处分的期限及后果，积极挽救教育违纪学生；深刻体现出公平公正和以人为本的价值理念。同年，《关于推进中小学幼儿园平安校园建设工作的意见（试行）》也指出要加强安全综合防控体系建设，做好预防和处置中小学生欺凌和暴力工作，建立一个信息渠道畅通、多部门协同、有专家团队支持的校园安全管理体制。2019 年，《北京市中小学校幼儿园安全管理规定（试行）》进一步强调要构建学校安全风险防控体系，不断推动学校安全规范化管理，对校园欺凌和暴力等不良事件进行

全方位、全覆盖、有针对性的检查,落实完善"街乡吹哨,部门报到"管理机制,切实提升北京市校园安全管理整体水平,维护首都教育系统安全稳定。

随后,《北京市中小学校幼儿园学生伤害事故处理办法》在习近平总书记"为学校办学安全托底"的指示精神下颁布,该办法以服务学校、服务学生为原则,系统地阐释了学生在遭受校园欺凌等伤害事故后的应急处置、责任认定、损害赔偿、纠纷解决、舆情引导等全链条、各方面工作,具有极强的可操作性。同时,基于学生伤害事故处理的复杂性,该办法增加和细化了公、检、法、司等部门在依法处理事故中的责任,并开始探索建立联合惩戒机制的可能性。2022年,北京市教委立足于教育部印发的《防范中小学生欺凌专项治理行动工作方案》,发布了本市《关于开展防范中小学生欺凌专项治理工作的通知》,要求以教育为先、预防为主、保护为要、法治为基为原则,从组织领导、多方协作、宣传教育、责任督学四个方面,对如何开展欺凌专项治理工作提供了宏观指导。同时,反复强调家校合作的重要作用,并以"致家长的一封信"、家长学校、家长会等家校交流机制为突破点,以期形成家校共育共防共治的工作格局。

(二)天津市校园欺凌治理的法律及政策

天津市有关校园欺凌防治政策法规的发展路径与北京市具有相似性,为求给学生营造更好的学习成长环境,早在2015年7月24日,天津市便颁布了《天津市学校安全条例》,着重强调学校对校园安全的建设与管理。2016年开始在全市教育系统开展校园欺凌专项治理活动,指导中小学校开展多种形式的法制宣传教育,增强学生遵纪守法和安全防范意识。2018年,天津加入中国安全教育学习平台,明确校园安全管理机构,不断推动青少年法制教育引导。同年,天津市公安局也印发了《加强中小学生欺凌预防和治理工作方案》,通过健全警校联动机制,依法实施教育矫治,强化校园巡逻等方式,不断加强学校和公安机关信息沟通、应急处置等方面协作，逐步建立校园安全网上巡查系统，提升中小学生欺凌问题预防和治理工作质量，以便有效遏制校园暴力行为。市教委、市政法委等十一个部门共同制定并发布了《天津市加强中小学生欺凌综合治理方案》，该方案强调将通过调研、摸排、立法等环节，推动学生欺凌综合治理工作全面铺开。该方案明确了学校作为校园欺凌事件处置主体的地位，并要求学校应在启动调查处理程序10日内完成调查。并提出将本区域学生欺凌综合治理工作情况作为各部门人员的考评内容，把防治学生欺凌工作专项督导结果作为评价政府教育工作成效的重要内容，以便切实落实校园欺凌防治的各项举措。

2018年11月21日，为积极有效地从法律层面应对校园欺凌事件，天津市人民代表大会常务委员会表决通过了《天津市预防和治理校园欺凌若干规定》，这是国内首部规范校园欺凌预防和治理的地方性法规，为学校治理校园欺凌问题提供了新的法治依据。该规定不仅明确了学校、家庭、社会三方在防治校园欺凌中的责任，并在我国原有的校园欺凌的定义上进行了细化和拓展。相比国家对校园欺凌的定义，天津市将"校园"扩展到普通高等学校，使得校园欺凌的定义适用范围更加广泛；同时将"欺凌"造成伤害的结果，落脚在蓄意或者恶意实施欺负、侮辱、侵害另一方身体、精神和财物的行为上；并明确了行为特征，强调一方利用体能、人数、家庭背景等条件而恃强凌弱；还列举了社交欺凌、财物欺凌、肢体欺凌等常见的欺凌行为表现，将校园欺凌与学生之间的一般性打架斗殴、打闹嬉戏区别开来。这为我国统一校园欺凌的定义奠定了良好基础。

此后，为更好地落实《天津市预防和治理校园欺凌若干规定》，天津市公安局制定印发了《关于贯彻落实〈天津市预防和治理校园欺凌若干规定〉有关工作的通知》，要求各部门全面学习，深刻领会欺凌防治工作内容。市教育"两委"也出台了《中小学校落实〈天津市预防和治理校园欺凌若干规定〉工作细则》作为配套政策使用，对中小学预防和治理校园欺凌，提出具体工作指南。该细则指出要成立学生欺凌治理委员会，完善重点时段、重点区域的巡查制度；注重日常教育管理的引导作用，定期开展欺凌防治专题教育、心理健康专题教育；发扬良好师德师风的示范引领作用，重点关注特殊学生群体；对欺凌事件正确看待，合理施行教育训诫；持续追踪观察辅导，形成校园欺凌长效防治机制。值得注意的是，该细则要求学校不得随意披露校园欺凌具体情节，强调学校对欺凌者和被欺凌者的双向关注，力求二者皆能回归正常生活。这表明天津市政府在对校园欺凌防治时蕴含的人文关怀。同时，相关部门制作了《校园欺凌告诫书》，规范校园欺凌案件办理流程，并按照"战区制"原则，积极推动各项措施真正落实、落地、落细。从发布的"通知""细则"等内容来看，天津市针对校园欺凌问题的防治措施不断细化、完善，有关校园欺凌防治主体的职责也不断明晰，持续推动学校、家庭、社会"三位一体"的法治教育格局形成。此外，天津市还关注到了被欺凌残疾学生的维权问题，不断探索教育引导、权益维护、犯罪预防等多维度的学校服务方式，共同防止校园欺凌事件发生。

2019年，国务院教育督导委员会办公室发布了2019年第5号预警，提醒地方各级政府、有关部门、学校、家长要严格落实学生欺凌防治工作要求，群策群力，切实建成阳光校园。天津市积极响应，颁布《关于加强校园安全工作16条措施》，强调深入开展"护校安园"专项行动，进一步落实"一键报警"装置等校园安保制度，为学生们织起了一张校园安全大网。同年，天津市教委召开全市校园安全专项整顿会，将校园欺凌纳入教师师德师风考核的内容中，进一步督促教师加大对校园欺凌的管理力度，加强教师对校园欺凌现象的关注与及时处理应对，发挥教师在校园欺凌预防中的重要作用。天津市更于2020年10月，印发了《天津市中小学幼儿园安全管理规定》，对校园欺凌防治等近30个校园安全工作的内容细节进行了规定，目的是建成一个标准化的学校内部安全工作体系（见表9-5）。

表 9-5 天津市校园欺凌治理政策法律

时间	政策法律名称	主要内容
2015 年	《天津市学校安全条例》	强调学校在校园安全制度建设与管理中的核心作用，明确学校安全职责
2016 年	《关于在全市教育系统开展校园欺凌专项治理的通知》	开展多种形式的法制宣传教育，增强学生遵纪守法和安全防范意识
2018 年	《天津市预防和治理校园欺凌若干规定》	首部规范校园欺凌预防和治理的地方性法规，推动平安校园、文明校园建设
2018 年	《加强中小学生欺凌预防和治理工作方案》	以"严之又严、细之又细、实之又实"的工作标准，加强部门协作，做好中小学生欺凌问题预防和治理工作
2019 年	《中小学校落实〈天津市预防和治理校园欺凌若干规定〉工作细则》	学校要成立学生欺凌治理委员会，开展反欺凌教育培训和专题活动等，对学生欺凌事件进行认定
2019 年	《关于加强校园安全工作 16 条措施》	要求实现校园安全守护 100% 设施配备，建设安全校园
2020 年	《天津市中小学幼儿园安全管理规定》	完善校园欺凌防治等近 30 个安全工作的细节要求，建立了学校内部安全工作的标准体系

总的来看，北京、天津两市自 2016 年以来，积极推动校园欺凌防治的法律法规出台，并通过开展校园安全专项治理活动，不断落实校园欺凌预防、整治行动，以切实详细的工作细则及统一标准体系，督促学校、社会、家庭三方协同合作，共建和谐安全校园。相较于国家宏观的政策文本，北京市、天津市出台的地方性法规，更好地兼顾了地方实情，并能根据地方校园安全工作的问题，灵活调整，不断细化。这些"方案""通知""规定"，不仅表现出北京市与天津市政府对校园欺凌防治的重视，体现出两市对校园欺凌防治的超强行动力，还通过全面的宣传教育和坚定的组织领导，不断明晰学校、家庭、社会在校园欺凌防治中的责任和工作内容；同时以实际问题为导向，精准施策，不仅增强了学校预防和治理校园欺凌的能力，也提升了各部门齐抓共管的工作合

力，逐渐构建了一个文明和谐的育人环境，形成行之有效、反映迅捷、处理有序的校园欺凌防治机制。

（三）相关校园欺凌治理政策法规的特点

校园欺凌防治的法制环境逐渐形成，但有关校园欺凌的监督管理体系有待加强。综观北京市、天津市的地方性法规，可以发现，法规、规定等将"校园欺凌""校园暴力""玩笑打闹"等相关概念抽茧剥丝，精准地定义出校园欺凌的概念，并从欺凌造成的结果、欺凌的行为特征、欺凌的表现方式及责任划分方面予以清晰界定。《天津市预防和治理校园欺凌若干规定》中还明确了学校、家庭、社会三方在防治校园欺凌中的职责角色，如教育行政部门负责预防和治理校园欺凌工作的组织、协调和监督检查，公检法机关进校宣传教育和治理部门对于校园周边的治安工作，学校中班主任、教师等工作人员需履行具体的教育职责，社会各组织需提供反欺凌的培训，为学生提供心理辅导与帮扶等。同时，进一步构建处理校园欺凌的支持系统，北京市《关于在中小学进一步开展防治学生欺凌和暴力教育的通知》强调学校需成立专门的反欺凌委员会，定期开展欺凌防治活动，每学期开展三次反欺凌预防教育讲座，健全监控系统，完善值班、巡查制度等。此外，天津市制发的《校园欺凌告诫书》还详细地规范了欺凌事件发生后的通报、处理程序，北京市《关于开展防范中小学生欺凌专项治理工作的通知》也从组织领导、多方协作、宣传教育、责任督学四个方面，阐明了反校园欺凌工作的内容。这些法规文件充分反映出当前北京市、天津市校园欺凌防治的法制环境逐渐形成，但也暴露出当前我国各省份的校园欺凌治理主要依托于学校开展，社会各部门提供外围支持的情况。在此情况下，治理过程、治理结果如何衡量，明显存在权责不清的问题。因此，需建立一个专门的校园欺凌治理机构，以第三方视角进行监督，制定相关的管理规则来弥补现有校园欺凌治理过程中的缺失。

惩治及善后制度不断细化，但仍存在模糊不清的空间。《天津市预防和治理校园欺凌若干规定》指出，个人和组织发现校园欺凌后需向学校报告，紧接着规定了调查和申诉制度，并按情节由轻到重、层层递进地陈述了对校园欺凌认定之后的处置和惩罚措施。如学校批评教育、移送专门学校、治安管理处罚，承担刑事责任及民事赔偿。北京市各区颁布的实施方案，细化了教育部的《加强中小学生欺凌综合治理方案》，在程序上拓展了校园欺凌的处理路径，强调对已发生的欺凌事件，学校需于10分钟内向上级部门做出口头汇报，且情节严重的学校需直接与司法部门对接。而《中小学校落实〈天津市预防和治理校园欺凌若干规定〉工作细则》中则强调对学生欺凌事件进行认定，并在善后处理中指出，学校要持续对当事学生追踪观察和辅导教育，对实施欺凌和暴力的学生，有针对性地进行教育引导和帮扶；对遭受欺凌和暴力的学生，开展相应的心理辅导和家庭支持。同时将隐私保护列入了法规之中。北京市教育委员会等部门颁发的《关于全面推进中小学依法治校工作的实施意见》，也要求对违反学校纪律的学生，积极教育挽救，不允许开除义务教育阶段的学生。虽然北京市和天津市对于校园欺凌事件定级的标准，都未曾有明确表述，仍存在模糊的空间，但值得肯定的是，当前我国省级校园欺凌防治政策法规认识到了对被欺凌者进行心理疏导、家庭支持的重要性，同时也开始落实欺凌者该承担的法律责任，细化校园欺凌行为的惩罚方式，发挥教育惩戒的威慑作用。

校园欺凌的法律内容不够完善，缺乏对网络欺凌防治的关注。校园欺凌作为一个社会问题，存在时间长且随着科技的发展变得越来越复杂，传统的校园欺凌开始转向网络，然而与校园欺凌的发展速度相比，国内对校园欺凌防治的系统性知识及细化措施还较为模糊，尤其在超越"校内—校外""课内—课外"时空范围的网络欺凌方面，仅北京市《关于防治中小学生欺凌和暴力的实施意见》中有相关应对措施。回顾当前北京市、天津市已有的政策法规，针对的多是线下的欺凌问题，以分散性的治理模式为主，法律内容也集中于校园欺凌的预防教育等方面，对于潜在的、较为隐蔽的校园欺凌事件尚未有具体的治理措施，可援引的法律法规也较为有限。虽然各级校园欺凌治理政策表现出多部门联合发文的特点，但实际工作的重点内容仍落在了教育部门身上，教育系统以外的其他部门事实上处于治理活动的外围。法律文本中并未讲明教育部门如何协同其他部门共同管理，教育部门的牵头地位无法落到实处。多部门联合出动，极易导致各部门的职责不清、监督力度不足，减低了校园欺凌治理的时效性和实效性。而在校园欺凌治理的具体过程中，相关法律文本对学校和监护人应负的责任、处罚过程中相应的监督机制都没有进行规定。作为主要责任体的学校，不仅需要考虑校园欺凌治理的制度保障，还需要同家长、社会形成教育合力，但目前对于校园欺凌的治理重担大多落在学校身上，使其最后不堪重负，校园欺凌防治效果大打折扣。这暴露出当前校园欺凌治理中的制度漏洞，也折射出校园欺凌专项治理的权力由政府到学校依次递减、责任却渐次递增的弊端。因而，在建立校园欺凌立法制度的过程中，要健全反校园欺凌的法律法规体系，落实各部门对校园欺凌的管理责任，引入专门的反校园欺凌机构，细化对家长、社会的监督，多方预防、支援和协作，不断完善校园欺凌治理的法律内容，填补制度空白。

三 我国校园欺凌治理的途径

通过对现有校园欺凌治理政策法律的梳理，我们可以发现当前我国校园欺凌治理政策主要围绕欺凌的预防、发现、处理、追踪四个环节展开，并辅之保障防治工作的各项配套政策。从学生、家庭、学校、社会、政府五个层面来看，校园欺凌治理政策注重对学生法制、德治意识的教育与引导，重视校园环境及硬件设施建设，规范教师干预策略，有效利用外部资源，多方协同联动，共同制止校园欺凌的发生。但在具体的实践过程中，有关校园欺凌的预防和防治政策成效一般，有待进一步完善。

（一）学生层面

接纳自我，成长为坚定自信的个体。欺凌者的目标并不是随机选择的，在研究校园欺凌时，我们不能只谈学校、家庭等外部环境的影响，而抛开学生个体的性格、行为特征。奥尔韦斯认为，在欺凌事件中，多数被欺凌者往往都呈现出逆来顺受的性格底色。他们常常焦虑不安、懦弱孤僻、敏感而安静，在集体中表现出游离者的模样，没有关系亲近的朋友。当欺凌事件发生后，他们也多以哭泣、屈服、逃避等软弱的方式做出应对，不断助长欺凌者的气焰。因此，学生自身需正确定位自己，接纳自己，并通过课外活动等方式不断肯定自我，树立自信心。当感受到不安与焦虑时，主动寻求老师帮助，学习系列心理健康课程，养成强大的内心。主动积极地融入集体，树立正确的人际交往观念，打破自卑敏感的束缚，与同学建立和谐融洽的关系。

正确认识欺凌，增强保护自我意识。学生作为校园欺凌的直接当事人，能否正确认识校园欺凌，在反校园欺凌中，起着至关重要的作用。因此，学生自身需主动学习，积极参与学校开展的反欺凌活动、法治教育专题讲座等，多途径了解校园欺凌的概念和内涵，仔细辨别校园欺凌的各种形式，关注校园欺凌事件的处理过程，深刻地认识到校园欺凌行为对自身、对他人、对学校及家庭的危害，并且主动关注和学习应对校园欺凌的措施方法，提升自我保护能力。在看到校园欺凌行为出现时，在保护好自身的前提下，应勇于阻止欺凌事件，并主动向老师、学校反映，防止欺凌事件的进一步恶化。

学习法律知识，做一个懂法守法敬畏法律的人。面对校园欺凌，自身的力量是有限的，打击报复只会让我们成为另一头"恶龙"。只有学好反校园欺凌的相关法律法规，借助法律的手段，才能更好地保护自己。一方面，学习反校园欺凌的相关法律法规能让学生更了解校园欺凌，有助于学生充分认识到校园欺凌是错误的行为，也有助于让学生明白欺凌别人会受到来自学校和法律的惩戒与处罚，减少学生的无知犯罪，遏制学生的试探性欺凌；另一方面，学习了解相关法律法规，也能帮助学生更全面地了解反欺凌的措施与方法，在自身遭受欺凌后，能够更快速地做出反应，有效应对校园欺凌，借助法律武器保护自己，以正确的方式捍卫自身的合法权益。

(二) 家庭层面

提高自身素质，创造良好的家庭氛围。家庭教育是整个学校教育和社会教育的基础，也是塑造孩子性格、才能的底色。教养方式不当、教育内容不完善、环境的缺失或畸形都极易影响孩子健全人格的养成。一个充满暴力、冷漠的家庭氛围，会对学生的心理成长造成极大阴影，从而导致孩子在与人交往中更具有攻击性，处事更偏激；而一个打压、否定孩子的家庭环境又容易养成孩子懦弱无能的状态。在这些不良家庭氛围中成长的孩子，往往极易卷入校园欺凌事件的旋涡。因此，家长要提升自身教育素养，转变不良的家庭教育方式，做到有质量的教养孩子。同时，家长要耐心倾听，合理引导，以身作则，认真教育孩子友好社交的方式和方法，引导学生正确处理学生之间的各种矛盾，培养孩子健康良好的心理素质和行为习惯。

正确认识校园欺凌，教导孩子正确防范。家长作为反校园欺凌的不容忽视的力量，应承担重要的职责。家长要积极了解校园欺凌，并帮助孩子正确认识欺凌。家长要让孩子清楚认识到什么样的行为属于欺凌，欺凌会给其他同学带来什么样的伤害。同时家长可以通过各种方式帮助孩子树立自我保护意识，学会如何应对欺凌。在日常生活中，家长要理解学生、支持学生，把尊重生命、尊重他人、尊重差异的意识和基本安全常识植根于孩子心中。同时要培养孩子控制情绪的能力，让学生养成良好的行为习惯，使其在面对冲突时，能沉着冷静，而不是盲目冲动，做出违纪之事。

关注孩子情绪，发挥自身监督作用。校园欺凌具有隐蔽性，且大多数欺凌并未在学校发生，教师并不能及时察觉学生是否遭受了欺凌，家长的参与有利于及时发现欺凌行为,及时将欺凌行为扼杀在萌芽状态。因此,家长要主动同孩子沟通,时刻关注孩子行为举止的变化,尤其要注意孩子情绪低落的情况,及时发现潜在的校园欺凌事件。家长对青少年交友行为也要有一定的了解,对青少年结识社会不良青年的行为要及时制止。当发现孩子被欺凌时,家长需安抚好孩子情绪,给予孩子爱与理解,通过沟通交流,帮助孩子走出欺凌困扰。同时鼓励孩子向老师汇报,与学校一起正确处理本次欺凌事件,增强孩子的安全防范意识。当自己孩子欺凌别人时,家长需同孩子沟通,让孩子意识到欺凌他人所要承担的责任,同时与老师一起帮助孩子认识错误,纠正自身行为。

(三) 学校层面

加强监督管理,完善预防机制。减少校园中的欺凌行为与学校有效的预防措施密不可分。因此学校需加强对校园欺凌的监督管理,将学校安全管理落到实处,畅通校园欺凌举报渠道,完善相应的校园欺凌惩戒制度,细化校园欺凌的防治条例,切实减少校园欺凌的发生。如学校应制定与自身实际情况和国家法律要求相符合的反校园欺凌制度,充分落实学生在校时段对重点位置的巡查监管,实行早发现早处理的应对策略。在开展校园欺凌专项整治活动时,学校反欺凌委员会应注重辨别各种形式的校园欺凌方式,多渠道分析了解校园欺凌发生的原因,制定详细的处理欺凌事件的步骤并组织学校工作人员接受专业的课程培训,不断增强学校反欺凌的预防、监管、教育能力,完善学校的规章制度和基础设施,营造阳光和谐的校园氛围。同时关注欺凌者的后续改正补救教育,被欺凌者的心理安慰和辅导,帮助学生摆脱欺凌事件带来的不良影响,促进学生健康成长。

搭建各类防治欺凌的平台,加强教育引导。学校不仅是对学生负有教育和管理义务的政策执行者,也是校园欺凌中的主要权责人,承担着校园欺凌防治的主要责任。因此,学校自身应不断加强学生思想品德教育、安全意识教育、心理健康教育以及法治教育。不仅要开设安全教育专门讲座，更需要将安全防范意识教育融入学生日常生活管理中，抓住节日、开学等重要契机，不断普及安全应对措施，全面提升学生的自我保护能力。同时，进行法治宣传教育，开设反欺凌课程，关注学生心理成长，通过设立心理咨询室、开设心理健康课程等方式重视学生心理健康发展，引导学生正确处理不良情绪，帮助学生树立正确的价值观，提升学生的耐挫力、心理承受力，帮助学生更好地适应学校生活，处理其与同学间的关系。

强化教师责任意识，加强师德师风建设。教师作为学生在校期间接触最多的人群之一，不仅要传道授业解惑，更需要以身作则，做好学生的榜样。

学校反校园欺凌委员会应将师德师风考核与教师履职情况挂钩，强化教师对欺凌事件的关注力度，提高教师预防和解决校园欺凌的能力。目前，部分教师对校园欺凌认识不当，存在轻视之心，部分教师缺乏经验，面对欺凌不知所措，这些行为都会在一定程度上损害教师的公信力，也极容易助长校园欺凌之风。因此，班主任、辅导员应当带领学生创建平等、友善、团结的班集体，形成互助友爱的班风。教师需进一步了解校园欺凌的内涵，全面认识校园欺凌的危害，不断明确自身责任与担当，加强自身师德建设，以正确的态度对待校园欺凌，以利落的方式应对欺凌事件，帮助学生自觉规范自身行为，从而减少校园欺凌的发生。

（四）社会层面

加大宣传力度，突出价值引领。校园欺凌问题产生的原因是多方面的，其中公众对校园欺凌认识不清的状态、学生工作人员对校园欺凌事件无措的应对方式，是校园欺凌现象愈演愈烈的重要原因。现阶段的校园欺凌治理方式集中在对学生的科普教育上，却忽略了对老师和家长的科普教育。因此，需进一步加大反校园欺凌法规的宣传推广力度，让社会更熟悉和了解校园欺凌的内涵、校园欺凌的应对措施、反校园欺凌中各部门的职责、校园欺凌的惩戒与处罚,借助媒体披露、民众举报、网络曝光等手段进一步宣传校园欺凌的危害性,充分发挥广大人民群众和社会组织对于校园欺凌事件的关注与监督。鼓励各种社会组织为学校提供安全教育、法律讲座等活动的支持,提供安全演练等实践场地。同时需加强对网络形式的校园欺凌事件的关注,主动占领网络思想教育新高地,理性引导媒体舆论环境,壮大主流舆论,调动全社会力量一起反对校园欺凌,营造一个风清气正的教育环境和社会环境,促进学生健康成长。

健全日常管理职责体系,探索全面法治化路径。促进学生全面发展,保障学生健康成长,事关我国教育事业的持续发展。校园欺凌的防治离不开党的坚强领导,更离不开基层各学校部门的通力协作。各级党委应加强组织领导,遵循校园安全工作原则,进一步整合反校园欺凌诉求,不断完善相关制度、机制,深入改革创新,多途径多方式指导反校园欺凌工作。各教育行政部门、各学校需将增强学生安全意识和提高自我防护能力作为校园安全工作的主要内容,在遵循教书育人规律和学生成长规律的基础上,针对学校反欺凌过程中的突出问题、难点问题,做到一事一人和一区一制,建立起分工明确、职责清晰的校园欺凌预防、管理制度,不断健全警校合作、家校联合的校园反欺凌联动机制。通过全方位地统筹育人资源和育人力量,合法、及时、有效地解决校园欺凌事件,实现校园欺凌治理的全方面法治化,切实维护师生人身安全,保障校园安全有序。

重视心理健康教育,完善社会心理健康服务支持体系。处于青春期的孩子,其心理健康与否,直接影响到之后的人生走向。长期以来,教育主管部门、学校管理者、社会大众往往将学生的成绩放在首位,忽略学生的心理健康发展,社会的心理健康服务支持体系一直处于缺位状况。而校园欺凌的预防和处理,离不开对学生心理健康的关注。作为政策指导者的各级政府,应重视未成年人的心理健康教育,关注学生心理的健康成长,从而减少不良事件的发生。作为政策的具体执行者,学校也应配备专业的心理咨询师，开展多样的心理健康教育讲座，将育心与育德相结合，持续关注"班级—个体"层级的心理健康教育，必要时引入社会专业力量。社会各组织更应进行创新性尝试，提供有特色、有实效的心理健康服务支持，帮助学校一起构建教育教学、实践活动、咨询服务、预防干预、平台保障"五位一体"的心理健康教育工作格局。

（五）政府层面

加快校园欺凌专项立法步伐，成立反欺凌专项组织。预防和干预校园欺凌离不开法律政策的支持，就目前而言，我国现有的校园欺凌治理政策法律其专业性还有待提升。随着校园欺凌的形式越来越多样，校园欺凌的行为越来越隐蔽，政府应加快校园欺凌专项立法步伐，成立专项的校园欺凌治理政策，以此来有效地进行校园欺凌的防治工作。2016年之前，我国法律法规均未提及"校园欺凌"等相关词语，常用"校园安全"一词覆盖。自2016年开始，我国越来越重视校园欺凌的防治工作，先后印发了《加强中小学生欺凌综合治理方案》《关于开展校园欺凌专项治理的通知》《关于防治中小学生欺凌和暴力的指导意见》《中小学安全工作专项督导暂行办法》等一系列文件，校园欺凌正式进入我国法规制定的视野。虽然现有的政策法规对校园欺凌的防治提出了宏观的要求，也明确了校园防治工作的基本原则、工作要求和工作思路，但是在具体实施方面，并未直接说明该如何处理校园欺凌事件，且将繁重的反欺凌任务落在不够专业的教师和学校身上，使得其在校园欺凌事件的应对上不能有效地辨识并及时介入。因此，政府应加快校园欺凌专项立法步伐，成立反欺凌专项组织，以便更全面系统地处理校园欺凌事件。只有不断增强法律的强制力和约束力，提高法律政策的专业性和适用性，才能使法律政策真正地实现监管和指导作用，才能促进各教育部门和学校有法可依，将政策规定落到实处，有效遏制校园欺凌，创建一个更加安全、和谐和健康的校园环境。

重视反欺凌项目建设，开发反欺凌课程及教材。目前，我国反校园欺凌的预防干预措施，主要以宣传教育、主题课堂、集中学习等方式进行，通过办板报、开班会、发资料、开讲座等形式向学生讲授校园欺凌的危害及应对，方式较为呆板，内容较为乏味，不利于充分调动学生与教师的主观能动性，校园欺凌防治效果也较为有限。反观国外的校园欺凌防治措施，多借助反欺凌项目进行教育，如奥尔韦斯欺凌防范项目、KiVa 反欺凌项目、维也纳社会能力项目等。不仅形成了家校合力，同时让教师和学生更主动地投入到反欺凌活动中去，成功降低了校园欺凌行为发生率，成果斐然。因此，政府可以借鉴国际成功的反欺凌项目经验，组织专家、研究院所、专业机构等，因地制宜地开发出具有中国特色的校园反欺凌项目，编制适合我国中小学的反欺凌课程及教材，尽快建立一套完整的校园欺凌干预机制。此外，政府还应充分利用资源，为校园反欺凌项目的建设提供支撑，如完善学校建设标准，提供项目实践基地，定期对中小学工作者进行防欺凌干预培训，提升中小学工作者对反欺凌项目中理念和措施的实践运用能力，为家长提供反欺凌指导等。让家长、学校、教师、学生都能清楚地认识到自己在校园欺凌问题中承担的责任及要采取的措施，共建积极向上的社会生态。

整顿网络环境，建构专门的信息网站。近几年，随着电子通信技术与多媒体技术的发展，社交网站的盛行，网络欺凌已经演变为越来越严重的社会问题，网络暴力所带来的伤害不容忽视。当前，我国对网络欺凌问题的应对措施十分零散，也未曾有相关法律进行规范，网络环境十分复杂。加之对网络欺凌的定性不明，青少年心性不定，教师和家长对学生上网内容、频率和时间等的规制意识模糊，整顿网络环境，加强网络环境的治理迫在眉睫。一方面，政府应扮演好"指挥棒"角色，制定文明网络条例，颁布相关网络治理规定，完善网络监督管理制度；另一方面，政府应做好网络安全维护，保证网络信息的安全，鼓励文明上网，对辱骂、胁迫以及恐吓等信息进行拦截和打击，从源头上遏制网络欺凌现象的发生。此外，政府还可以借助专门报道校园欺凌的官方网站，如山东师范大学于 2017 年建立的中国反校园欺凌网，为学生、家长及社会其他民众提供信息咨询和服务。同时还可以让专家推荐各种校园欺凌的论文书籍，录制校园欺凌的解说视频，提供国际性反欺凌项目的官方资料，分享发布全国各地的反欺凌策略及成功案例，增进社会大众对于欺凌、暴力等相关行为的了解。再借助网络论坛互动，抛出反欺凌的话题，让大众分享自己的故事，以更加真实、轻松的方式，增强学生的反欺凌意识，减少网络欺凌事件的发生。

附　录

附录1　课题组自编问卷（3份）

关于西部农村中小学校园欺凌的调查问卷
（学生卷）

各位同学：

你们好！

本问卷旨在了解你在学校与同学之间的相处情况，并对其进行分析研究。你的回答无所谓对错，只要能真正反映你的想法就达到我们这次调查目的。希望你能够积极参与，我们将对你的回答完全保密，请放心作答！

非常感谢你真诚的合作与帮助！

第一部分　个人信息

1. 你的性别_____？　A. 男　B. 女

2. 你的民族_____？　A. 汉族　B. 少数民族（_____）（请填写具体民族）

3. 你的年级与年龄_____？

4. 你是否是班干部＿＿＿＿＿？　　A. 是　　B. 不是

5. 你是否是独生子女＿＿＿＿＿？　　A. 是　　B. 不是

6. 目前你与谁生活在一起＿＿＿＿＿？

   A. 父母　B. 爷爷奶奶或外公外婆　C. 其他人

7. 你是否住校＿＿＿＿＿？A. 是　B. 否

第二部分　校园欺凌情况

8. 你认为以下哪些行为是"欺凌"或"欺负"？＿＿＿＿＿（多选）

   A. 起绰号（外号）

   B. 踢、打、推、摔等身体上的接触或伤害

   C. 当面或背后骂人或背后说别人坏话

   D. 吐口水

   E. 在社交媒体（手机短信/QQ/微信/朋友圈等）上发布别人不好的信息

   F. 其他＿＿＿＿＿＿＿＿＿＿（请补充说明）

9. 你遭遇过以下哪些行为？＿＿＿＿＿（多选）

   A. 被起绰号（外号）

   B. 被踢、打、推、摔等身体上的接触或伤害

   C. 被别人当面或背后骂或说坏话

   D. 被吐口水

   E. 在社交媒体（手机短信/QQ/微信/朋友圈等）上被别人发布不好的信息

   F. 其他＿＿＿＿＿＿＿＿＿＿（请补充说明）

10. 向你实施这些行为的同学、同伴来自＿＿＿＿＿（多选）

    A. 与你同一个班

    B. 与你同一个年级（不同班）

    C. 比你高一年级

    D. 比你低一年级

11. 你遭遇这些行为的平均次数是＿＿＿＿＿

A. 每天一次及以上

B. 每周一次及以上

C. 每月一次及以上

D. 其他_____（请补充说明）

12. 你认为你遭遇到这些行为的原因是什么？_____（多选）

　　A. 因为自己长得好看或身材好，遭到他人嫉妒

　　B. 因为自己长得难看或身材臃肿，遭到他人讨厌

　　C. 因为自己家庭太富有，遭到他人嫉妒

　　D. 因为自己家庭条件太差，遭到他人讨厌和嫌弃

　　E. 因为自己成绩太差，遭到他人的讨厌和嫌弃

　　F. 因为自己成绩好，遭到他人的嫉妒

　　G. 因为自己瘦弱力量小，遭到他人的嘲讽和欺负

　　H. 其他_____（请补充说明）

13. 遭遇以上行为后你会_____（多选）

　　A. 向亲人（包括父母、兄弟姐妹等）求助

　　B. 向老师和学校求助

　　C. 报警

　　D. 向同学、朋友求助

　　E. 直接以相同的方式反击回去

　　F. 害怕被报复选择忍气吞声

　　G. 其他_____（请补充说明）

14. 在学校里，最容易遭受别人欺凌的地方是_____

　　A. 教室　　B. 厕所　　C. 楼梯走廊　　D. 食堂

　　E. 操场　　F. 其他地方_____

15. 在学校里，除了同学/同伴，你还遭受过哪些人员的欺凌？_____（如果答案选D，则第16、17题无须作答）

　　A. 教师　　　　　　　　B. 学校后勤人员

　　C. 学校行政人员　　　　D. 以上人员都没有

16. 在学校里，除了同学/同伴，其他人员对你实施了哪些欺凌行为？_____

    A. 被起绰号（外号）

    B. 被踢、打、推、摔等身体上的接触或伤害

    C. 被当面骂或说坏话

    D. 其他_____（请补充说明）

17. 你认为他们对你实施这些行为的原因是_____（多选）

    A. 因为自己长得好看或身材好

    B. 因为自己长得难看或身材臃肿

    C. 因为自己家庭太富有

    D. 因为自己家庭条件太差

    E. 因为自己成绩太差

    F. 因为自己成绩好

    G. 因为自己瘦弱力量小

    H. 其他_____（请补充说明）

18. 你的父母（或其他长辈）_____教你如何预防欺凌（或欺负）行为

    A. 经常　　B. 偶尔　　C. 很少　　D. 从未

19. 当你看到别人被欺凌时，你会选择_____

    A. 旁观　　B. 与其他人一起欺负　　C. 阻止其他人欺负

    D. 向老师或其他方面求助

20. 当你看到别人被欺凌时，你的感受是_____

    A. 同情　　B. 快乐　　C. 无所谓

21. 你对别人实施过以下哪些行为？_____（多选，如该题选G，第22~23题则无须回答）

    A. 给同学或同伴起绰号（外号）

    B. 踢、打、推、摔等身体上的接触或伤害

C. 当面或背后骂你的同学/同伴或背后说同学/同伴的坏话

D. 向同学、同伴吐口水

E. 在社交媒体（手机短信/QQ/微信/朋友圈等）上发布同学/同伴不好的信息

F. 其他＿＿＿＿＿＿（请补充说明）

G. 以上行为均没有

22. 你对别人实施这些行为的原因是＿＿＿＿＿＿（多选）

    A. 因为他（她）们长得好看或身材好

    B. 因为他（她）们长得难看或身材臃肿

    C. 因为他（她）们的家庭太富有

    D. 因为他（她）们的家庭条件太差

    E. 因为他（她）们的成绩太差

    F. 因为他（她）们的成绩很好

    G. 因为他（她）们瘦弱力量小

    H. 其他＿＿＿＿＿＿（请补充说明）

23. 你对别人实施这些行为后的感受是＿＿＿＿＿＿

    A. 非常高兴   B. 比较高兴   C. 高兴

    D. 不高兴   E. 很不高兴   F. 无所谓

谢谢您的合作，祝万事顺利！

关于西部农村中小学校园欺凌的调查问卷
（家长卷）

各位家长：

你们好！

本问卷旨在了解您的孩子所在学校校园欺凌的情况，并对其进行分析研究。您的回答无所谓对错，只要能真正反映您的想法就达到我们这次调查目的。希望您能够积极参与，我们将对您的回答完全保密，请放心作答！

非常感谢您真诚的合作与帮助！

第一部分　个人信息

1. 您的性别_____？　A. 男　B. 女

2. 您的民族_____？　A. 汉族　B. 少数民族（_____）（请填写具体民族）

3. 您的年龄_____？

4. 您的学历_____？

5. 您的职业_____？

第二部分　校园欺凌情况

6. 您认为以下哪些行为构成校园欺凌？_____（多选）

    A. 起绰号（外号）

    B. 踢、打、推、摔等身体上的接触或伤害

    C. 当面或背后骂人或背后说别人坏话

    D. 吐口水

    E. 在社交媒体（手机短信/QQ/微信/朋友圈等）上发布别人不好的信息

7. 您认为校园欺凌行为对孩子的身心健康是否有影响_____

  A. 有不好的影响

  B. 有好的影响

  C. 无所谓，校园欺凌只是孩子之间的玩闹

8. 您的孩子被欺凌/欺负后，您的处理方式是_____（多选）

  A. 息事宁人

  B. 问清具体情况，对孩子进行相关辅导安慰

  C. 找老师和学校一起解决

  D. 情况严重的话报警与警察一起处理

  E. 让孩子以相同的方式反击

  F. 其他_____（请具体补充）

9. 您的孩子欺凌/欺负其他孩子后，您的态度是_____（多选）

  A. 很好，说明您的孩子很有本事

  B. 不好，教育孩子不能欺凌、欺负他人

  C. 带着孩子向被欺凌/欺负的孩子、家长道歉

  D. 无所谓，小孩子之间的事不必太过认真

10. 针对校园欺凌，您是否有相关的预防措施_____

  A. 有 B. 没有

11. 您预防校园欺凌的措施是_____（多选，若第10题的答案是B，本题则无须回答）

  A. 教育孩子要有自我保护意识

  B. 教育孩子不能欺负他人

  C. 教育孩子用相同的方式反击

  D. 其他_____（请具体补充）

关于西部农村中小学校园欺凌的调查问卷
（教师卷）

各位老师：

您们好！

本问卷旨在了解您及您所在学校校园欺凌的情况，并对其进行分析研究。您的回答无所谓对错，只要能真正反映您的想法就达到我们这次调查目的。希望您能够积极参与，我们将对您的回答完全保密，请放心作答！

非常感谢您真诚的合作与帮助！

第一部分　个人信息

1. 您的性别_____？　A. 男　B. 女
2. 您的民族_____？　A. 汉　B. 少数民族（_____）（请填写具体民族）
3. 您的年龄_____？
4. 您的学历_____？
5. 您在学校的职务_____？A. 普通老师　B. 中层管理干部　C. 校长/书记（含副校长/书记）

第二部分　校园欺凌情况

6. 您认为以下哪些行为构成校园欺凌？_____（多选）

    A. 起绰号（外号）

    B. 踢、打、推、摔等身体上的接触或伤害

    C. 当面或背后骂人或背后说别人坏话

    D. 吐口水

    E. 通过社交媒体（手机短信/QQ/微信/朋友圈等）发布别人不好的信息

7. 您认为校园欺凌行为对学生的身心健康是否有影响_____

　　A. 有不好的影响

　　B. 有好的影响

　　C. 无所谓，校园欺凌只是孩子之间的玩闹

8. 校园欺凌行为发生后，您的处理方式是_____（多选）

　　A. 息事宁人

　　B. 及时阻止并教育实施者，并对受害者进行相关辅导

　　C. 通知家长、学校领导

　　D. 情况严重的话报警与警察一起处理

　　E. 让受欺凌的孩子以相同的方式反击

　　F. 其他_____（请具体补充）

9. 针对校园欺凌，您是否有相关的预防措施_____

　　A. 有　　B. 没有

10. 您的校园欺凌预防措施主要有_____（多选）

　　A. 安全教育

　　B. 通过集体活动增进学生之间的感情

　　C. 通过以暴制暴等方式让学生体验被欺凌的感受

　　D. 其他_____（请具体补充）

11. 您认为最容易发生欺凌的地方是_____（多选）

　　A. 教室　　B. 厕所　　C. 楼梯走廊

　　D. 食堂　　E. 操场　　F 其他地方_____

12. 学校校是否有相关的政策或管理措施来规制或预防校园欺凌的发生_____

　　A. 有　B. 没有

13. 这些政策或管理制度是否发挥了其效果_____

　　A. 非常有　B. 有一定效果　C. 效果不明显

　　D. 一点儿效果都没有

谢谢您的合作，祝万事顺利！

附录2 课题组所使用的访谈提纲

关于西部农村中小学校园欺凌的访谈提纲
（学校领导）

1. 您是如何看待校园欺凌的？

2. 您认为贵校当前的校园欺凌是一个什么样的情况？

3. 您是否了解国家或教育主管部门对校园欺凌的相关政策？

4. 您是如何看待国家或教育主管部门的校园欺凌政策的？

5. 政策出台后，贵校是否有相应的措施预防校园欺凌的发生？效果如何？

6. 治理校园欺凌，您有什么心得？

参考文献

一 中文类

专著、论文集：

[1] 爱弥尔·涂尔干：《道德教育》，陈光金等译，上海人民出版社，2001。

[2] 阿尔伯特·班杜拉：《社会学习理论》，陈欣银等译，中国人民大学出版社，2015。

[3] 芭芭拉·科卢梭：《如何应对校园欺凌》，肖飒译，华东师范大学出版社，2017。

[4] 陈慈幸：《青少年法治教育与犯罪预防》，台湾涛石文化事业有限公司，2002。

[5] 陈广胜：《走向善治——中国地方政府的模式创新》，浙江大学出版社，2007。

[6] 方刚主编《让欺凌归"零"：终止校园欺凌工具包》，中国社会科学出版社，2018。

[7] 孙锦露：《校园欺凌的形成机制与测评方法》，冶金工业出版社，2021。

［8］俞可平：《治理与善治》，社会科学文献出版社，2000。

［9］郑子杰、梁启贤：《澳门中学校园暴力欺凌现象》，澳门理工学院，2004。

期刊类：

［1］陈光辉等：《芬兰反校园欺凌项目 KiVa 及其实践启示》，《中国特殊教育》2018 年第 9 期。

［2］陈捷：《校园欺凌防治的旁观者干预模型及其本土化建议——以芬兰 KiVa 计划为研究对象》，《教育探索》2022 年第 1 期。

［3］陈友慧等：《中小学校园欺凌特征、成因及心理干预策略》，《教育观察》2019 年第 14 期。

［4］储朝晖：《校园欺凌的中国问题与求解》，《中国教育学刊》2017 年第 12 期。

［5］陈志华：《改善教育杜绝校园欺凌》，《中国教育学刊》2017 年第 5 期。

［6］邓凡：《"校园欺凌"治理的法律困境与出路——基于法社会学的视角》，《教育学术月刊》2019 年第 10 期。

［7］戴利尔：《美国未成年人司法制度的发展》，戴宜生译，《青少年犯罪问题》2005 年第 4 期。

［8］段明：《同辈调解在美国校园欺凌中的运用探究》，《比较教育研究》2021 年第 4 期。

［9］方海涛：《美国校园欺凌的法律规制及对我国的借鉴——以 2010 年〈新泽西州反欺凌法〉为研究视角》，《贵州警官职业学院学报》2016 年第 2 期。

［10］冯恺、陈汶佳：《我国校园欺凌法律治理的问题检视》，《山东社会科学》2020 年第 3 期。

［11］董新良等：《英国中小学校反欺凌行动研究》，《比较教育研究》2017 年第 9 期。

[12] 高露、李彬：《英国中小学校园欺凌治理政策与实践路径》，《中国人民大学教育学刊》2019年第2期。

[13] 高晓霞：《日本校园欺凌的社会问题化：成因、治理及其启示》，《南京师大学报》（社会科学版）2017年第4期。

[14] 郭忠辉、王佳、刘淑杰：《经合组织社会情感技能测评框架及其对我国的启示》，《教育测量与评价》2021年第2期。

[15] 胡春光：《校园欺凌行为：意涵、成因及其防治策略》，《教育研究与实验》2017年第1期。

[16] 黄明涛：《国外校园欺凌立法治理体系：现状、特点与借鉴——基于七个发达国家的比较分析》，《宁夏社会科学》2017年第6期。

[17] 韩婷芷、沈贵鹏：《芬兰校园反欺凌项目KiVa：内涵、路径及其启示》，《外国中小学教育》2019年第2期。

[18] 胡学亮：《中小学校园欺凌高发原因与对策分析》，《中国教育学刊》2018年第1期。

[19] 李朝阳：《美国校园反欺凌项目的层级、内容与实施》，《比较教育研究》2018年第3期。

[20] 刘冬梅、薛冰：《美国校园欺凌的防治策略及借鉴》，《河南师范大学学报》（哲学社会科学版）2020年第2期。

[21] 李锋、史东芳：《挪威反校园欺凌"零容忍方案"研究述评》，《教育导刊》2015年第2期。

[22] 李锋、史东芳：《校园欺凌产生成因之阐释——基于文化社会学的理论视角》，《教育科学研究》2021年第1期。

[23] 林家红：《美国校园欺凌立法研究——以"理性欺凌者"理论为视角》，《广西民族师范学院学报》2017年第4期。

[24] 廖婧茜、靳玉乐：《美国校园欺凌问题治理的发展、经验及启示》，《教育科学》2017年第5期。

[25] 李强、邓建伟、晓筝：《社会变迁与个人发展：生命历程研究的

范式与方法》，《社会学研究》1999 年第 6 期。

[26] 刘天娥、龚伦军：《当前校园欺凌行为的特征、成因与对策》，《山东青年管理干部学院学报》2009 年第 4 期。

[27] 刘晓梅：《以复和措施处理校园欺凌问题》，《青年研究》2007 年第 7 期。

[28] 刘晓燕、梁纪恒：《英国特殊教育需要儿童校园欺凌综合治理体系及其启示》，《中国特殊教育》2020 年第 5 期。

[29] 李永连：《从日本青少年的欺侮行为看现代青少年的心态发展特点》，《外国教育研究》1995 年第 2 期。

[30] 李雅蓉、赵强太：《美国校园"期望尊重项目"及其启示》，《教学与管理》2020 年第 32 期。

[31] 孟凡壮、俞伟：《美国校园欺凌法律规制体系的建构探析》，《比较教育研究》2017 年第 6 期。

[32] 孟凡壮、俞伟：《我国校园欺凌法律规制体系的建构》，《教育发展研究》2017 年第 20 期。

[33] 马焕灵、杨婕：《美国校园欺凌立法：理念、路径与内容》，《比较教育研究》2016 年第 11 期。

[34] 马帅等：《同伴侵害对学业成绩的影响机制：有调节的中介模型》，《中国特殊教育》2021 年第 5 期。

[35] 宁彦锋：《青少年学生网络欺凌的特点、成因与防治》，《上海教育科研》2021 年第 5 期。

[36] 任海涛：《校园欺凌的概念界定及其法律责任》，《华东师范大学学报》（教育科学版）2017 年第 2 期。

[37] 任海涛：《我国校园欺凌法治体系的反思与重构——兼评 11 部门〈加强中小学生欺凌综合治理方案〉》，《东方法学》2019 年第 1 期。

[38] 任海涛、闻志强：《日本中小学校园欺凌治理经验镜鉴》，《复旦教育论坛》2016 年第 6 期。

［39］苏春景等：《家庭教育视角下中小学校园欺凌成因及对策分析》，《中国教育学刊》2016 年第 11 期。

［40］滕洪昌、姚建龙：《中小学校园欺凌的影响因素研究——基于对全国 10 万余名中小学生的调查》，《教育科学研究》2018 年第 3 期。

［41］陶建国、王冰：《挪威中小学校园欺凌预防项目研究》，《比较教育研究》2016 年第 11 期。

［42］王飞飞：《台湾地区青少年校园欺凌防治政策研究》，《当代青年研究》2018 年第 6 期。

［43］吴丽娟：《美国校园欺凌干预项目 STAC：内涵、研究路径及启示》，《中小学心理健康教育》2020 年第 27 期。

［44］王祈然、蔡娟：《美国第三方组织反校园欺凌实践研究——以"欧米茄人"组织为例》，《比较教育研究》2018 年第 10 期。

［45］吴文慧、张香兰：《美国校园欺凌防控项目的经验与启示》，《青少年学刊》2020 年第 3 期。

［46］薛博文、王永强：《芬兰校园反欺凌新项目 Verso 的发展、实施与启示》，《教育参考》2021 年第 3 期。

［47］夏国栋：《校园欺凌重在教育预防》，《中国教育学刊》2017 年第 5 期。

［48］向广宇、闻志强：《日本校园欺凌现状、防治经验与启示——以〈校园欺凌防止对策推进法〉为主视角》，《大连理工大学学报》（社会科学版）2017 年第 1 期。

［49］许明：《英国中小学校园欺凌现象及其解决对策》，《青年研究》2008 年第 1 期。

［50］许育典：《校园霸凌的法律分析》，台湾《月旦法学杂志》2011 年第 192 期。

［51］杨婕、马焕灵：《挪威校园欺凌防范机制研究——以奥维斯欺凌防范项目为例》，《现代教育管理》2017 年第 12 期。

[52] 姚建龙：《校园暴力：一个概念的界定》，《中国青年政治学院学报》2008年第4期。

[53] 杨立新、陶盈：《校园欺凌行为的侵权责任研究》，《福建论坛》（人文社会科学版）2013年第8期。

[54] 俞凌云、马早明：《"校园欺凌"：内涵辨识、应用限度与重新界定》，《教育发展研究》2018年第12期。

[55] 杨硕：《欺凌者视角下的校园欺凌成因及对策——基于我国教育追踪调查的实证研究》，《教育科学研究》2019年第4期。

[56] 余雅风、王祈然：《科学界定校园欺凌行为：对校园欺凌定义的再反思》，《教育科学研究》2020年第2期。

[57] 姚逸苇：《日本校园欺凌治理模式的历史变迁研究》，《外国教育研究》2021年第10期。

[58] 张斌：《我国反校园欺凌立法问题检视》，《当代教育科学》2018年第2期。

[59] 张宝书：《英国中小学反校园欺凌政策探析》，《比较教育研究》2016年第11期。

[60] 周菲菲、郭志英：《芬兰校园反欺凌KiVa项目的发展、组织与实施》，《比较教育研究》2017年第10期。

[61] 张倩、孟繁华、刘电：《校园欺凌的综合治理何以实现——来自现代校园欺凌研究发源地挪威的探索》，《教育研究》2020年第11期。

[62] 赵茜、苏春景：《美国以学校为基础的欺凌干预体系探析》，《外国教育研究》2018年第1期。

[63] 张文新、谷传华等：《中小学生欺负问题中的性别差异的研究》，《心理科学》2000年第4期。

政策法规类：

[1] 国务院教育督导委员会办公室：《关于开展校园欺凌专项治理的通

知》(2016)。

[2] 教育部等:《关于防治中小学生欺凌和暴力的指导意见》(2016)。

[3] 国务院教育督导委员会办公室:《中小学(幼儿园)安全工作专项督导暂行办法》(2016)。

[4] 国务院办公厅:《关于加强中小学幼儿园安全风险防控体系建设的意见》(2017)。

[5] 教育部等:《加强中小学生欺凌综合治理方案》(2017)。

[6] 国务院教育督导委员会办公室:《关于开展中小学生欺凌防治落实年行动的通知》(2018)。

二 外文类

期刊类:

[1] Antti Kärnä, "Effectiveness of the KiVa Ant Bullying Program," *Journal of Educational Psychology*, 2013(2).

[2] M. G. Borg, "The Emotional Reactions of School Bullies and Their Victims," *Educational Psychology*, 1998(18).

[3] K. Christie, "Chasing the Bullies Away," *Phi Delta Kappan*, 2005(10).

[4] P. P. Heinemann, "Möbbning Gruppvald Blant Barn og. vokane," *Stockholm Naturoch Nultur*, 1973.

[5] G. Huitsing et al., "Univariate and Multivariate Models of Positive and Negative Networks: Liking, Disliking, and Bully – victim Relationships," *Social Networks*, 2012(4).

[6] R. J. Hazier et al., "What Kids Say about Bullying?" *The Executive Educator*, 1992(11).

[7] Jon et al., "Bullying and' Theory of Mind': A Critique of the Social Skills Deficit'View of Anti – Social Behaviour," *Social Development*, 1999(1).

[8] B. Kochenderfer – Ladd, "Skinner Children's Coping Strategies: Moderators of the Effects of Peer Victimization," *Developmental Psychology*, 2002(38).

[9] J. Nakamoto, D. Schwartz, "Is Peer Victimization Associated with Academic Achievement? A meta – analytic Review," *Social Development*, 2010(2).

[10] D. Olweus, S. P. Limber, "Bullying in School: Evaluation and Dissemination of the Olweus Bullying Prevention Program," *American Journal of Orthopsychiatry*, 2010(1).

[11] D. Olweus, "Aggression in the Schools: Bullies and Victimization in School Peer Groups," *The Psychologist*, 1991(4).

[12] N. Purdy, "School Bullying in Different Cultures: Eastern and Western Perspectives," *Pastoral Care in Educaiton*, 2016(4).

[13] A. A. Volk et al., "What is Bullying? A Theoretical Redefinition," *Developmental Review*, 2014(4).

[14] I. Whitney, P. K. A. Smith, "A Survey of the Nature of Bullying in Junior/ Middle and Secondary Schools," *Educational Research*, 1993(1).

[15] S. Woods, D. Wolke, "Direct and Relational Bullying among Primary Schoolchildren and Academic Achievement," *Journal of School Psychology*, 2004(2).

专著、报告类：

[1] D. Olweus, *Aggression in the Schools: Bullies and Whipping Boys*, Washington DC: Hemisphere Pub. Corp, 1978.

[2] Rigby, "*What International Research Tells us about Bullying,*" edited by H. Mcgrath, T. Nobel, In *Bullying Solutions: Evidence – based Approaches to Bullying in Australian Schools*, Crowst Nest: Pearson Education, 2006.

[3] "Bullying: Third Report of Session," London. House of Commons Educa-

tion and Skills Committee, 2007.

[4] UNESCO, "School Violence and Bullying: Global Status Report," Paris, 2017.

[5] S. Ziegler, M. Rosenstein – Manner, *Bullying in School*, Toronto: Toronto Board of Education, 1991.

三 电子文献类

[1] 《各级学校防制校园霸凌执行计划》，台湾地区教育事务主管机关网页，https：//csrc. edu. tw/bully/rule – view. asp? Sno =1608。

[2] "Catherine Bradshaw, Ingrid Donato. Bullying, Violence and Gangs," https://www. stopbullying. gov/blog/2013/05/14/bullying violence and gangs. html.

[3] CDC, "Understanding School Violence," https://www. cdc. gov/violenceprevention/pdf/School_Violence_Fact_Sheet – a. pdf.

[4] "What is Bullying," https://www. stopbullying. gov/what – is – bullying/definition/index. html.

[5] "Tellus 3 National Report(2008)," http://webarchive. nationalarchives. gov. uk/20141116064437/http://www. ofsted. gov. uk/sites/default/files/documents/consultations/t/Tellus3%20National%20Report. pdf.

[6] "A Survey into the Prevalence and Incidence of School Bullying in Wales," https://gov. wales/docs/caecd/research/100318 – prevalence – incidence – school – bullying – sumary – en. pdf.

[7] OECD, "Personality Matters: Relevance and Assess – ment of Personality Characteristics," http://dx. doi. org/10. 1787/8a294376 – en.

[8] "Olweus Bullying Prevention Program Scope and Sequence Report," https://www. violencepreventionworks. org/public/olweus_scope. page.

后 记

校园欺凌是世界各国校园安全管理的难题。之所以难，我想可能因为校园欺凌本身就是一个很复杂的问题，比如校园欺凌的识别、校园欺凌的成因等问题，都很难解释清楚，并且众说纷纭，难以达成一致的意见。也正因为这样，校园欺凌为研究者们提供了广阔的研究空间。

2017年，我从美国访学回来，并成功申请到以"校园欺凌"为主题的国家社科基金教育学一般项目，开启了一段艰难的研究之旅。之所以说艰难，一是因为整个社会环境对校园欺凌的认识不深，很多人对校园欺凌仍停留在"玩笑"之类的认识阶段。所幸几年后，大众对校园欺凌的认识逐渐深刻，但是又转向另一个极端，视"校园欺凌"为洪水猛兽，夸大校园欺凌的伤害。所以，在研究过程中，我们不断向家长（特别是农村地区的家长）、学校等介绍和解释校园欺凌的各种表现、因素和危害。二是由于环境的影响，许多学校很不欢迎以"校园欺凌"为主题的研究，我们很难找到研究样本，许多中小学校的领导视"校园欺凌"为本校的"家丑"，一旦外界知道学校发生了校园欺凌，领导就认为会影响到学校的声誉以及领导的前途。在研究过程中，我们动用了许多社会人脉，才勉强在西部五省找到了一些学校参与研究，好在随着研究的推进，许多学校也逐渐认识到校园欺凌本身也是一种常态，每个学校都会发生，也开始不怕这种"家丑"外扬了。三是研究进行到一半的时候，突然遭遇新冠疫情，致使研究中断，后期研究也断断续续，使我们的欺凌干预实践项目不断推迟，好在有几个志愿学校坚持完成了欺凌干预项目，并使大家看到最终研究成果。

本人资质驽钝，研究中不可避免地存在诸多欠缺，在此，真诚希望得到广大专家学者的包涵和指正。我也希望本书能起到抛砖引玉的作用，引起同志们对"校园欺凌"的研究兴趣。本书中的校园欺凌干预项目借鉴了国外干预项目的经验，在实践中虽然取得了良好的效果，但是由于实验时间不长，而且参加试点的学校不是很多，该项目的影响不是很大，我们也希望学界能开发出更多适合我国国情的校园欺凌干预项目，以帮助学校管理者们更好地防治校园欺凌，为创建和谐、平安、健康的校园贡献一分力量。

本书稿得以问世，首先要感谢国家社科基金的大力支持，感谢在项目申请过程中所有推荐专家和评审专家对书稿的肯定。在项目调研及数据分析过程中，要感谢云南大学数学与统计学院李朝迁教授和我指导的硕士研究生马晓潘、周振芳、袁文付、李志卉等做出的诸多努力；感谢我的同学——重庆文理学院彭春花副教授，我指导的教育硕士李猛、肖春梅等在校园欺凌干预项目实施过程中给予的帮助；特别要感谢兰州市红古区洞子初级中学赵国英副校长的大力支持；同时要感谢我的好朋友何凌江及其心理咨询团队为校园欺凌干预项目所做的公益活动；在本书的写作过程中，海南大学外国语学院孙建萍老师，我指导的硕士研究生余亮、王娴、龙跃鸣等帮助查阅了大量国外资料。在本书的出版过程中，要特别感谢社会科学文献出版社编辑王玉敏女士，其一丝不苟的工作作风为书稿质量的提高及顺利出版付出了不少心血。最后也期盼各位读者对本书提出宝贵的意见！

邓　凡

2022 年 9 月于昆明

图书在版编目（CIP）数据

校园欺凌治理：理论与实践 / 邓凡著． -- 北京：
社会科学文献出版社，2023.6
ISBN 978 - 7 - 5228 - 1992 - 1

Ⅰ.①校… Ⅱ.①邓… Ⅲ.①中小学 - 暴力行为 - 学校管理 Ⅳ.①G637

中国国家版本馆 CIP 数据核字（2023）第 113083 号

校园欺凌治理：理论与实践

著　　者 / 邓　凡

出 版 人 / 王利民
责任编辑 / 王玉敏
文稿编辑 / 陈　冲
责任印制 / 王京美

出　　版 / 社会科学文献出版社·联合出版中心（010）59367153
　　　　　　地址：北京市北三环中路甲 29 号院华龙大厦　邮编：100029
　　　　　　网址：www.ssap.com.cn

发　　行 / 社会科学文献出版社（010）59367028
印　　装 / 三河市尚艺印装有限公司

规　　格 / 开　本：787mm × 1092mm　1/16
　　　　　　印　张：15.75　字　数：225 千字
版　　次 / 2023 年 6 月第 1 版　2023 年 6 月第 1 次印刷
书　　号 / ISBN 978 - 7 - 5228 - 1992 - 1
定　　价 / 89.00 元

读者服务电话：4008918866

版权所有 翻印必究